2024 연구개발적립금사업 01

영아 부모의 육아기 근무환경 조사
: 한국 영유아 교육·보육 패널 가구를 대상으로

저 자 배윤진, 김자연, 이혜민

연 구 진
연구책임자　배 윤 진 (육아정책연구소 연구위원)
공동연구원　김 자 연 (육아정책연구소 부연구위원)
공동연구원　이 혜 민 (육아정책연구소 전문연구원)

육아정책연구소
Korea Institute of Child Care and Education

2024 연구개발적립금사업 01

영아 부모의 육아기 근무환경 조사
: 한국 영유아 교육·보육 패널 가구를 대상으로

발행일	2024년 11월
발행인	황옥경
발행처	육아정책연구소
주소	04535 서울특별시 중구 소공로 70 포스트타워 9층
전화	02) 398-7700
팩스	02) 398-7798
홈페이지	http://www.kicce.re.kr
인쇄처	디자인여백플러스 02) 2672-1535

보고서 내용의 무단 복제를 금함.
ISBN 979-11-6865-106-7 [93330]

9,000원

머리말

현대사회에서 일과 개인 생활의 조화로운 병행, 즉 일-생활 균형(work-life balance)은 개인의 삶의 질과 사회적 지속 가능성을 위한 중요한 과제로 부각되고 있다. 이를 반영하듯 정부는 「저출생 추세 반전을 위한 대책」에서도 일-가정 양립을 지원의 핵심분야 중 하나로 정한 바 있다. 특히 자녀를 양육 중인 부모에게 일-생활 균형은 단순히 개인의 안녕을 넘어 가정의 안정과 자녀의 건강한 성장에도 영향을 주는 중요한 요인이기 때문이다.

이러한 사회적 상황에 따라 육아정책연구소는 영아기 자녀를 둔 부모의 육아지원제도 사용이나 직장 문화와 관련된 근무환경 실태를 조사하고, 이러한 근무환경이 향후 자녀의 성장·발달에 어떠한 영향을 끼치는지 분석하기 위해 본 연구를 기획하였다. 본 연구를 통해 '한국 영유아 교육·보육 패널' 가구를 대상으로 데이터를 수집하여 현재 영아기 자녀를 양육 중인 부모의 근무환경에 대한 실태를 파악하고, 이를 바탕으로 개선방안을 도출하며, 향후 부모의 근무환경이 가족관계나 자녀의 성장·발달에 미치는 영향을 분석할 수 있는 기초데이터를 마련하고자 하였다. 본 연구의 결과가 어린 자녀를 양육하면서 일을 병행하고 있는 부모가 직면한 어려움을 완화하고, 부모의 일-생활 균형의 실현을 위한 실질적인 정책의 수립·실행에 기여할 수 있기를 기대한다.

마지막으로, 본 연구에 참여해 주신 '한국 영유아 교육·보육 패널' 가구의 부모님들과 귀한 의견을 주신 전문가분들께 깊은 감사를 드린다. 아울러 본 보고서의 내용은 연구진의 의견이며, 육아정책연구소의 공식적인 입장이 아님을 밝힌다.

2024년 11월
육아정책연구소
소장 황 옥 경

목차

요약 ... 1

Ⅰ. 서론 ... 11
1. 연구의 필요성 및 목적 ... 13
2. 연구내용 ... 16
3. 연구방법 ... 16
4. 연구범위 ... 19
5. 선행연구 ... 20

Ⅱ. 근로자를 위한 육아지원제도 현황 ... 23
1. 육아지원제도 현황 ... 25
2. 육아지원제도 이용 현황 ... 53
3. 소결 ... 68

Ⅲ. 영아 부모의 근무환경 실태 ... 71
1. 조사 참여자 특성 ... 73
2. 육아지원제도 이용 경험 및 환경 ... 92
3. 육아에 대한 직장 문화 ... 118
4. 자녀양육 및 일·생활 균형 ... 136
5. 소결 ... 145

Ⅳ. 영아 부모의 육아지원 경험 및 개선 요구 ... 149
1. FGI 참여자 특성 ... 151
2. 자녀양육 및 지원제도 이용 ... 153
3. 육아에 대한 직장 문화 ... 155
4. 일·생활 균형 ... 159
5. 소결 ... 161

V. 결론 및 제언   **163**
  1. 영아 부모의 근무환경 개선 방안 ·· 165
  2. 추후 연구에 대한 제언 ··· 173

참고문헌   **177**

Abstract   **183**

부록   **187**
  부록 1. 조사 설문지 ·· 187
  부록 2. 면담 질문지 ·· 198

표 목차

〈표 Ⅰ-3-1〉 설문조사 내용 ············ 17
〈표 Ⅰ-3-2〉 FGI 내용 ············ 18
〈표 Ⅰ-3-3〉 전문가 자문 및 동료멘토링 개요 ············ 19
〈표 Ⅱ-1-1〉 출산전후휴가 주요 내용 ············ 26
〈표 Ⅱ-1-2〉 단태아다태아 출산전후휴가 및 급여 ············ 27
〈표 Ⅱ-1-3〉 배우자 출산휴가 주요 내용 ············ 28
〈표 Ⅱ-1-4〉 육아휴직 관련 보호조항 ············ 30
〈표 Ⅱ-1-5〉 근로시간 단축 제도 ············ 31
〈표 Ⅱ-1-6〉 근로시간 단축 사유 ············ 34
〈표 Ⅱ-1-7〉 유연근무제의 분류 및 주요 유형 ············ 41
〈표 Ⅱ-1-8〉 유연근무제의 유형 ············ 41
〈표 Ⅱ-1-9〉 재택·원격근무제 형태 ············ 42
〈표 Ⅱ-1-10〉 유연근로시간제도 개요 ············ 43
〈표 Ⅱ-1-11〉 선택적 근로시간제-자유출퇴근제-시차출퇴근제 차이 ············ 46
〈표 Ⅱ-1-12〉 사업장 밖 간주근로시간제-탄력적·선택적 근로시간제 차이 ······ 48
〈표 Ⅱ-1-13〉 재량근로시간제-탄력적·선택적 근로시간제 차이 ············ 49
〈표 Ⅱ-1-14〉 고용보험 미적용자 출산급여 ············ 50
〈표 Ⅱ-2-1〉 2019-2021년 출산휴가 이용자 성별 및 연령 분포 ············ 54
〈표 Ⅱ-2-2〉 2019-2021년 출산휴가 이용자 기업규모 및 산업대분류에 따른 분포 ············ 55
〈표 Ⅱ-2-3〉 2016-2022년 육아휴직자 성별 및 연령 분포 ············ 56
〈표 Ⅱ-2-4〉 2016-2022년 육아휴직자 기업규모 및 산업대분류에 따른 분포 57
〈표 Ⅱ-2-5〉 2016-2022년 출생아 부모 중 육아휴직자 성별 및 연령 분포 · 58
〈표 Ⅱ-2-6〉 2010-2013년 출생 자녀 연령별 육아휴직 사용 비중 ············ 59
〈표 Ⅱ-2-7〉 2016-2023년 육아휴직급여 수급자 통계 ············ 61
〈표 Ⅱ-2-8〉 코로나19 확산에 따른 가족돌봄 활용 제도 및 근로자 유형별 특성 62
〈표 Ⅱ-2-9〉 2016-2023년 육아기 근로시간 단축제도 수급자 현황 ············ 64
〈표 Ⅱ-2-10〉 육아기 근로시간 단축제도 활용에 따른 자녀연령 및 사용기간(모성보호제도 활용 관련 실태조사 활용) ············ 65
〈표 Ⅱ-2-11〉 2018-2023년 유연근무제 활용에 따른 성·연령 이용 비율 ······ 65
〈표 Ⅱ-2-12〉 2022-2023년 상반기 육아시간 제도 이용 규모 ············ 66

〈표 Ⅱ-2-13〉 비정규직 근로자 및 특수형태근로 종사자의 양육지원제도 이용여부 ·· 68
〈표 Ⅲ-1-1〉 인구사회학적 특성: 기초조사 Ⅰ ·· 74
〈표 Ⅲ-1-2〉 인구사회학적 특성: 기초조사 Ⅱ ·· 75
〈표 Ⅲ-1-3〉 부모의 인구사회학적 특성: 2022년도 조사 ······························ 75
〈표 Ⅲ-1-4〉 가구 특성: 2022년도 조사 ·· 76
〈표 Ⅲ-1-5〉 패널 아동 특성: 2022년도 조사 ··· 77
〈표 Ⅲ-1-6〉 직업: 기초조사 Ⅱ ·· 77
〈표 Ⅲ-1-7〉 종사상 지위: 기초조사 Ⅱ ·· 78
〈표 Ⅲ-1-8〉 주당 평균 근로시간: 기초조사 Ⅱ ··· 78
〈표 Ⅲ-1-9〉 임산부 근로시간 단축 제도 인지 여부: 기초조사 Ⅱ ·············· 78
〈표 Ⅲ-1-10〉 취업모 대상 앞으로의 취업 계획: 기초조사 Ⅱ ····················· 79
〈표 Ⅲ-1-11〉 취업모 대상 직장 복귀 계획: 기초조사 Ⅱ ····························· 79
〈표 Ⅲ-1-12〉 전업모 대상 앞으로의 취업/취학 계획: 기초조사 Ⅱ ············ 80
〈표 Ⅲ-1-13〉 부모 취업 상태: 2022년도 조사 ··· 80
〈표 Ⅲ-1-14〉 아버지·어머니의 출퇴근 소요시간: 2022년도 조사 ············· 81
〈표 Ⅲ-1-15〉 아버지·어머니의 재택근무 여부 및 일수: 2022년도 조사 ···· 82
〈표 Ⅲ-1-16〉 아버지·어머니의 월평균 근로소득: 2022년도 조사 ·············· 82
〈표 Ⅲ-1-17〉 육아지원제도(시간) 이용 여부, 만족도 및 중요도: 종합 ········ 83
〈표 Ⅲ-1-18〉 응답자 인구학적 특성 ·· 84
〈표 Ⅲ-1-19〉 응답자 가구 특성 ·· 84
〈표 Ⅲ-1-20〉 종사상 지위 ·· 85
〈표 Ⅲ-1-21〉 근로형태: 전일제/시간제 ··· 85
〈표 Ⅲ-1-22〉 근로형태: 교대제 ·· 86
〈표 Ⅲ-1-23〉 일자리 직종 ·· 86
〈표 Ⅲ-1-24〉 고용보험 상태 ·· 87
〈표 Ⅲ-1-25〉 직장 형태 ·· 88
〈표 Ⅲ-1-26〉 직장 규모 ·· 88
〈표 Ⅲ-1-27〉 응답자 출근시각: 주중 평일 ·· 89
〈표 Ⅲ-1-28〉 응답자 퇴근시각: 주중 평일 ·· 90
〈표 Ⅲ-1-29〉 응답자 출근시각: 주말 ··· 90
〈표 Ⅲ-1-30〉 응답자 퇴근시각: 주말 ··· 91
〈표 Ⅲ-1-31〉 주당 평균 근무일 ·· 91

〈표 Ⅲ-1-32〉 1일 평균 근무시간 및 통근시간 ·· 92
〈표 Ⅲ-2-1〉 돌봄지원제도 도입여부, 본인 이용 경험 및 활용 가능 여부: 전체 93
〈표 Ⅲ-2-2〉 돌봄지원제도 도입 및 활용 가능 여부: 육아휴직 ······················ 93
〈표 Ⅲ-2-3〉 돌봄지원제도 도입 및 활용 가능 여부: 육아기 근로시간 단축제도 94
〈표 Ⅲ-2-4〉 돌봄지원제도 도입 및 활용 가능 여부: 육아시간 ······················ 96
〈표 Ⅲ-2-5〉 돌봄지원제도 도입 및 활용 가능 여부: 가족(자녀) 돌봄휴가 ········ 97
〈표 Ⅲ-2-6〉 돌봄지원제도 이용 여부 ·· 99
〈표 Ⅲ-2-7〉 돌봄지원제도 사용 시 직장 내 문화: 1) 제도 신청사용 시 동료의 눈치가
          보인다 ·· 101
〈표 Ⅲ-2-8〉 돌봄지원제도 사용 시 직장 내 문화: 2) 제도 신청사용 시 직장상사의
          눈치가 보인다 ·· 102
〈표 Ⅲ-2-9〉 돌봄지원제도 사용 시 직장 내 문화: 3) 제도 신청사용 시 퇴사의 압박이
          있다 ·· 103
〈표 Ⅲ-2-10〉 돌봄지원제도 사용 시 직장 내 문화: 4) 제도를 사용하면 좋은 평가나
          승진을 기대하기 어렵다 ·· 104
〈표 Ⅲ-2-11〉 돌봄지원제도 사용 시 직장 내 문화: 5) 퇴사를 염두에 두고 육아휴직을
          신청한다 ·· 105
〈표 Ⅲ-2-12〉 돌봄지원제도 사용 시 직장 내 문화: 6) 출산휴가나 육아휴직 후 복귀는
          가능하나 복귀 후 그만두는 게 관행화 되어 있다 ······················ 106
〈표 Ⅲ-2-13〉 유연근무제 도입여부, 본인 이용 경험 및 활용 가능 여부: 전체 108
〈표 Ⅲ-2-14〉 유연근무제(시간) 도입 및 활용 가능 여부: 시간(선택)제 ··········· 108
〈표 Ⅲ-2-15〉 유연근무제(시간) 도입 및 활용 가능 여부: 시차출퇴근제 ··········· 109
〈표 Ⅲ-2-16〉 유연근무제(시간) 도입 및 활용 가능 여부: 선택근무제 ············· 111
〈표 Ⅲ-2-17〉 유연근무제(시간) 도입 및 활용 가능 여부: 재량근무제 ············· 112
〈표 Ⅲ-2-18〉 유연근무제도(시간) 이용 여부 ··· 113
〈표 Ⅲ-2-19〉 유연근무제(장소) 도입 및 활용 가능 여부: 재택근무제 ············· 115
〈표 Ⅲ-2-20〉 유연근무제(장소) 도입 및 활용 가능 여부: 원격근무제 ············· 116
〈표 Ⅲ-2-21〉 돌봄지원제도(장소) 이용 여부 ··· 117
〈표 Ⅲ-3-1〉 직장의 전반적인 문화: 1) 초과근로를 하는 것이 좋은 평가에 도움이 된다
          ·· 119
〈표 Ⅲ-3-2〉 직장의 전반적인 문화: 2) 형식적이고 불필요한 보고나 회의가 많다
          ·· 120
〈표 Ⅲ-3-3〉 직장의 전반적인 문화: 3) 업무시간 외 메일이나 SNS를 통한 업무지시가
          많다 ·· 121

〈표 Ⅲ-3-4〉 직장의 전반적인 문화: 4) 상하간 자유로운 의사소통이 가능하다 … 121
〈표 Ⅲ-3-5〉 직장의 전반적인 문화: 5) 다양한 특성의 사람들이 함께 일하기 좋은 분위기이다 ··· 122
〈표 Ⅲ-3-6〉 직장 내 육아지원 정도 및 분위기: 1) 근로자에 대한 육아지원이 잘 이루어지고 있는 편이다 ·· 124
〈표 Ⅲ-3-7〉 직장 내 육아지원 정도 및 분위기: 2) 자녀를 키우기에 좋은 직장이라고 생각한다 ··· 125
〈표 Ⅲ-3-8〉 직장 내 육아지원 정도 및 분위기: 3) 육아지원제도를 이용하는 직원들은 조직에 대한 몰입도가 낮다고 평가한다 ·· 126
〈표 Ⅲ-3-9〉 직장 내 육아지원 정도 및 분위기: 4) 주로 여성들만 육아지원제도를 사용한다 ··· 127
〈표 Ⅲ-3-10〉 직장 내 육아지원 정도 및 분위기: 5) 육아지원제도를 사용하는 사람 때문에 피해를 본다고 생각하는 사람이 많다 ································ 128
〈표 Ⅲ-3-11〉 상사나 동료들의 육아지원 정도 및 분위기: 1) 자녀를 돌봐야 하는 상황이 생겼을 때, 일정 조정에 협조적이다 ······································· 129
〈표 Ⅲ-3-12〉 상사나 동료들의 육아지원 정도 및 분위기: 2) 육아가 필요한 자녀를 둔 팀원과 함께 일하는 것을 부담스러워 한다 ································ 130
〈표 Ⅲ-3-13〉 육아친화적 문화 조성을 위해 필요한 직장에서의 노력(1순위) ······ 131
〈표 Ⅲ-3-14〉 육아친화적 문화 조성을 위해 필요한 직장에서의 노력(1+2순위) · 132
〈표 Ⅲ-3-15〉 육아친화적 문화 조성을 위해 필요한 정부에서의 노력(1순위) ······ 133
〈표 Ⅲ-3-16〉 육아친화적 문화 조성을 위해 필요한 정부에서의 노력(1+2순위) · 134
〈표 Ⅲ-3-17〉 육아친화적 제도 및 문화에 대한 평가: 현재 직장 ············· 135
〈표 Ⅲ-3-18〉 육아친화적 제도 및 문화에 대한 평가: 우리 사회 ············· 136
〈표 Ⅲ-4-1〉 시간대별 주양육자 ··· 137
〈표 Ⅲ-4-2〉 하루 중 자녀양육에 할애하는 실제 시간 및 희망 시간: 평일 138
〈표 Ⅲ-4-3〉 하루 중 자녀양육에 할애하는 실제 시간 및 희망 시간: 주말 139
〈표 Ⅲ-4-4〉 자녀양육을 위한 출산 전/후의 이직 여부 ························ 141
〈표 Ⅲ-4-5〉 자녀양육을 위해 현재 직장 퇴직/이직 고려 여부 ················ 142
〈표 Ⅲ-4-6〉 일-가족 갈등 척도 응답 결과 ·· 143
〈표 Ⅲ-4-7〉 일과 생활의 균형 정도 만족도 ······································· 144
〈표 Ⅳ-1-1〉 FGI 참여자 특성 ·· 152
〈표 Ⅴ-1-1〉 주요 연구결과와 개선방안 ·· 165

그림 목차

[그림 Ⅰ-4-1] 연구범위 및 목적 ···································· 20
[그림 Ⅱ-1-1] 육아지원제도 현황 ································· 25
[그림 Ⅱ-2-1] 육아지원제도 이용 현황(목차) ···················· 53
[그림 Ⅲ-1-1] 아버지·어머니의 직업 분류: 2022년도 조사 ········ 80
[그림 Ⅲ-1-2] 아버지·어머니의 종사상 지위: 2022년도 조사 ······ 81
[그림 Ⅲ-1-3] 아버지·어머니의 근무시간: 2022년도 조사 ········· 81
[그림 Ⅲ-2-1] 돌봄지원제도 사용 시 직장 내 문화 ················ 101
[그림 Ⅲ-3-1] 직장의 전반적인 문화 ······························ 118
[그림 Ⅲ-3-2] 직장 내 육아지원 정도 및 분위기 ·················· 123
[그림 Ⅲ-3-3] 직장상사나 동료의 육아지원 분위기 ················ 129
[그림 Ⅲ-3-4] 육아친화적 문화 조성을 위해 필요한 직장에서의 노력(1+2순위)
 ··· 133
[그림 Ⅲ-3-5] 육아친화적 문화 조성을 위해 필요한 정부에서의 노력(1+2순위)
 ··· 135
[그림 Ⅲ-3-6] 육아친화적 제도 및 문화에 대한 평가 ·············· 136
[그림 Ⅲ-4-1] 시간대별 주양육자 ································· 138

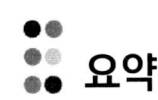
요약

1. 서론

가. 연구의 필요성 및 목적

□ 일-생활 균형(work-life balance)은 개인과 사회에 중요한 가치로, 특히 자녀를 양육하는 부모에게는 일-가정 양립 혹은 일-육아 병행을 의미함.
  - 정부는 다양한 육아지원 제도를 도입하고 개선하며 이를 통해 부모들이 일과 육아를 병행할 수 있도록 지원하고 있지만, 여전히 장시간 근로 문화와 기업 내 분위기 등으로 제도 활용에 어려움이 존재함.

□ 영아기는 부모의 돌봄이 절대적으로 필요한 시기이며 부모 또한 직접 돌봄의 욕구가 높은 시기이므로, 영아기 자녀를 양육하고 있는 부모의 근무환경은 그들의 일-생활 균형에 지대한 영향을 줄 수 있음.
  - 영아기 자녀를 양육 중인 부모의 근무환경 특히 육아지원환경은 부모의 일-생활 균형 정도, 자녀를 비롯한 가족관계, 자녀의 발달 특성 등에 장기적으로 영향을 끼치리라 예상할 수 있음.
  - 본 연구에서는 '한국 영유아 교육·보육 패널' 가구를 대상으로 영아기 자녀를 둔 부모의 근무환경에 대한 조사를 실시하고자 함.

□ 본 연구의 목적은 다음과 같음.
  - 영아기 자녀를 둔 부모의 육아지원제도 사용과 관련한 근무환경 실태를 파악함. 이를 통해 부모의 근무환경 및 육아지원제도의 사용과 아동발달 및 가족 특성 간의 관계를 분석하기 위한 기초 자료를 축적함.
  - 영아기 자녀를 둔 부모의 자녀돌봄 시간 보장과 일-생활(육아) 균형을 위한 근무환경 개선 요구를 파악하고 이에 대한 개선 방안을 도출함.

나. 연구내용

□ 제도 현황 분석

□ 영아 부모의 근무환경 파악

☐ 개선 방안 도출

다. 연구방법

☐ 문헌 연구

☐ 조사 연구

- 한국 영유아 교육·보육 패널 가구에서 현재 근로 중인 아버지 혹은 어머니 678명을 대상으로 온라인 설문조사 실시
- 영아기 자녀를 양육하고 있는 근로자 14명을 대상으로 FGI를 실시

☐ 자문회의 및 간담회 개최

라. 연구범위

☐ 연구 대상: 본 연구는 향후 부모의 근무환경 및 육아지원제도의 사용과 아동발달 및 가족 특성 간의 관계를 분석하기 위한 기초 자료를 생산하기 위해 기획되어 종단 데이터 확보가 우선되어야 하므로 한국 영유아 교육·보육 패널 가구를 대상으로 조사를 실시함.

☐ 근무환경의 범위: 제도적 환경, 문화적 환경

[그림 1] 연구범위 및 목적

2. 근로자를 위한 육아지원제도 현황

[그림 2] 육아지원제도 현황

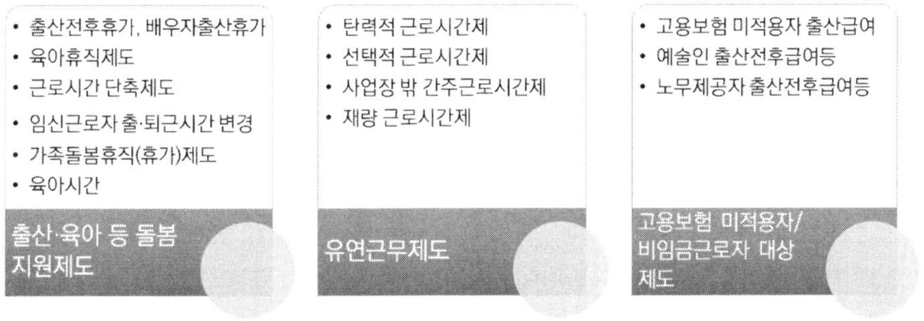

- 출산전후휴가, 배우자출산휴가
- 육아휴직제도
- 근로시간 단축제도
- 임신근로자 출·퇴근시간 변경
- 가족돌봄휴직(휴가)제도
- 육아시간

출산·육아 등 돌봄 지원제도

- 탄력적 근로시간제
- 선택적 근로시간제
- 사업장 밖 간주근로시간제
- 재량 근로시간제

유연근무제도

- 고용보험 미적용자 출산급여
- 예술인 출산전후급여등
- 노무제공자 출산전후급여등

고용보험 미적용자/비임금근로자 대상 제도

□ 출산전후휴가, 배우자 출산휴가를 통해 출산전후 시기에 남녀 근로자들에게 휴가를 부여하는 것은 제도적으로 정착이 되었다고 볼 수 있겠으나 남성의 비율은 여성의 1/4 수준임.

□ 육아휴직 이용자가 점점 많아지고 있지만 중소기업에서와 남성의 비율을 높이기 위해 다양한 정책을 추진 중에 있음.
 - 자녀 연령별 육아휴직 사용 비중에서 자녀 0세 때 육아휴직을 사용하는 비율이 가장 높고, 초등학교 입학 시기인 6세나 7세에 다시 높아짐.

□ 근무시간을 단축하거나 근무시간 내에 자녀돌봄 시간을 확보하는 제도가 있음.
 - 육아기 근로시간 단축은 경력을 이어가면서도 육아를 위한 시간을 가질 수 있다는 장점이 있으나 근로시간에 비례하여 임금이 삭감된다는 단점도 있음.
 - 육아기 근로시간 단축 이용자 중 남성의 비율은 약 10%대에 머물러서 여성보다 훨씬 낮은 비율임.
 - 현재 공무원 복무규정에 의해 공무원과 공공기관 등에서 활용하고 있는 육아시간제도의 사용자 규모가 점차 증가하고 있음.

□ 유연근무제도는 근로자의 자녀양육 여부와 관계없이 모두에게 적용될 수 있으며, 육아기 근로자가 일-생활(육아) 균형을 위해 유용하게 사용 가능함.
 - 유연근무제 이용에 있어 남녀 비율의 차가 10%p 이내로 크지 않고 오히려 남성이 더 높은 경향을 보이며, 30~40대에서 활용도가 높음.

□ 고용보험 미적용자 출산급여와 예술인 및 노무제공자 출산전후급여등 비임금

근로자를 위한 제도가 마련되어 있음.

3. 영아 부모의 근무환경 실태

가. 육아지원제도 이용 경험 및 환경

☐ 육아지원제도의 직장 도입은 육아휴직이 가장 많이 도입되어 있으며 실제 활용 비율도 가장 높았음.
  - 해당 제도를 활용함에 있어 여전히 상사나 직장동료의 눈치를 많이 보는 편이며 좋은 평가나 승진을 기대하기 어려운 문화가 있음.

☐ 육아지원제도 중 육아기 근로시간 단축제도의 활용이 상대적으로 낮은 비율을 보인 이유는 다음과 같이 고려해볼 수 있음.
  - 육아기 근로시간 단축제도를 활용하면 소득이 줄어드는 상황임.
  - 당사자의 근로시간 단축이 동료의 업무 부담으로 이어질 수 있음.

☐ 직장 내 유연근무제 도입은 근로시간의 경우 시간(선택)제, 근로 장소의 경우 재택근무제 도입이 많았음.
  - 실제 활용에 있어서는 시차출퇴근제와 원격근무제 비율이 더 높음.
  - 유연근무제도는 직장 규모에 따라 차이가 있음.

나. 육아에 대한 직장 문화

1) 직장 내 육아지원 분위기

☐ 직장 내 업무 문화에 대해서 초과근로를 지향하거나 형식적인 회의가 많거나 업무 시간 외에 지시하거나 소통이 잘 되지 않는 등의 개선해야 할 문화에 대해서 중간정도로 응답함.
  - 초과근로에 대해서는 남성이 여성보다 자신의 직장에서 초과근로를 긍정적으로 평가한다는 응답이 많은 특징을 보였으며, 대부분 고용보험 가입여부나 직장 규모에 따라 차이가 있었음.

☐ 자녀를 돌봐야 하는 상황이 생겼을 때 상사나 동료들이 일정 조정에 협조적이라는 응답이 다소 높게 나타남.

- 자녀양육에 협조적인 동료가 있기에 영아 자녀를 양육하면서도 취업상태를 유지할 수 있는 것인지에 대해 고찰할 필요성이 있음.

2) 육아친화적 문화 조성을 위한 노력

□ 육아친화적 문화조성을 위해 필요한 직장에서의 노력으로는 '육아지원제도/유연근무제 도입 및 확대'를, 정부에서의 노력으로는 '육아친화적인 직장에 대한 인센티브 강화'를 1순위로 꼽았음.
□ 현재 우리 사회의 육아친화적인 정도를 직장 내 제도·문화의 육아친화적인 정도보다 더 낮게 평가함.

다. 자녀양육 및 일·생활 균형

1) 자녀양육 특성

□ 본 연구의 조사 대상은 취업 중인 아버지와 어머니임에도 불구하고, 자녀가 기관을 이용하지 않는 시간대에 자녀 양육을 주로 맡는 사람은 어머니였음.
□ 통상 알려져 있는 자녀 등하원 시간대와 부모의 출퇴근 시간대 사이에는 조부모나 비혈연 육아인력이 자녀 양육을 맡는 비율이 높아짐.
 - 취업중인 부모가 타인의 도움 없이 자녀양육을 도맡는 것이 힘든 상황임을 보여주는 결과임.
□ 하루 중 자녀양육에 할애하는 실제 시간과 희망 시간을 물었을 때 어머니가 아버지보다 실제 더 많은 시간을 자녀양육에 할애하고 있음에도 불구하고, 희망 시간에서도 아버지보다 더 많은 시간을 할애할 수 있기를 희망하였음.
 - 근로소득에 따른 차이를 보여 근로소득이 적을수록 상대적으로 더 많은 시간을 자녀양육에 할애하고 또 더 많은 시간을 할애하고자 하는 경향을 보였음.
 - 자녀수에 의한 차이는 없었음.

2) 일·생활 균형 특성

□ 자녀양육을 위해 출산 전·후에 이직을 하거나 퇴직 또는 이직을 고려하는 경우는 남성보다는 여성에서 그리고 맞벌이 가구에서 높게 나타났음.

- 영아기 자녀를 양육 중인 4가구 중 1가구 이상이 출산과 자녀양육으로 인해 퇴직 또는 이직을 고려하고 있음을 알 수 있었음.

4. 영아 부모의 육아지원 경험 및 개선 요구

가. FGI 참여자 특성

☐ 영아기 자녀를 둔 아버지 5명, 어머니 9명을 대상으로 FGI를 실시하였음.
- 자녀양육 및 지원제도 이용 실태, 일·생활 균형, 육아에 대한 직장 문화를 주제로 다루었음.
- 종사상 지위로는 상용근로자(11명)와 자영업자(3명)가 속하며, 대부분 전일제 근로 중이었고 시간제 근로가 2명, 특수형태 근로종사자가 1명이 있었음.

나. 자녀양육 및 지원제도 이용

☐ 육아지원제도 이용에 있어 여성과 남성이 다른 경험을 가짐.
- 남성의 경우 직장 내에 제도를 이용한 사례가 없거나 눈치가 보여서 이용에 더 어려움이 있었음.

☐ 비임금근로자의 경우 지원제도에 대해 충분히 인지하지 못하고 있으며, 일과 출산·육아의 병행에 어려움이 있었음.

☐ 유연근무제도가 다양하게 마련된 직장에 다닐수록 부모의 육아에 대한 부담이 상대적으로 덜하였음.
- 유연근무제 이용으로 직장 일과 육아를 병행하는 데 있어 발생할 수 있는 어려움이 감소하였음.

다. 육아에 대한 직장 문화

☐ 직장 상사나 함께 일하는 동료가 일과 육아를 병행하는 상황에 대한 이해가 부족한 경우가 있었음.
- 대체로 출산·육아 경험의 여부, 남자와 여자, 상사와 평직원(직급보다는 세대)으로 나누어져서 조화롭지 않거나 눈치를 보게 되는 직장 문화를 형성하였음.

□ 직장 내 육아친화적 문화 조성을 위해 근로시간이 줄어야 한다고 제안함.

□ 육아기 근로시간 단축제도나 육아휴직처럼 급여에 변동을 가져오는 경우 가정의 경제적 여건의 변화를 수반하여서 쉽게 선택하지 못하고 있었음.

- 육아시간이나 자녀돌봄휴가의 사용이 확보되고 자유롭게 사용할 수 있는 분위기가 중요하다고 여김.

라. 일·생활 균형

□ 늦은 퇴근 시각으로 인해 일·생활 균형을 이룰 수 없다고 응답하였음.

□ 부모들은 직장 선택 시 육아가 가능한지를 중요하게 여기고 있었음.

- 이를 고려하여 이미 이직을 하였고, 사직을 고려하는 경우도 있었음.

□ 현재 제도 이용이 쉽지 않거나 육아친화적이지 않은 직장에 다니는 경우 자신의 모습이 앞으로 육아를 선택하게 될 동료들에게 부정적인 영향을 끼칠 수 있음을 우려하는 목소리도 있었음.

4. 결론 및 제언

가. 영아 부모의 근무환경 개선 방안

〈표 1〉 주요 연구결과와 개선방안

주요 연구결과	개선방안
육아지원제도 이용을 위한 걸림돌 : 눈치 분위기, 이용자에 대한 차별	가. 제도의 이용 접근성 및 인지도 높이기 나. 육아기 근로자 지원에 대한 이해도 높이기 바. 육아기 근로자의 권리 침해 및 차별 대우에 대한 관리감독 강화
자녀돌봄시간 확보가 필요함에도 불구하고, 육아기 근로시간 단축제도의 활용이 낮음	다. 유연근무제 확대 시행 라. 육아시간 확대 시행 마. 육아친화적인 직장에 대한 정부의 인센티브 강화
유연근무제도의 유용성	
성별에 따른 차별적 접근	사. 인식 개선 및 육아친화적 문화 조성
직장과 우리사회의 육아친화적 문화 조성을 위한 노력 필요	

1) 제도 인지도 및 이용 접근성 높이기

□ 육아지원제도 이용이 당연시 되는 제도적 장치
　- 출산 여성에게는 출산휴가와 육아휴직이 자동 신청이 되고 본인이 휴직 여부나 기간을 선택할 수 있는 접근이 필요함.

□ 여성과 남성에게 육아휴직, 육아기 근무시간 단축제도, 가족돌봄휴가 등의 지원제도 안내 의무화
　- 기업 내에 전담인력(컨설턴트)을 지정하거나, 육아종합지원센터 등의 공공서비스와 연계하여 직장에 찾아가는 서비스를 제공할 수 있겠음.

□ 비임금근로자의 인지도 제고를 위한 적극적인 홍보 필요

2) 육아기 근로자 지원에 대한 이해도 높이기

□ 육아지원제도의 사용자뿐만 아니라 직장 내 누구든지 해당 지원제도의 필요성에 대해 충분히 이해한다면 사내 눈치 문화는 어느 정도 해소될 수 있을 것임.

□ 일·생활 균형의 중요성과 육아지원제도 및 유연근무제도의 필요성 등을 내용으로 담은 직장인 대상 의무교육을 제안함.

□ 직장 내 가족행사를 통해 직원의 자녀들을 만나고 프로그램에 함께 참여하는 기회를 제공함으로써 양육과 일을 동시에 수행하고 있는 동료에 대한 이해도를 높임.

3) 유연근무제 확대 시행

□ 유연근무제도는 육아 여부와 관계없이 직장인 누구나 일·생활 균형 정도를 높일 수 있는 제도임.
　- 다른 육아지원제도보다는 편견이나 눈치 없이 사용할 수 있는 분위기가 조성될 수 있음.

□ 특히 영아 부모들에게는 유연근무제가 일상에서도 긴급돌봄이 필요한 상황에서도 자녀돌봄의 시간을 확보할 수 있는 중요한 선택지가 됨.

4) 육아시간 확대 시행

□ 육아시간은 육아기 근로시간 단축제도와는 달리 급여체계와 연동되어 있지 않은 유급휴가의 형태라서 사용자의 경제적 여건에 지장을 주지 않음.
  - 자녀 연령에 따른 정해진 기간 동안에 자유롭게 이용이 가능하므로 다소 쉽게 접근 가능함.
  - 자녀를 기관이나 대체인력에 맡긴다 하여도 직장의 출퇴근시간과 등·하원 시간 간에 발생하는 시간 차이로 인해 돌봄이 필요한 경우 유용하게 사용이 가능함.

5) 육아친화적인 직장에 대한 정부의 인센티브 강화

□ 정부가 추진하고자 하는 '일·생활 균형 경영 평가지표 마련' 시 과정적인 측면이 드러나는 지표가 포함되고, 평가 방법에 있어서 정량과 정성평가를 모두 활용하기를 제안함.
  - 평가지표를 통해 우수하다고 평가받은 기업에게 인센티브를 제공하여 기업이 일·생활 균형 경영을 중요하게 다룰 수 있는 환경을 마련하여야 함.

6) 육아친화적인 직장에 대한 정부의 인센티브 강화

□ 인센티브와는 달리 감독의 관점에서는 육아지원제도의 도입이나 활용을 넘어서 활용 이후의 평가 제도까지 다루어질 필요가 있음.

□ 소규모 기업에서는 관리감독 시 제도 도입과 이용이 가능해야 한다는 측면에서, 대규모 기업에서는 그와 더불어 이용 이후 근무조건에 차별이 없어야 한다는 측면에서 접근 필요

7) 인식 개선 및 육아친화적 문화 조성

□ 최근 정부가 추진하고 있는 남성의 육아참여를 위한 제도적 개선과 더불어서 문화적 개선을 위한 노력도 필요함.

□ 사회 전반에서 나타나는 육아친화적이지 못한 인식이 직장 내에서도 연결되어 나타나고 있음.
  - 직장만을 대상으로 육아친화적인 제도 도입 등을 논하기보다는 사회 전반에

서의 변화를 이끌기 위한 정책 방향이 필요함.

나. 추후 연구에 대한 제언

☐ 어머니의 출산 이후 직장 복귀 여부, 부/모의 취업상태 변화 파악

☐ 부모가 경험하는 근무환경이 아동에게 미치는 영향 분석

☐ 부모의 일·생활 균형이 아동에게 미치는 영향 분석

☐ 부모의 심리적·관계적 특성이 일·생활 균형에 미치는 영향 분석

☐ 육아지원과 관련한 근무환경에 차이를 가져오는 요인 분석

☐ 부모의 근무환경에 대한 종단데이터 확보를 위한 유아기, 초등학령기에 근무환경 조사 재실시

☐ 육아친화적 주요 지표 확보를 위한 지속적 데이터 수집

I

서 론

01 연구의 필요성 및 목적
02 연구내용
03 연구방법
04 연구범위
05 선행연구

I. 서론

1. 연구의 필요성 및 목적

개인의 삶의 질 향상을 위한 일-생활 균형(work-life balance)의 개념은 개인에게도 사회에게도 점차 중요한 가치로 인식되고 있다. 특히 자녀를 양육 중인 부모에게는 일-생활 균형이 일-가정 양립 혹은 일-육아 병행이라는 개념으로 적용되어 왔다. 정부는 2008년 '남녀고용평등 및 일·가정양립지원에 관한 법률'을 제정하고 근로자들의 일-가정 양립을 지원하는 여러 제도들을 시행함으로써 일-생활 불균형의 해소를 위해 여러 방면으로 노력하고 있으며, 특히 일-가정 양립을 위한 제도적 기반을 구축하고자 하였다. 자녀양육 중인 근로자의 일-가정 양립을 위해서는 출산휴가, 육아휴직, 육아기 근로시간 단축제도, 유연근무제 등을 도입한 이후 지속적으로 개선·확대하고 있다.

제4차 저출산고령사회 기본계획(2021~2025)에서는 저출생의 원인으로 일-가정 양립의 곤란, 돌봄 공백 등을 꼽았으며, 주요 정책과제로 '함께 일하고 함께 돌보는 사회 조성'을 제시한 바 있다(대한민국정부, 2020: 18-19, 50). 구체적으로, 고용형태에 따라 육아휴직을 사용할 수 없는 상황을 개선하고 생애주기별 근로시간 단축, 가족돌봄휴가, 유연근무 활성화 등을 통해 아이와 함께하는 시간을 보장함으로써 일-생활 균형을 실현하고자 하였다. 또한 일과 양육의 병행이 가능한 노동 환경을 실현하고 일하는 방식과 문화를 혁신하기 위한 과제를 추진하고 있다.

이처럼 부모의 일-생활 균형을 지원하기 위한 육아지원제도는 확대·정비되고 있으며 이용자 수는 점차 증가하고 있다. 2023년 육아휴직자 및 육아기 근로시간 단축 사용자 현황에 따르면, 육아휴직자는 126,008명이며, 육아기 근로시간 단축 사용자는 23,188명이었다(고용노동부 보도자료, 2024. 2. 26.). 육아휴직자 수는 전년대비 3.9% 감소한 수치였으나, 육아기 근로시간 단축 사용자는 19.1% 증가한 수치이며, 전반적으로 증가하는 추세라고 할 수 있다.

하지만 우리 사회에서 일-가정 양립의 어려움과 일-생활 불균형의 문제는 여전히 불거지고 있다. 기업 내 분위기, 인사 상 불이익 등으로 육아지원제도 사용이 어렵다는 목소리는 끊이지 않고 있으며, 이를 개선하기 위한 지속적인 노력이 필요함이 제기되고 있다. 일례로, 경제협력개발기구(이하 OECD) 회원국의 연간근로시간을 살펴보면, 2022년 기준 전체 취업자의 1인당 연간 근로시간은 한국이 1,901시간으로 OECD 전체 38개 회원국 중 다섯 번째로 긴 수준이며, OECD 평균(1,752시간)에 비해서는 149시간 더 길다(OECD. Stat, 2022, 김민섭, 2023. 12. 21. 에서 재인용). 그만큼 장시간 근로문화가 형성되어 있고 일과 개인 생활에 있어 균형 잡힌 삶이 이루어지지 않고 있다는 의미이다.

또한 근로시간 단축 및 휴직·휴가 제도는 경직적 인력운영, 기업문화, 소득감소 등으로 인해 실제 활용은 미흡한 실정이며, 유연근무 제도는 보편적으로 정착·확산하는데 한계를 보여 왔다(대한민국정부, 2020: 52-53). 2022년 육아휴직을 시작한 사람은 약 20만명으로 역대 최대치였으나, 종사자 규모 300명 이상의 대기업의 비중이 높았으며, 남성 휴직자는 6.8%에 불과하였다(김성원, 2024. 2. 27.).

고용노동부에서는 중소기업에서 눈치 보지 않고 일·육아 지원제도를 사용할 수 있도록 워라밸 행복산단 조성, 대체인력 채용지원 강화, 육아기 근로시간 단축 업무분담지원금 신설 등을 다시금 추진하고 있는 만큼(고용노동부 보도자료, 2024. 2. 26.) 지속적인 개선 노력이 필요한 상황이다. 따라서 본 연구를 통해 얻게 되는 자녀를 양육 중인 부모의 직장 내 육아지원환경이 어떠한지에 대한 데이터는 육아지원제도의 개선과 추진에 있어 중요한 기초자료가 될 것이다.

한편, 비임금근로자는 고용보험 기반의 육아지원제도에서 사각지대에 해당한다. 최근 저출생고령사회위원회는 '저출생 추세 반전을 위한 대책'에서 고용보험 미적용자를 위한 육아휴직제도 사각지대 개선 방안을 마련하겠다고 밝힌 바 있다(저출생고령사회위원회·관계부처 합동 보도자료, 2024. 6. 19.). 이처럼 우리나라 전체 취업자의 22.4%(약 628만명)를 차지하는 자영업자 등의 비임금근로자는 정부가 추진하는 육아지원정책에서 대상으로 포함되지 않는 실정이다(이데일리, 2024. 3. 24, 보도). 하지만 돌봄의 관점에서 볼 때, 비임금근로자는 임금근로자에 비해 근무시간이 길거나 일정하지 않아 자녀양육시간을 확보하기 어려운 상황에 처하기 쉽다. 따라서 임금근로자 외에도 비임금근로자의 근무환경을 조사하여 보편적 육아지원제도 확립을 위한 근거 자료를 확보할 필요가 있겠다.

I. 서론

영아기는 부모의 돌봄이 절대적으로 필요한 시기이며 부모 또한 직접 돌봄의 욕구가 높은 시기이므로, 영아기 자녀를 양육하고 있는 부모의 근무환경은 그들의 일-생활 균형에 지대한 영향을 줄 수 있다. 어린이집에서는 연장보육 운영, 유치원과 초등학교에서는 방과후 과정 및 돌봄교실(늘봄학교)을 통해 일하는 부모를 위한 기관에서의 교육·보육서비스는 점차 확대되어 왔다. 하지만 이와 동시에 부모가 자녀를 직접 돌볼 수 있는 권리를 위해 그리고 부모의 돌봄을 받을 자녀의 권리를 위해 부모가 직접 양육에 참여할 수 있는 제도도 더욱 강조되어야 하고, 현재 마련되어 있는 제도를 잘 활용할 수 있는 환경으로 개선되어야 한다.

더불어 영아기 자녀를 양육 중인 부모의 근무환경 특히 육아지원환경은 부모의 일-생활 균형 정도, 자녀를 비롯한 가족관계, 자녀의 발달 특성 등에 장기적으로 영향을 끼치리라 예상할 수 있다. 즉, 부모의 육아휴직과 같은 지원제도 이용 여부뿐만 아니라 일과 육아를 병행할 때에 직장에서 육아에 대해 어떻게 인식하고 지원하느냐에 따라서도 부모의 가정생활과 자녀의 발달에 영향을 끼칠 수 있는 것이다. 따라서 이에 관한 종단 데이터를 확보한다면 추후 부모의 직장 내 육아지원환경과 아동발달 관련 변인 간의 관계에 대한 실증적 분석이 가능해진다. 특히 부모의 직접 돌봄을 필요로 하는 영아기에 경험한 부모의 근무환경이 종단적으로 아동의 성장·발달에 어떠한 영향을 주느냐는 어린 자녀를 양육하는 가구에게 어떠한 지원이 필요한지를 결정하는 데 중요한 근거자료가 될 수 있을 것이다. 이를 위해 본 연구에서는 현재 아동 연령(2세)[1]이 영아기에 해당하는 '한국 영유아 교육·보육 패널' 가구를 대상으로 부모의 근무환경에 대한 조사를 실시함으로써 향후 종단 데이터를 활용한 심층분석이 가능하도록 기여하고자 한다.

본 연구의 목적은 다음과 같다. 첫째, 영아기 자녀를 둔 부모의 육아지원제도 사용과 관련한 근무환경 실태를 파악한다. 이를 통해 부모의 근무환경 및 육아지원제도의 사용과 아동발달 및 가족 특성 간의 관계를 분석하기 위한 기초 자료를 축적한다. 둘째, 영아기 자녀를 둔 부모의 자녀돌봄 시간 보장과 일-생활(육아) 균형을 위한 근무환경 개선 요구를 파악하고 이에 대한 개선 방안을 도출한다.

---

[1] 2022년도 출생아이므로 2024년도 현재 2세, 보육연령 1세에 해당함.

2. 연구내용

가. 제도 현황 분석

근로자를 위한 육아지원제도(시간지원정책)의 현황을 살펴본다. 정책 자료 고찰과 통계 자료 분석을 통해 육아지원제도의 내용과 이용자에 관한 현황을 검토한다.

나. 영아 부모의 근무환경 파악

영아기 자녀를 둔 부모의 근무환경을 파악한다. 한국 영유아 교육·보육 패널 가구 중 현재 취업 중인 부/모를 대상으로 근무환경 및 육아지원제도 이용 환경에 대한 파악을 위해 조사를 실시한다. 이 조사는 패널 가구 대상 부가조사로 실시되며 확보한 데이터를 본 연구에서 분석하여 결과를 제시한다. 또한 초점집단면담(Focus Group Interview: FGI)을 통해 자녀양육과 관련한 근무환경을 조사하여 분석한다.

다. 개선 방안 도출

영아기 자녀를 둔 부모의 자녀돌봄 시간 보장을 비롯한 일-생활(육아) 균형을 위한 근무환경 개선 방안을 도출한다.

3. 연구방법

가. 문헌 연구

임신·출산 및 육아를 지원하는 제도의 현황 파악을 위해 정책 자료, 통계 및 선행연구 자료를 분석하였다. 또한 선행연구를 고찰하였다.

나. 조사 연구

1) 설문조사

한국 영유아 교육·보육 패널의 3차 조사(2024년 본조사)를 위해 유효표본으로 확정된 2,840명의 패널아동 가구 중에서 현재 근로를 하고 있다고 확인된 2,593명의 아버지 혹은 어머니를 대상으로 온라인 설문조사를 실시하였다. 단, 패널 본 조사에 지장을 주지 않기 위해 7~9월에 조사 대상이었던 2,504명의 패널아동 가구(2022년 1~5월생 아동가구) 중에서 본 조사 참여를 완료한 부/모에게 문자를 보내어 부가조사의 형태로 실시하게 되었다. 2,504명의 패널아동 가구 중 9월말까지 본조사에 참여한 인원은 1,128명이어서 이들이 1차 부가조사의 대상자가 되었으며, 일반적인 부가조사 응답률을 고려한다면 최종 조사 참여자 수는 600명 정도로 예상하였다. 실제 2024년 9월 30일부터 10월 11일까지 조사를 실시한 결과, 총 678명이 응답하여 해당 자료를 본 연구를 위한 분석에 활용하였다.

설문조사 내용은 기업 내 육아문화, 육아지원제도 구축 및 활용 정도, 제도에 대한 상사 및 동료의 지지 여부, 개선 요구 등을 담기 위하여 〈표 Ⅰ-3-1〉과 같이 구성하였다. 패널 가구를 대상으로 조사하기 때문에 본 연구에서 직접 질문하지 않은 변인도 분석을 위해 활용할 수 있다는 장점이 있다. 이에 설문지 분량을 효율적으로 조정하였으며, 일부 내용은 패널 데이터와 연동하여 본 연구의 분석에 활용하였다.

〈표 Ⅰ-3-1〉 설문조사 내용

구분	내용
응답자 특성	연령*, 성별*, 거주 지역*, 혼인상태*, 본인 학업 및 취업상태, 배우자 학업 및 취업상태, 자녀 수*, 자녀 출생순위*, 최종 학력*, 월평균 근로소득*
근로 특성	직장 내 종사상 지위*, 근로형태, 일자리 직종*, 고용보험 가입 상태, 직장/조직 유형, 직장 규모, 출근시각 및 퇴근시각, 1일 평균 근로시간 및 통근시간*
지원제도 및 근로환경	직장 내 돌봄지원제도 도입 여부 및 이용 경험, 제도 활용의 가능 여부, 제도 이용 시 직장 내 분위기/문화, 직장 내 유연근무제 도입 여부 및 이용 경험, 제도 활용의 가능 여부
육아에 대한 직장 문화	근로 관련 직장 문화, 직장 내 육아지원 및 분위기, 직장 내 육아문화 변화를 위해 필요한 노력, 직장 내 육아문화 변화를 위해 필요한 정책, 현재 직장 및 우리 사회의 육아친화적 제도 및 문화에 대한 평가
일·생활 균형	일·생활 균형에 대한 만족도, 출산 양육을 위해 현재 직장을 그만 두거나 이직할 의향 여부, 일-생활 갈등*
자녀 양육	시간대별 자녀 주양육자*, 하루 중 자녀 양육에 할애하기 원하는 시간(주중/주말), 현재 자녀와 함께 보내고 있는 시간(주중/주말)

주: *의 경우 기존 한국 영유아 교육·보육 패널 데이터에서 연동하기로 한 항목임. 본 조사에서 직접적으로 질문하지 않음.

2) 초점집단면담(FGI)

영아기 자녀를 양육하고 있는 근로자 14명을 대상으로 FGI를 실시하였다. FGI의 목적은 첫째, 설문조사 진행 전 사전면담을 통해 설문조사 문항을 검토하기 위함이었으며, 둘째, 설문조사 상에서는 얻을 수 없는 심도 있는 직장 내 육아 관련 제도 관련 의견을 청취하는 것이었다.

대상은 영아기 자녀를 양육하면서 취업 중인 부모를 모집하여 진행하였다. 한국 영유아 교육·보육 패널 가구를 대상으로 면담을 실시하지 않은 이유는 패널 가구의 피로도가 높아지면 본 연구를 위한 부가조사뿐만 아니라 패널 본조사에까지 부정적인 영향을 끼칠 수 있기 때문이었다. 또한 면담 내용은 종단 데이터로 사용하지 않을 것이므로 패널 가구 대상으로 실시할 필요성이 높지 않아서 일반 가구를 모집하여 실시하였다.

FGI의 내용은 설문조사의 내용과 유사하나(표 Ⅰ-3-2 참조) 육아지원제도나 유연근무제 이용 시 직장의 분위기와 만약 이용하지 못한다면 그 이유 등 설문에서는 알 수 없는 내용을 보다 깊게 다루었다. 또한 비임금근로자의 경우 경험하고 있는 근로 상황이나 환경에 대해 좀 더 자세히 듣고자 하였다.

〈표 Ⅰ-3-2〉 FGI 내용

구분	내용
〈기초 질문〉	
응답자 특성	연령, 성별, 거주 지역, 자녀수, 자녀 월령, 본인 학업 및 취업상태, 배우자 학업 및 취업상태
〈면담 질문〉	
근로 특성	직장 내 종사상 지위, 근로형태, 일자리 직종, 직장/조직 유형, 사업체 내 근로자 수, 1일 평균 근로시간 및 통근시간
자녀양육 및 지원제도 사용	자녀 주양육자, 육아휴직 등 육아지원제도 사용 경험 및 사용 기간/방법, 직장 내 육아지원제도 이용 가능 여부 및 이용하기 어려운 경우 그 이유, 직장 내 유연근무제도 이용 가능 여부 및 이용하기 어려운 경우 그 이유, 긴급하게 자녀 돌봄 필요 시 가정에서 대처 방법, 일과 육아 병행을 위해 직장에서 시행하거나 확대되기 바라는 제도, 자녀 출산 이후 이상적인 양육 형태/사용하기 원하는 육아지원제도
일·생활 균형	일·생활 균형 정도, 출산 양육을 위해 현재 직장을 그만 두거나 이직할 의향 여부
육아에 대한 직장 문화	직장 내 육아지원 및 분위기, 육아를 힘들게 하는 직장 내 요소 경험 여부 및 내용, 직장 내 육아문화 변화를 위해 필요한 내용, 직장 내 육아문화 변화를 위해 필요한 정책

다. 전문가 자문 및 간담회 실시

선행연구자인 학계 전문가에게 정책개선방안 및 제언에 대한 자문을 구하였다. 또한 연구 내용과 진행방향, 설문조사 및 정책개선방안에 관한 자문을 받고자 원내 동료멘토링을 세 차례 실시하였다.

〈표 Ⅰ-3-3〉 전문가 자문 및 동료멘토링 개요

차수	일자	대상	주요 내용
전문가 자문			
1차	11.15~26	학계 전문가 3인	정책개선방안 및 제언 검토
동료 멘토링			
1차	6. 4.	원내 전문가 3인	연구의 방향 및 내용 논의
2차	8. 21.	원내 전문가 3인	설문조사 항목 검토
3차	11. 14.	원내 전문가 5인	정책개선방안 및 제언 검토

4. 연구범위

가. 연구의 대상

본 연구는 향후 부모의 근무환경 및 육아지원제도의 사용과 아동발달 및 가족 특성 간의 관계를 분석하기 위한 기초 자료를 생산하기 위해 기획되었다. 따라서 종단 데이터 확보가 우선되어야 하므로 한국 영유아 교육·보육 패널 가구를 대상으로 조사를 실시한다. 한국 영유아 교육·보육 패널 연구는 2022년 출생아동의 가구를 대상으로 매년 조사하고 있으며, 2030년까지 조사를 이어나갈 예정이다. 따라서 패널아동의 연령이 2세인 2024년도 올해에 부모의 근무환경을 조사한 데이터는 향후 다른 변인과의 관계를 살펴보는 등의 종단 분석을 위해 사용될 것이다.

여기에 더하여 FGI를 통해 부모의 구체적인 경험과 근무환경의 문화적·제도적 개선에 대한 의견을 수렴하기 위해서 영아기(0~2세) 자녀를 양육 중이며 취업 중인 부모를 대상으로 삼았다.

나. 근무환경의 범위

환경이란 다양한 요소들을 포함한다. 따라서 근무환경이라 함은 여러 가지 측면에서 다루어질 수 있다. 본 연구에서는 자녀양육과 관련된 제도적 환경과 이에 대해 직장 내에서 형성된 문화적 환경을 중점적으로 다루고자 한다.

첫째, 본 연구에서 제도적 환경은 육아휴직, 육아기 근로시간 단축제도, 육아시간, 가족(자녀) 돌봄 휴가 제도 등의 육아지원제도에 해당한다. 이와 더불어 일·생활 균형에 직접적인 영향을 끼칠 수 있으며 부모에게 자녀돌봄의 시간을 확보하도록 돕는 유연근무제를 포함하여 다룬다.

둘째, 본 연구에서 문화적 환경은 직장에서 함께 근무하는 상사나 동료들의 태도, 자녀양육이나 육아지원에 대한 직장 내에서의 전반적인 인식, 그리고 직장에서 추구하는 가치 등을 포함한다.

[그림 Ⅰ-4-1] 연구범위 및 목적

5. 선행연구

자녀를 양육 중인 부모를 위한 직장에서의 육아친화적인 근로문화나 시간지원제도 관련 주제를 다룬 선행연구의 주요 내용을 간략히 살펴보면 다음과 같다.

육아존중문화로의 패러다임 전환과 긍정적 육아문화 조성방안 연구(권미경 외, 2020)에서는 직장에서 부모의 육아권과 아동권을 존중하는 문화가 조성될 수 있도록 직장 내 육아문화를 진단하고 문제점을 개선하기 위한 전략을 제시하고자 하였다. 연구에서는 직장의 육아지원과 육아문화에 대한 진단을 통해 제도 활용 자체가 제한적이고, 직장의 분위기가 지지적이지 못함을 보고하였다. 또한 직장 내 육아문화 조성에 영향을 요인을 분석하여 유연한 근무시간 설계의 필요성 등을 제시하였다. 긍정적 육아문화 조성을 위한 방안으로 지원제도 사용의 활성화, 시간지원의 확대, 중소기업 집중 지원, 기업의 능동적 참여 유도 등을 제안하였다.

평등한 돌봄권 보장을 위한 자녀돌봄 시간정책 개선방안 연구(박은정 외, 2022)에서는 부모와 아동의 보편적 권리로서 돌봄권을 개념화하고 돌봄권의 평등한 실현을 위한 자녀돌봄 시간정책의 개선방안을 도출하려는 목적으로 수행되었다. 이에 고용형태별로 자녀돌봄에 있어 불평등성이 발생함을 지적하고 그 실태를 심층적으로 파악하였으며, 지원정책의 이용 현황과 요구를 파악하였다. 이를 통해 개선방안으로서 육아휴직급여의 지급요건 완화 및 소득보장 수준 제고, 기업의 의무 및 역할 강화, 유연근로제도의 확대 등을 제안하였다.

육아기 근로시간 단축제도 활용실태 및 개선방안 연구(조미라·박은정, 2023)에서는 일과 자녀양육 병행을 지원하는 제도인 육아기 근로시간 단축 제도가 도입되었으나 이에 대한 인지도와 활용도는 매우 저조한 상태임을 말하면서, 부모의 이용욕구와 어려움을 파악하고 기업의 환경과 여건을 살펴보고자 하였다. 이를 통해 제도이용의 장애요인 최소화를 통한 실효성 담보, 제도 인지율 제고 및 인식개선을 위한 대대적 홍보 필요, 유연근무 확대 및 장시간 노동 지양 문화로의 모색 등의 추진 방향과 구체적인 추진 과제를 제시하였다.

아동 돌봄 친화적 근로여건 조성을 위한 정책 연구(박윤수 외, 2023)는 아동 돌봄 정책의 방향성을 검토하고 취업 중인 부모의 가정양육을 지원하기 위한 육아기 근로시간 단축제도의 활성화 방안을 모색하고자 수행되었다. 부모의 근로형태에 따라 초등학생 아동의 방과후 돌봄 실태가 어떠한지를, 그리고 육아기 근로시간 단축제도의 현황과 문제점을 파악하고자 하였다. 이를 통해 육아기 근로시간 단축제도의 활성화를 위한 방안으로 '3+3 부모육아휴직제'와 같은 남성의 육아기 근로시간 단축제도 사용 유인 강화, 육아기 근로시간 단축제도에 대한 홍보 강화, 육아기 근로시간 단축제도에 대한 법적 보호 수준을 육아휴직과 동일한 수준으로 강화, 동료직원에 대한 보상 강화 등을 제안하였다.
　이상의 선행연구들을 통해 육아지원제도 이용과 관련한 직장 내 '문화'의 변화가 필요하고, 육아지원'제도' 이용이 활성화되기 위한 지원책이 필요함을 확인할 수 있었다. 또한 선행연구를 참고하여 본 연구의 설문내용을 구성하였다.

II

근로자를 위한 육아지원제도 현황

01 육아지원제도 현황
02 육아지원제도 이용 현황
03 소결

Ⅱ. 근로자를 위한 육아지원제도 현황

1. 육아지원제도 현황

본 연구에서는 근로자를 위한 육아지원제도로 모성보호제도라고도 일컬어지는 '출산·육아 등 돌봄 지원제도'와 근로시간의 결정 및 배치를 탄력적으로 이용할 수 있도록 하는 '유연근무제'를 중심으로 살펴보고자 한다. 또한 비임금근로자에 해당하는 고용보험 미적용자나 예술인과 노무제공자 등 비근로자 대상의 제도를 알아보았다.

[그림 Ⅱ-1-1] 육아지원제도 현황

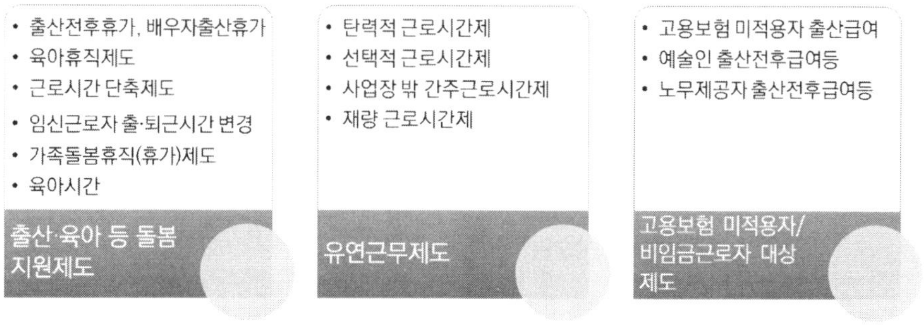

출산·육아 등 돌봄 지원제도	유연근무제도	고용보험 미적용자/ 비임금근로자 대상 제도
• 출산전후휴가, 배우자출산휴가 • 육아휴직제도 • 근로시간 단축제도 • 임신근로자 출·퇴근시간 변경 • 가족돌봄휴직(휴가)제도 • 육아시간	• 탄력적 근로시간제 • 선택적 근로시간제 • 사업장 밖 간주근로시간제 • 재량 근로시간제	• 고용보험 미적용자 출산급여 • 예술인 출산전후급여등 • 노무제공자 출산전후급여등

가. 출산·육아 등 돌봄 지원제도

1) 출산전후휴가

출산전후휴가제도의 목적은 여성근로자의 건강보호와 태아의 순조로운 발육을 위해서 출산 전과 출산 후를 통하여 최소한의 보호휴가를 부여하는 것이다(고용노동부, 2023: 11). 사업주는 임신 중인 여성근로자에게 근로계약의 형태, 직종, 근속기간 등과 관계없이 출산전후휴가를 부여해야 하는데, 근로기준법에 따르면 근로자의 신청 등에 대한 언급이 없는 강행규정이므로, 근로자가 출산전후휴가를 포기(조기복직) 했다고 주장하더라도 사업주가 출산전후휴가를 부여하지 않았으므로 근로기준법 위반이라고 할 수 있다(고용노동부, 2023: 13).

> **근로기준법**
>
> 제74조(임산부의 보호) ① 사용자는 임신 중의 여성에게 출산 전과 출산 후를 통하여 90일(한 번에 둘 이상 자녀를 임신한 경우에는 120일)의 출산전후휴가를 주어야 한다. 이 경우 휴가기간의 배정은 출산 후에 45일(한 번에 둘 이상 자녀를 임신한 경우에는 60일) 이상이 되어야 한다.

출산전후휴가의 주요 내용은 다음과 같다.

〈표 Ⅱ-1-1〉 출산전후휴가 주요 내용

항목	주요 내용	비고
대상	-출산을 앞둔 임신 중인 근로자	근속기간·근로형태·직종 등에 관계없이 부여
기간	-출산을 전후하여 90일 부여(출산 후 45일 보장) 단, 다태아일 경우 120일 부여하며, 이때 출산후에 60일 보장해야 함	위반시 2년 이하의 징역 2년 또는 2천만원 이하의 벌금
분할사용	-유산·사산의 위험이 있는 근로자는 출산 전에도 분할 사용 가능	분할 사용할 수 있는 기간은 최대 44일
소득보장	-(우선지원대상기업) 90일분 모두 고용보험에서 지급 (단, 최초 60일은 통상임금과 고용보험 지급분의 차액은 사업주가 지급하여야 함) -(대기업) 최초 60일은 사업주 지급, 최종 30일은 고용보험에서 지급	통상임금 지급 (고용보험 지원은 최대 월 210만원)
복귀시 업무보장	-휴가 전과 동일한 업무 또는 동등한 수준의 임금을 지급하는 직무에 복귀시켜야 함	위반시 500만원 이하의 벌금
신분보장	-휴가기간과 그 후 30일간 해고 제한 -휴가기간은 소정근로일수 계산시 출근한 것으로 봄	위반시 5년 이하의 징역 또는 5천만원 이하의 벌금

자료: 고용노동부(2023). 모성보호와 일·가정양립 지원 업무 편람. p. 11.

유산·사산을 예방하기 위해 임신 초·중기에 출산전후휴가를 미리 분할하여 사용할 수도 있는데, 분할사용 기간은 최대 44일(다태아 59일)이다(고용노동부, 2023: 15). 또한 근로기준법 제74조제4항에 따라 출산전후휴가의 최초 60일(다태아 75일)은 유급이므로, 사업주는 근로자에게 임금을 지급해야 한다(고용노동부, 2023: 16).

〈표 Ⅱ-1-2〉 단태아·다태아 출산전후휴가 및 급여

구분		단태아	다태아
전체 출산전후휴가기간		90일(출산후 45일)	120일(출산후 60일)
기업의 유급 의무 기간		60일	75일
출산전후휴가 급여 지원 (고용보험) 월 210만원 한도	우선지원대상기업	90일 모두 지원	120일 모두 지원
	대규모 기업	무급 30일 지원	무급 45일 지원

자료: 고용노동부(2023). 모성보호와 일·가정양립 지원 업무 편람. p. 17.

출산전후휴가와 관련하여 보호규정으로 해고 제한, 연차유급휴가 부여 시 불이익을 받지 않도록 하며(출산전후휴가를 사용한 근로자에게는 법령에 의하여 그 기간을 출근한 것으로 봄), 동일·유사 업무 복귀를 보장하도록 제시하고 있다(고용노동부, 2023: 19).

근로기준법

제23조(해고 등의 제한) ② 사용자는 근로자가 업무상 부상 또는 질병의 요양을 위하여 휴업한 기간과 그 후 30일 동안 또는 <u>산전(産前) 또는 산전(産前)·산후(産後)의 여성이 이 법에 따라 휴업한 기간과 그 후 30일 동안은 해고하지 못한다.</u> 다만, 사용자가 제84조에 따라 일시보상을 하였을 경우 또는 사업을 계속할 수 없게 된 경우에는 그러하지 아니하다.

제60조(연차 유급휴가) ⑥ 제1항부터 제3항까지의 규정을 적용하는 경우 다음 각 호의 어느 하나에 해당하는 기간은 출근한 것으로 본다.
  1. (생략)
  2. <u>임신 중의 여성이 제74조제1항부터 제3항까지의 규정에 따른 휴가로 휴업한 기간</u>
  3. <u>「남녀고용평등과 일·가정 양립 지원에 관한 법률」 제19조제1항에 따른 육아휴직으로 휴업한 기간</u>(2018. 5. 29. 이후 육아휴직 개시자 적용)

제74조(임산부의 보호) ⑥ 사업주는 제1항에 따른 출산전후휴가 종료 후에는 <u>휴가 전과 동일한 업무 또는 동등한 수준의 임금을 지급하는 직무에 복귀시켜야 한다.</u>

자료: 고용노동부(2023). 모성보호와 일·가정양립 지원 업무 편람. p. 18.

2) 배우자 출산휴가

배우자 출산휴가는 배우자의 출산에 따른 배우자의 건강보호와 태어난 자녀의 양육을 위해 근로자에게 휴가를 부여하는 제도이다(고용노동부, 2023: 55).

〈표 Ⅱ-1-3〉 배우자 출산휴가 주요 내용

항목	주요 내용	비고
대상	-배우자가 출산한 근로자	근속기간·근로형태·직종 등에 관계없이 부여
기간	-10일 부여 -배우자가 출산한 날부터 90일이 지나면 청구할 수 없음	위반시 500만원 이하의 과태료
분할사용	-1회	분할 사용일수 제한 없음
소득보장	-대기업: 10일 사업주가 지급 -우선지원대상기업: 최초 5일분 고용보험에서 지급(단, 최초 5일분의 통상임금과 고용보험 지급분의 차액은 사업주가 지급하여야 함)	통상임금 지급 (고용보험 지원은 최대 월 401,910원)
신분보장	-배우자 출산휴가를 이유로 한 해고, 그 밖의 불리한 처우를 금지	위반시 3년 이하의 징역 또는 3천만원 이하의 벌금

자료: 고용노동부(2023). 모성보호와 일·가정양립 지원 업무 편람. p. 55.

배우자 출산휴가 부여에 대한 관계법령은 「남녀고용평등과 일·가정 양립 지원에 관한 법률」에서 근거하며, 내용은 다음과 같다.

남녀고용평등과 일·가정 양립 지원에 관한 법률

제18조의2(배우자 출산휴가) ① 사업주는 근로자가 배우자의 출산을 이유로 휴가(이하 "배우자 출산휴가"라 한다)를 청구하는 경우에 10일의 휴가를 주어야 한다. 이 경우 사용한 휴가기간은 유급으로 한다.
② 제1항 후단에도 불구하고 제18조에 따라 출산휴가급여등이 지급된 경우에는 그 금액의 한도에서 지급의 책임을 면한다.
③ 제1항에 따른 휴가는 근로자의 배우자가 출산한 날부터 90일이 지나면 청구할 수 없다.
④ 제1항에 따른 휴가는 1회에 한정하여 나누어 사용할 수 있다.
⑤ 사업주는 배우자 출산휴가를 이유로 근로자를 해고하거나 그 밖의 불리한 처우를 하여서는 아니 된다.

부 칙 〈법률 제16558호, 2019. 8. 27.〉
제1조(시행일) 이 법은 2019년 10월 1일부터 시행한다.
제3조(배우자 출산휴가에 관한 적용례) 제18조, 제18조의2, 제37조제2항 제2호의2 및 제39조제2항 제3호의 개정규정은 이 법 시행 후 최초로 배우자 출산휴가를 사용하는 근로자부터 적용한다.

해당 제도 대상은 배우자의 출산을 이유로 휴가를 청구하는 근로자이며, 계약직·파견직 등 비정규직인 경우도 제도 사용이 가능하다(고용노동부, 2023: 56). 사업주는 근로자가 회사에 신청하면 10일의 휴가를 부여해야 하고, 이는 유급으로

하며 통상임금으로 지급해야 한다(고용노동부, 2023: 57). 휴가 시작일은 배우자가 출산한 날부터 휴가를 사용할 수 있으며(다만, 출산을 위한 준비과정 등을 고려하여 휴가기간 안에 출산(예정)일을 포함하고 있다면 출산일 전에 휴가를 사용하는 것도 가능), 휴가 청구기한은 출산일로부터 90일이다(고용노동부, 2023: 58). 또한 1회 분할하여 사용이 가능하다(고용노동부, 2023: 58).

배우자 출산휴가를 10일 부여하지 않았거나, 유급으로 하지 않은 사업주에게는 500만원 이하의 과태료가 부과되며(고용노동부, 2023: 57), 사업주는 근로자에게 배우자 출산휴가를 이유로 해고되거나 그 밖에 불리한 처우를 하여서는 안되는데 위반 시 3년 이하의 징역 또는 3천만원의 벌금에 처해질 수 있다(고용노동부, 2023: 57~58).

> **남녀고용평등과 일·가정 양립 지원에 관한 법률**
>
> **제39조(과태료)** ② 사업주가 다음 각 호의 어느 하나에 해당하는 위반행위를 한 경우에는 500만원 이하의 과태료를 부과한다. 〈개정 2012. 2. 1., 2017. 11. 28., 2019. 8. 27.〉
> 3. 제18조의2제1항을 위반하여 근로자가 배우자의 출산을 이유로 휴가를 청구하였는데도 휴가를 주지 아니하거나 근로자가 사용한 휴가를 유급으로 하지 아니한 경우
>
> **제37조(벌칙)** ② 사업주가 다음 각 호의 어느 하나에 해당하는 위반행위를 한 경우에는 3년 이하의 징역 또는 3천만원 이하의 벌금에 처한다. 〈개정 2012. 2. 1., 2017. 11. 28., 2019. 8. 27.〉
> 2의2. 제18조의2제5항을 위반하여 배우자 출산휴가를 이유로 해고나 그 밖의 불리한 처우를 한 경우

3) 육아휴직제도

육아휴직제도는 임신 중인 여성 근로자나, 8세 또는 초등학교 2학년 이하 자녀를 가진 근로자가 자녀 양육을 위해 최대 1년간 육아휴직을 사용할 수 있는 제도이다(고용노동부, 2024: 1).

육아휴직급여는 육아휴직을 사용한 근로자에게 1년간 통상임금의 80%로 지원되며(월 상한액 150만원, 하한액 70만원), 사후지급금으로 육아휴직급여의 일부(25%)는 육아휴직 종료 후 6개월 이상 계속 근로한 경우 지급한다(고용노동부, 2024: 1).

사업주는 육아휴직 개시예정일 기준 근로자의 근로기간이 6개월 미만인 경우 외에는 육아휴직을 반드시 허용해야 하며(고용노동부, 2024: 3), 육아휴직을 30일

이상 사용한 근로자가 육아휴직 시작일 이전에 180일 이상 고용보험을 가입한 경우라면 육아휴직 급여를 신청할 수 있다(고용노동부, 2024: 4).

> **남녀고용평등과 일·가정 양립 지원에 관한 법률**
>
> **제19조(육아휴직)** ① 사업주는 임신 중인 여성 근로자가 모성을 보호하거나 근로자가 만 8세 이하 또는 초등학교 2학년 이하의 자녀(입양한 자녀를 포함한다. 이하 같다)를 양육하기 위하여 휴직(이하 "육아휴직"이라 한다)을 신청하는 경우에 이를 허용하여야 한다. 다만, 대통령령으로 정하는 경우에는 그러하지 아니하다. 〈개정 2010. 2. 4., 2014. 1. 14., 2019. 8. 27., 2021. 5. 18.〉
> ② 육아휴직의 기간은 1년 이내로 한다.

정부는 기존의 육아휴직 제도의 경우 중소기업·남성이 제도를 사용하기 어렵다는 점을 지적하며(고용노동부 보도자료, 2023. 11. 12), 2024년부터 6+6 부모육아 휴직제를 도입하였다. '6+6 부모육아휴직제'는 생후 18개월 이내 자녀를 돌보기 위해 부모가 모두 육아휴직을 사용한 경우 첫 6개월에 대한 육아휴직급여를 통상임금의 100%(월 최대 200~450만원) 지원하는 제도이다(대한민국 정책브리핑, 인출일: 2024. 5. 21.). 6+6 부모육아휴직제는 부모가 동시에 사용해도 되고, 번갈아가며 사용해도 되는데(예: 엄마 6개월+아빠 6개월, 엄마 3개월+아빠 3개월+엄마 3개월+아빠 3개월), 부모가 모두 휴직하는 기간이 길어질수록 급여 상한액이 높아진다(대한민국 정책브리핑, 인출일: 2024. 5. 21.).

법에 따르면 사업주는 육아휴직을 이유로 해고나 그 밖의 불리한 처우(휴직, 정직, 배치전환, 전근, 출근정지, 승급정지, 감봉 등 근로자에게 경제·정신·생활상의 불이익을 주는 것을 의미)를 금지하고 있으며, 이를 위반할 경우 3년 이하의 징역 또는 3천만원 이하의 벌금이 부과된다(고용노동부, 2024: 8).

〈표 Ⅱ-1-4〉 육아휴직 관련 보호조항

항목	내용	벌칙
육아휴직 부여 (법 제19조제1항)	-사업주는 임신 중인 여성 근로자가 모성을 보호하거나 근로자가 만 8세 이하 또는 초등학교 2학년 이하의 자녀를 양육하기 위하여 휴직을 신청하는 경우에 이를 허용하여야 한다.	500만원 이하의 벌금 (법 제37조제4항 제4호)
육아휴직으로 인한 불리한 처우 금지 (법 제19조제3항)	-사업주는 육아휴직을 이유로 해고나 그 밖의 불리한 처우를 하여서는 아니 되며, 육아휴직 기간에는 그 근로자를 해고하지 못한다.	3년 이하의 징역 또는 3천만원 이하의 벌금 (법 제37조제2항 제3호)

Ⅱ. 근로자를 위한 육아지원제도 현황

항목	내용	벌칙
육아휴직 후 직무복귀 및 근속기간 인정 (법 제19조제4항)	-사업주는 육아휴직을 마친 후에는 휴직 전과 같은 업무 또는 같은 수준의 임금을 지급하는 직무에 복귀시켜야 한다. 또한 제2항의 육아휴직 기간은 근속기간에 포함한다.	500만원 이하의 벌금 (법 제37조제4항 제4호)

자료: 고용노동부(2024). 2024년 일하는 엄마, 아빠를 위한 육아휴직제도 사용안내서. p. 9.

4) 근로시간 단축제도(전환형 시간제)

정부는 근무에 있어 전일제와 시간제의 경계가 허물어지고 있음을 지적하며, 근로자 본인이 필요할 때 근로시간 단축을 통해 전일제에서 시간제로 전환할 수 있고, 사유가 종료되면 다시 시간제에서 전일제로의 복귀를 보장한다고 밝혔다(고용노동부, 2021: 5). 이에 따라 근로자가 사업주에게 근로시간 단축을 신청할 수 있도록 법으로 보장하고, 사업주는 허용예외 사유가 아니면 허용해야 한다(고용노동부, 2021: 5). 근로시간 단축제도(전환형 시간제)의 내용은 다음과 같다.

〈표 Ⅱ-1-5〉 근로시간 단축 제도

구분	근로시간 단축제도(전환형 시간제)			
	임신기 근로시간 단축	육아기 근로시간 단축	가족돌봄 등 근로시간 단축	자율형 근로시간 단축
법적 근거	근로기준법 제74조	남녀고용평등법 제19조의2	남녀고용평등법 제22조의3	기간제법 제7조 및 사업주 재량
신청 사유	임신	육아	가족돌봄, 본인건강, 은퇴준비, 학업	사업주가 승인하는 사유(제한 없음)
대상	임신 12주 이내, 36주 이후 근로자	만8세 이하 또는 초등학교 2학년 이하의 자녀가 있는 근로자(근속기간 6개월 이상)	상기 사유 해당 근로자 (근속기간 6개월 이상)	법정 단축제도 이외의 사유 및 기간으로 근로시간 단축을 신청한 근로자 *임신 12~36주 근로자 포함
단축 시간	1일 2시간 단축 (1일 6시간 근무)	주 15~35시간 근무	주 15~35시간 근무	사업장별 자율 시행
단축 기간	임신 12주 이내, 36주 이후 기간	1년(육아휴직 미사용 기간 가산 시 최대 2년)	최초 1년(1회 연장 포함 최대 3년, 학업은 1년)	
급여	임금삭감 없음	근로시간 비례임금 이상 지급		

자료: 고용노동부(2021). 근로시간 단축제도 가이드북. p. 10.

가) 임신기 근로시간 단축

임신기 근로시간 단축제도는 「근로기준법」 제74조에 의거하여 임신 후 12주 이내 또는 36주 이후에 있는 여성 근로자가 1일 2시간의 근로시간 단축을 신청하는 경우 이를 허용해야 하는 제도이다(고용노동부, 2021: 17).

> 근로기준법
> 제74조(임산부의 보호) ⑦ 사용자는 임신 후 12주 이내 또는 36주 이후에 있는 여성 근로자가 1일 2시간의 근로시간 단축을 신청하는 경우 이를 허용하여야 한다. 다만, 1일 근로시간이 8시간 미만인 근로자에 대하여는 1일 근로시간이 6시간이 되도록 근로시간 단축을 허용할 수 있다.

적용 범위는 1인 이상 사업장이고 동거친족만으로 이루어진 사업장은 제외된다(고용노동부, 2021: 17). 임신 후 12주 이내에 사용했더라도 36주 이후에 사용할 수 있으며, 법적 청구권이 없는 임신 후 12주 초과~36주 미만의 여성 근로자는 사용자의 재량으로 근로시간을 단축할 수 있다(고용노동부, 2021: 18). 출근시간을 늦추거나 퇴근을 일찍 하는 등 제한은 없으나, 근로자가 신청하는 방식으로 허용하는 것이 원칙이다(고용노동부, 2021: 19).

사용자는 근로시간 단축을 이유로 해당 근로자의 임금을 삭감할 수 없으며, 임신기 근로시간 단축 근로자에게 단축된 근로시간을 초과하여 근무하게 해서는 안 된다(고용노동부, 2021: 20).

> 근로기준법
> 제74조(임산부의 보호) ⑤ 사용자는 임신 중의 여성 근로자에게 시간외근로를 하게 하여서는 아니되며, 그 근로자의 요구가 있는 경우에는 쉬운 종류의 근로로 전환하여야 한다.
> ⑧ 사용자는 제7항에 따른 근로시간 단축을 이유로 해당 근로자의 임금을 삭감하여서는 아니 된다.

나) 육아기 근로시간 단축

육아기 근로시간 단축 제도는 「남녀고용평등과 일·가정 양립 지원에 관한 법률」에 근거를 두고 있으며, 만8세 이하 또는 초등학교 2학년 이하의 자녀를 둔 근로자가 근로시간 단축을 신청하는 경우 이를 허용하는 제도이다(고용노동부, 2021: 22).

Ⅱ. 근로자를 위한 육아지원제도 현황

> **남녀고용평등과 일·가정 양립 지원에 관한 법률**
>
> 제19조의2(육아기 근로시간 단축) ① 사업주는 근로자가 만 8세 이하 또는 초등학교 2학년 이하의 자녀를 양육하기 위하여 근로시간의 단축(이하 "육아기 근로시간 단축"이라 한다)을 신청하는 경우에 이를 허용하여야 한다. 다만, 대체인력 채용이 불가능한 경우, 정상적인 사업 운영에 중대한 지장을 초래하는 경우 등 대통령령으로 정하는 경우에는 그러하지 아니하다.
> 〈개정 2012. 2. 1., 2019. 8. 27.〉

다만 허용예외 사유로 인정되는 경우에는 이를 허용하지 않을 수 있는데(고용노동부, 2021: 22), 그 경우는 다음과 같다. 우선 ①근로자의 계속 근로기간이 6개월 미만인 경우, ②사업주가 고용센터에 구인신청을 하고 대체인력을 채용하기 위해 14일 이상 노력했으나 대체인력을 채용하지 못한 경우, ③업무 성격상 근로시간을 분할하여 수행하기 곤란하거나 그 밖에 육아기 근로시간 단축이 정상적인 사업 운영에 중대한 지장을 초래하는 경우로서 사업주가 이를 증명하는 경우가 이에 해당한다(고용노동부, 2021: 22).

이 역시 적용 범위는 1인 이상 사업장이고 동거친족만으로 이루어진 사업장은 제외된다(고용노동부, 2021: 23). 육아기 근로시간 단축기간은 근로자의 신청에 따라 1년 이내로 부여하며, 동일한 자녀에 대한 육아휴직(1년) 미사용 기간을 가산하여 사용할 수 있으므로 육아휴직을 전혀 사용하지 않은 경우 육아기 근로시간 단축을 2년까지 부여할 수 있다(고용노동부, 2021: 23). 아울러 사업주는 법에서 정한 육아기 근로시간 단축기간(1년 이내, 가산 시 최대 2년)을 초과하여 재량으로 근로시간 단축을 허용할 수 있으며, 이런 경우 법정 단축기간을 초과하여 허용한 기간은 사용자의 재량에 따른 육아기 근로시간 단축으로 본다(고용노동부, 2021: 23).

단축기간의 근로시간은 주당 15~35시간인데, 단축기간 전의 주당 근로시간이 반드시 40시간이어야 할 필요는 없으며, 근로시간이 단축되었고 단축 후의 주당 근로시간이 15~35시간이면 육아기 근로시간 단축을 사용할 수 있다(고용노동부, 2021: 24). 이 제도 역시 출근시간을 늦추거나 퇴근을 일찍 하는 등 제한은 없으나, 근로자가 신청하는 방식으로 허용하는 것이 원칙이다(근로자가 원할 경우 1시간 단축도 가능)(고용노동부, 2021: 24). 한편 2024년 7월, 정부는 제도의 활성화를 위해 육아기 근로시간 단축근로자의 업무를 분담한 동료 근로자에 대한 지원

근거를 신설하고, 육아기 근로시간 단축 시 통상임금 100% 지원구간을 주당 최초 5시간에서 최초 10시간으로 확대하였다(고용노동부 보도자료, 2024. 6. 18).

다) 가족돌봄 등 근로시간 단축

가족돌봄 등 근로시간 단축제도는 「남녀고용평등과 일·가정 양립 지원에 관한 법률」에 의거하여 근로자가 가족돌봄, 본인건강, 은퇴준비, 학업을 위해 근로시간 단축을 신청하면 사업주가 허용예외 사유가 없는 한 이를 허용하는 제도이다(고용노동부, 2021: 30).

> **남녀고용평등과 일·가정 양립 지원에 관한 법률**
> 제22조의3(가족돌봄 등을 위한 근로시간 단축) ① 사업주는 근로자가 다음 각 호의 어느 하나에 해당하는 사유로 근로시간의 단축을 신청하는 경우에 이를 허용하여야 한다. 다만, 대체인력 채용이 불가능한 경우, 정상적인 사업 운영에 중대한 지장을 초래하는 경우 등 대통령령으로 정하는 경우에는 그러하지 아니하다.
> 1. 근로자가 가족의 질병, 사고, 노령으로 인하여 그 가족을 돌보기 위한 경우
> 2. 근로자 자신의 질병이나 사고로 인한 부상 등의 사유로 자신의 건강을 돌보기 위한 경우
> 3. 55세 이상의 근로자가 은퇴를 준비하기 위한 경우
> 4. 근로자의 학업을 위한 경우

근로시간 단축 사유는 다음 〈표 Ⅱ-1-6〉과 같다.

〈표 Ⅱ-1-6〉 근로시간 단축 사유

가족돌봄	가족의 질병, 사고, 노령으로 인해 가족을 돌봐야 하는 경우	-이때 가족이란 근로자의 조부모, 부모, 배우자, 배우자의 부모, 자녀, 손자녀 -돌봄은 질병, 사고, 노령에 따른 돌봄으로 한정(그외 단순 자녀양육은 해당되지 않음)
본인건강	질병, 사고로 인한 부상 등으로 건강을 돌봐야 하는 경우	-이때 건강은 신체건강뿐만 아니라, 정신건강도 포함 -질병·부상을 치료 중인 경우, 질병 등으로 노동능력이 감소한 경우도 해당
은퇴준비	55세 이상의 근로자가 은퇴를 준비하고자 할 경우	-여기서의 55세는 만55세 이상을 의미하며, 근로시간 단축 개시 예정일을 기준으로 판단 -은퇴준비는 재취업, 창업, 사회공헌 등 다양한 사유로 활용 가능
학업	근로자가 학업을 위해 근로시간 단축을 원할 경우	-학업은 근로자가 자율적으로 참여하는 학업을 의미하며 학교 정규교육과정, 직업능력개발훈련, 재취업 준비, 일정 자격취득 및 과정수료를 위한 교육과정 참여 등을 의미 -독학, 단순 취미활동, 사업주 주도의 직업훈련은 제외

자료: 고용노동부(2021). 근로시간 단축제도 가이드북. p. 30.

해당 제도는 6개월 이상 근속 등 법정 요건을 충족하는 모든 근로자에게 허용되며, 근로시간 단축은 원칙적으로 1년 이내이나, 가족돌봄, 본인건강, 은퇴준비를 위해 근로시간을 단축하는 경우 연장사유가 있으면 총 단축기간 3년의 범위에서 1회 연장이 가능하다(고용노동부, 2021: 31). 근로시간 단축 후 소정근로시간은 주당 15~30시간인데, 단축기간 전의 주당 근로시간이 반드시 40시간이어야 할 필요는 없다(고용노동부, 2021: 32).

5) 임신근로자 출·퇴근시간 변경

임신근로자 출·퇴근시간 변경 제도는 근로시간 단축을 활용하지 못하는 임신 근로자(임신 12주 이후~35주 이내)가 혼잡한 대중교통을 이용하여 출퇴근하는 중 건강상 피해가 발생할 우려를 예방하고자 출·퇴근시간의 변경을 허용하여 임신 중인 여성 근로자와 태아의 건강을 보호하는 제도이다(고용노동부, 2023: 93).

근로기준법

제74조(임산부의 보호) ⑨사용자는 임신 중인 여성 근로자가 1일 소정근로시간을 유지하면서 업무의 시작 및 종료 시각의 변경을 신청하는 경우 이를 허용하여야 한다. 다만, 정상적인 사업 운영에 중대한 지장을 초래하는 경우 등 대통령령으로 정하는 경우에는 그러하지 아니하다. 〈신설 2021. 5. 18.〉
⑩제7항에 따른 근로시간 단축의 신청방법 및 절차, 제9항에 따른 업무의 시작 및 종료시각 변경의 신청방법 및 절차 등에 관하여 필요한 사항은 대통령령으로 정한다. 〈신설2014. 3. 24., 2021. 5. 18.〉

근로기준법 시행령

제43조의3(임신기간 업무의 시작 및 종료 시각의 변경) ① 법 제74조제9항 본문에 따라 업무의 시작 및 종료 시각의 변경을 신청하려는 여성 근로자는 그 변경 예정일의 3일 전까지 임신기간, 업무의 시작 및 종료 시각의 변경 예정 기간, 업무의 시작 및 종료 시각 등을 적은 문서(전자문서를 포함한다)에 임신 사실을 증명하는 의사의 진단서(같은 임신에 대해 업무의 시작 및 종료 시각 변경을 다시 신청하는 경우는 제외한다)를 첨부하여 사용자에게 제출해야 한다.
②법 제74조제9항 단서에서 "정상적인 사업 운영에 중대한 지장을 초래하는 경우 등 대통령령으로 정하는 경우"란 다음 각 호의 어느 하나에 해당하는 경우를 말한다.
1. 정상적인 사업 운영에 중대한 지장을 초래하는 경우
2. 업무의 시작 및 종료 시각을 변경하게 되면 임신 중인 여성 근로자의 안전과 건강에 관한 관계 법령을 위반하게 되는 경우

해당 제도의 대상자는 임신 중인 여성 근로자로, 사용자는 임신 중인 여성 근로자가 1일 소정근로시간을 유지하면서 업무의 시작 및 종료 시각의 변경을 신청하는 경우 이를 허용하여야 한다(고용노동부, 2023: 94). 사용기한 및 분할사용에 대한 제한규정이 없으며, 소정 근로시간을 유지하기 때문에 별도 임금삭감도 없다(고용노동부, 2023: 93).

사업주는 정상적인 사업 운영에 중대한 지장을 초래하는 경우, 업무의 시작 및 종료 시각을 변경하게 되면 임신 중인 여성 근로자의 안전과 건강에 관한 관계 법령을 위반하게 되는 경우에 제도 사용을 거부할 수 있다(고용노동부, 2023: 94).

6) 가족돌봄휴직제도 및 가족돌봄휴가제도

가족돌봄휴직제도와 가족돌봄휴가제도는 다음 「남녀고용평등과 일·가정 양립 지원에 관한 법률」에 근거한다.

남녀고용평등과 일·가정 양립 지원에 관한 법률

제22조의2(근로자의 가족 돌봄 등을 위한 지원) ①사업주는 근로자가 조부모, 부모, 배우자, 배우자의 부모, 자녀 또는 손자녀(이하 "가족"이라 한다)의 질병, 사고, 노령으로 인하여 그 가족을 돌보기 위한 휴직(이하 "가족돌봄휴직"이라 한다)을 신청하는 경우 이를 허용하여야 한다. 다만, 대체인력 채용이 불가능한 경우, 정상적인 사업 운영에 중대한 지장을 초래하는 경우, 본인 외에도 조부모의 직계비속 또는 손자녀의 직계존속이 있는 경우 등 대통령령으로 정하는 경우에는 그러하지 아니하다. 〈개정 2012. 2. 1., 2019. 8. 27.〉
②사업주는 근로자가 가족(조부모 또는 손자녀의 경우 근로자 본인 외에도 직계비속 또는 직계존속이 있는 등 대통령령으로 정하는 경우는 제외한다)의 질병, 사고, 노령 또는 자녀의 양육으로 인하여 긴급하게 그 가족을 돌보기 위한 휴가(이하 "가족돌봄휴가"라 한다)를 신청하는 경우 이를 허용하여야 한다. 다만, 근로자가 청구한 시기에 가족돌봄휴가를 주는 것이 정상적인 사업 운영에 중대한 지장을 초래하는 경우에는 근로자와 협의하여 그 시기를 변경할 수 있다.
③제1항 단서에 따라 사업주가 가족돌봄휴직을 허용하지 아니하는 경우에는 해당 근로자에게 그 사유를 서면으로 통보하고, 다음 각 호의 어느 하나에 해당하는 조치를 하도록 노력하여야 한다.
 1. 업무를 시작하고 마치는 시간 조정
 2. 연장근로의 제한
 3. 근로시간의 단축, 탄력적 운영 등 근로시간의 조정
 4. 그 밖에 사업장 사정에 맞는 지원조치
④가족돌봄휴직 및 가족돌봄휴가의 사용기간과 분할횟수 등은 다음 각 호에 따른다.
 1. 가족돌봄휴직 기간은 연간 최장 90일로 하며, 이를 나누어 사용할 수 있을 것. 이 경우 나누어 사용하는 1회의 기간은 30일 이상이 되어야 한다.

> 2. 가족돌봄휴가 기간은 연간 최장 10일[제3호에 따라 가족돌봄휴가 기간이 연장되는 경우 20일(「한부모가족지원법」 제4조제1호의 모 또는 부에 해당하는 근로자의 경우 25일) 이내]로 하며, 일 단위로 사용할 수 있을 것. 다만, 가족돌봄휴가 기간은 가족돌봄휴직 기간에 포함된다.
> 3. 고용노동부장관은 감염병의 확산 등을 원인으로 「재난 및 안전관리 기본법」 제38조에 따른 심각단계의 위기경보가 발령되거나, 이에 준하는 대규모 재난이 발생한 경우로서 근로자에게 가족을 돌보기 위한 특별한 조치가 필요하다고 인정되는 경우 「고용정책 기본법」 제10조에 따른 고용정책심의회의 심의를 거쳐 가족돌봄휴가 기간을 연간 10일(「한부모가족지원법」 제4조제1호에 따른 모 또는 부에 해당하는 근로자의 경우 15일)의 범위에서 연장할 수 있을 것. 이 경우 고용노동부장관은 지체 없이 기간 및 사유 등을 고시하여야 한다.
> ⑤ 제4항제3호에 따라 연장된 가족돌봄휴가는 다음 각 호의 어느 하나에 해당하는 경우에만 사용할 수 있다.
> 1. 감염병 확산을 사유로 「재난 및 안전관리 기본법」 제38조에 따른 심각단계의 위기경보가 발령된 경우로서 가족이 위기경보가 발령된 원인이 되는 감염병의 「감염병의 예방 및 관리에 관한 법률」 제2조제13호부터 제15호까지의 감염병환자, 감염병의사환자, 병원체보유자인 경우 또는 같은 법 제2조제15호의2의 감염병의심자 중 유증상자 등으로 분류되어 돌봄이 필요한 경우
> 2. 자녀가 소속된 「초·중등교육법」 제2조의 학교, 「유아교육법」 제2조제2호의 유치원 또는 「영유아보육법」 제2조제3호의 어린이집(이하 이 조에서 "학교등"이라 한다)에 대한 「초·중등교육법」 제64조에 따른 휴업명령 또는 휴교처분, 「유아교육법」 제31조에 따른 휴업 또는 휴원 명령이나 「영유아보육법」 제43조의2에 따른 휴원명령으로 자녀의 돌봄이 필요한 경우
> 3. 자녀가 제1호에 따른 감염병으로 인하여 「감염병의 예방 및 관리에 관한 법률」 제42조제2항제1호에 따른 자가(自家) 격리 대상이 되거나 학교등에서 등교 또는 등원 중지 조치를 받아 돌봄이 필요한 경우
> 4. 그 밖에 근로자의 가족돌봄에 관하여 고용노동부장관이 정하는 사유에 해당하는 경우
> ⑥사업주는 가족돌봄휴직 또는 가족돌봄휴가를 이유로 해당 근로자를 해고하거나 근로조건을 악화시키는 등 불리한 처우를 하여서는 아니 된다.
> ⑦가족돌봄휴직 및 가족돌봄휴가 기간은 근속기간에 포함한다. 다만, 「근로기준법」 제2조제1항 제6호에 따른 평균임금 산정기간에서는 제외한다.
> ⑧사업주는 소속 근로자가 건전하게 직장과 가정을 유지하는 데에 도움이 될 수 있도록 필요한 심리상담 서비스를 제공하도록 노력하여야 한다.
> ⑨고용노동부장관은 사업주가 제1항 또는 제2항에 따른 조치를 하는 경우에는 고용 효과 등을 고려하여 필요한 지원을 할 수 있다.
> ⑩가족돌봄휴직 및 가족돌봄휴가의 신청방법 및 절차 등에 관하여 필요한 사항은 대통령령으로 정한다.

다른 제도와 마찬가지로 해당 제도 사용을 이유로 불리한 처우를 해서는 아니되고, 근속기간을 인정해야 한다(고용노동부, 2023: 238).

> **남녀고용평등과 일·가정 양립 지원에 관한 법률**
>
> 제22조의2(근로자의 가족 돌봄 등을 위한 지원) ⑤ 사업주는 가족돌봄휴직 또는 가족돌봄휴가를 이유로 해당 근로자를 해고하거나 근로조건을 악화시키는 등 불리한 처우를 하여서는 아니된다.
> ⑥가족돌봄휴직 및 가족돌봄휴가 기간은 근속기간에 포함한다. 다만, 「근로기준법」 제2조제1항 제6호에 따른 평균임금 산정기간에서는 제외한다.

가) 가족돌봄휴직제도

가족의 질병, 사고, 노령을 이유로 장기적으로 가족을 돌볼 필요가 있는 경우 근로자가 가족돌봄을 위한 휴직(무급)을 신청할 수 있는 제도이다(고용노동부, 2023: 232).

가족돌봄휴직 제도의 대상은 조부모, 부모, 배우자, 배우자의 부모, 자녀 또는 손자녀의 질병, 사고, 노령으로 인하여 돌봄이 필요한 가족을 돌보기 위하여 휴직을 신청하는 근로자이며, 휴직기간은 연간 최대 90일이다(고용노동부, 2023: 234). 휴직은 분할하여 사용 가능하며(단, 1회에 사용하는 기간은 30일 이상), 해마다 반복하여 사용하는 것도 가능하다(고용노동부, 2023: 234).

사업주는 다음과 같은 사유로 근로자의 제도 사용을 거부할 수 있다. ①근로자의 해당 사업에서 계속 근로기간이 6개월 미만인 경우, ②가족돌봄휴직을 신청한 근로자 외에 돌봄이 필요한 가족의 부모, 자녀, 배우자 등이 돌봄이 필요한 가족을 돌볼 수 있는 경우, ③조부모 또는 손자녀를 돌보기 위하여 가족돌봄휴직을 신청한 근로자 외에도 조부모의 직계비속 또는 손자녀의 직계존속이 있는 경우, ④사업주가 직업안정기관에 구인신청을 하고 14일 이상 대체인력을 채용하기 위하여 노력하였으나 대체인력을 채용하지 못한 경우, ⑤근로자의 가족돌봄휴직으로 인하여 정상적인 사업 운영에 중대한 지장이 초래되는 경우로서 사업주가 이를 증명하는 이유이다(고용노동부, 2023: 235). 다만 사업주는 가족돌봄휴직을 허용하지 아니하는 경우 그 사유를 서면으로 통보하고 그 밖의 조치(①업무를 시작하고 마치는 시간 조정, ②연장근로의 제한, ③근로시간의 단축, 탄력적 운영 등 근로시간 조정, ④그 밖에 사업장 사정에 맞는 지원조치)를 통하여 근로자를 지원할 수 있도록 노력해야 한다(고용노동부, 2023: 235).

나) 가족돌봄휴가제도

가족돌봄휴가제도는 가족의 질병, 사고, 노령 또는 자녀 양육을 이유로 단기적으로 긴급하게 가족을 돌볼 필요가 있는 경우에 근로자가 가족돌봄을 위한 휴가(무급)를 신청할 수 있는 제도이다(고용노동부, 2023: 240). 해당 제도는 가족인 조부모, 부모, 배우자, 배우자의 부모, 자녀 또는 손자녀의 질병, 사고, 노령 또는 자녀의 양육으로 인하여 긴급하게 그 가족을 돌보기 위한 휴가를 신청하는 근로자이며, 다만 조부모의 직계비속 또는 손자녀의 직계존속이 있는 경우에는 허용하지 않을 수 있다(고용노동부, 2023: 242).

가족돌봄휴가의 휴가기간은 최대 10일이나, 법 제22조제4항 제3호에 따라 가족돌봄휴가기간이 연장되는 경우는 최대 20일(한부모근로자는 25일)이다(고용노동부, 2023: 242). 휴가는 1일 단위로 사용 가능하며 해마다 반복하여 사용하는 것도 가능하며, 가족돌봄휴가 기간은 가족돌봄휴직 기간에 포함된다(고용노동부, 2023: 242). 또한 자녀의 학교 행사(입학식, 졸업식, 학예회, 운동회, 참여수업, 학부모상담 등), 방학 또는 학교의 휴교에 따른 자녀돌봄, 병원진료 동행 등으로 사용할 수 있으나 개별적인 봉사, 체험, 탐방 등 학교 밖의 활동이나 여행, 시험 동행 등으로는 사용할 수 없다(고용노동부, 2023: 242).

비상 시 가족돌봄휴가 기간을 연장할 수 있는데, 감염병 확산 등의 원인으로 재난 및 안전관리 기본법 제38조에 따른 심각 단계 위기경보가 발령되거나, 이에 준하는 대규모 재난의 경우로서 근로자에게 가족 돌봄을 위한 특별 조치가 필요한 경우가 이에 해당한다(고용노동부, 2023: 245). 연장 범위는 연간 10일(한부모 근로자 15일) 범위이며, 연장된 기간도 가족돌봄휴직 기간 한도 90일에 포함된다(고용노동부, 2023: 245).

다) 가족돌봄 등을 위한 근로시간 단축

가족돌봄 등을 위한 근로시간 단축 제도는 가족 돌봄, 본인 건강, 은퇴 준비, 학업을 위해 기존의 소정근로시간을 단축하는 제도이다(고용노동부, 2023: 246). 임신·육아 외 사유까지 근로시간 단축을 확대하여 근로자의 생애주기에 따라 일·생활 균형을 보다 폭넓게 보장할 수 있으며, 일정기간 동안 근무를 하지 않는 가족돌봄 휴직·휴가 등과는 달리 지속적으로 근로를 제공하므로 경력단절 예방, 숙련인력의 이탈 방지 등에 기여하고자 하는 제도이다(고용노동부, 2023: 246).

해당 제도의 대상은 법적 요건을 충족하는 모든 근로자(고용형태 무관)이고, 단축 사유로는 가족(근로자의 조부모, 부모, 배우자, 배우자의 부모, 자녀, 손자녀) 돌봄, 본인 건강, 은퇴 준비, 학업이 이에 해당한다(고용노동부, 2023: 248). 근로자가 가족돌봄 등을 위한 근로시간 단축을 신청하는 경우 사업주는 특별한 사유가 없는 한 이를 허용해야 하며, 단축기간 중 근로시간은 주당 15~30시간으로 한다(고용노동부, 2023: 248). 근로시간 단축기간은 1년이나 학업 외 사유는 연장하여 최대 3년까지 가능하다(고용노동부, 2023: 248).

해당 사업에서 근로자의 계속 근로기간이 6개월 미만인 경우, 고용센터에 구인신청을 하고 대체인력을 채용하기 위해 14일 이상 노력하였으나 대체인력을 채용하지 못한 경우에 사업주의 거부가 가능하다(고용노동부, 2023: 249).

7) 육아시간

현재 국가공무원 복무규정에 따르면 특별휴가의 일종으로 8세 이하 또는 초등학교 2학년 이하의 자녀가 있는 공무원은 자녀를 돌보기 위하여 36개월의 범위에서 1일 최대 2시간의 육아시간을 사용할 수 있다(국가법령정보센터-국가공무원 복무규정, 인출일: 2024. 8. 22.). 부서장은 부서의 인력운영 상황, 민원업무 처리 등 공무수행에 지장이 없는 범위에서 육아시간을 사용할 수 있도록 보장하여야 한다(인사혁신처, 2024. 7: 177). 육아시간 사용 시 하루 최소 근무시간은 4시간 이상이 되어야 하며, 최소 근무시간을 충족하지 못한 육아시간 사용은 연가로 처리하게 되어 있다(인사혁신처, 2024. 7: 177).

육아시간을 월(月) 단위 이상 연속하여 사용한 경우는 합산하여 해당 개월을 사용한 것으로 계산하며(인사혁신처, 2024. 7: 177), 월(月) 단위 이상 연속하여 사용하지 않은 경우는 사용 일수를 합산하여 20일마다 1개월을 사용한 것으로 계산한다(인사혁신처, 2024. 7: 178). 육아시간은 근무시간 중의 적절한 시간을 선택하여 신청할 수 있으며(인사혁신처, 2024. 7: 178), 육아시간을 사용하는 날에는 근무시간 전·후에 시간외근무를 명할 수 없다(인사혁신처, 2024. 7: 179).

나. 유연근무제도

유연근무제도는 근로시간의 결정 및 배치 등을 탄력적으로 운영할 수 있도록 하는 제도이다(고용노동부, 2019: 3). 통상의 근무시간·근무일을 변경하거나 근로자와 사용자가 근로시간이나 근로장소 등을 선택·조정하여 일과 생활을 조화롭게 하고, 인력활용의 효율성을 높일 수 있는 제도라고 볼 수 있다(찾기 쉬운 생활법령정보, 유연근무제의 의의 및 유형, 인출일: 2024. 5. 22.).

정부는 유연근로시간제도가 일·생활 균형이 가능한 근로환경을 조성할 수 있으며, 이에 따라 출산·육아 등으로 인한 경력단절 및 숙련인력의 이직을 방지하고 사업 및 직무의 특성 등에 따라 일하는 시간에 구속받지 않고 근로시간의 효율적 배분·활용을 통해 업무 생산성 향상을 기대하고 있다(고용노동부, 2019: 3). 유연근무제는 ①근로시간 유연화, ②근무장소 다양화, ③근무량 조정, ④근무연속성 유연화 제도로 구분할 수 있다(고용노동부, 2016: 8).

〈표 Ⅱ-1-7〉 유연근무제의 분류 및 주요 유형

구분	내용
①근로시간의 유연화	-「근로기준법」의 유형: 탄력적 근로시간제, 선택적 근로시간제, 사업장 밖 근로시간제, 재량근로시간제 -「근로기준법」이 정하는 유형 이외의 유형: 집중(집약)근로제, 시차출퇴근제 등
②근로장소의 다양화	-재택근무제와 원격근무제 등
③근무량 조정	-직무공유제와 시간제근로 등
④근무연속성 유연화	-장기휴가, 안식년제도, 가족의료휴가, 보상휴가제 등

자료: 고용노동부(2016). 유연근무제 우리기업은 어떻게 운영할까요. p. 8.

일반적으로 근로시간 및 장소의 유연화 제도 유형은 다음 〈표 Ⅱ-1-8〉과 같다.

〈표 Ⅱ-1-8〉 유연근무제의 유형

구분	내용
시차출퇴근제	-주5일, 1일 8시간, 주당 40시간 근무를 준수하면서 출·퇴근 시간을 조정하는 제도
선택근무제	-1일 8시간에 구애받지 않고 주40시간 범위 내에서 1일 근무시간을 자율적으로 조정할 수 있음. -출·퇴근시간을 근로자가 자유롭게 선택할 수 있는 근무제도

구분	내용
재량근무제	-업무특성상 업무 수행방법을 근로자의 재량에 따라 결정하고 사용자와 근로자가 합의한 시간을 근로시간으로 보는 제도 -연구개발, IT, 방송 등 법에서 정한 업종에 도입 가능(근로기준법 시행령 제31조)
원격근무제	-주거지, 출장지 등과 가까운 원격근무용 사무실에 출근해서 일하거나, 사무실이 아닌 장소에서 모바일 기기를 이용하여 근무하는 제도 ※ 주 1일 이상 주거지와 근거리의 원격근무센터 근무 IT 기반 이동이 편리한 장소의 원거리근무가 포함되기도 함.
재택근무제	-근로자가 정보통신기기 등을 활용하여 사업장이 아닌 주거지에서 업무공간을 마련하여 근무하는 제도 ※ 주 1일 이상 근로자의 주거지에서 주어진 업무를 수행하는 근무방식

자료: 고용노동부(2018). 궁금함이 쏙쏙 풀리는 유연근무제 Q&A. pp. 6-7.

여기서 재택(원격)근무제 형태는 일하는 장소에 따라 재택형, 위성 사무실형 원격근무(스마트워크 센터형), 이동형 원격근무(모바일 워크형)로 나눌 수 있고, 실시 빈도에 따라 상시형, 수시형으로 나눌 수 있다(고용노동부, 2018: 8). 재택근무의 대상 직무는 법령에 규정되어 있는 것이 아니므로 회사의 상황을 고려하여 자율적으로 재택근무 도입 직무를 선정할 수 있다(고용노동부, 2020: 30).

〈표 Ⅱ-1-9〉 재택·원격근무제 형태

구분		개념
일하는 장소 (근무장소)	재택형	-근로자가 정보통신망을 활용하여 가정에서 일하는 형태
	위성 사무실형 원격근무 (스마트워크 센터형)	-개인 좌석이 정해져 있지 않은 공동의 장소 또는 집에서 가까운 거리에 있는 공공근무 장소에서 일하는 형태
	이동형 원격근무 (모바일 워크형)	-장소나 시설에 구애받지 않고 원격접속이 가능한 기기를 활용하여 일하는 형태
실시 빈도	상시형	-사무실에는 거의 출근하지 않고 대부분의 업무를 자택, 위성사무실 또는 모바일로 일하는 형태
	수시형	-재택 원격근무를 하는 빈도·시간이 주 1~2회, 오전 또는 오후에만 근무하는 등 미리 정해진 사무실에서의 근무빈도·시간에 비하여 적은 형태

자료: 고용노동부(2018). 궁금함이 쏙쏙 풀리는 유연근무제 Q&A. p. 8.

한편 「근로기준법」에 따른 유연근로시간제도 유형은 탄력적 근로시간제, 선택적 근로시간제, 사업장 밖 간주근로시간제, 재량 근로시간제로 나눌 수 있는데, 대략적인 내용은 다음과 같다.

Ⅱ. 근로자를 위한 육아지원제도 현황

〈표 Ⅱ-1-10〉 유연근로시간제도 개요

구분	내용	적합직무
탄력적 근로시간제 (근로기준법 제51조)	일이 많은 주(일)의 근로시간을 늘리는 대신 다른 주(일)의 근로시간을 줄여 평균적으로 법정근로시간(주40시간) 내로 근로시간을 맞추는 근무제도	계절적 영향을 받거나 시기별(성수기·비수기) 업무량 편차가 많은 업종 등
선택적 근로시간제 (근로기준법 제52조)	일정기간(1월 이내)의 단위로 정해진 총 근로시간 범위 내에서 업무의 시작 및 종료 시각, 1일의 근로시간을 근로자가 자율적으로 결정할 수 있는 제도	근로시간(근로일)에 따라 업무량의 편차가 발생하여 업무조율이 가능한 소프트웨어 개발, 사무관리(금융거래·행정처리 등), 연구, 디자인, 설계 등
사업장 밖 간주근로시간제 (근로기준법 제58조제1·2항)	출장 등 사유로 근로시간의 전부 또는 일부를 사업장 밖에서 근로하여 근로시간을 산정하기 어려운 경우에 소정근로시간 또는 업무수행에 통상 필요한 시간, 근로자대표와 서면합의한 시간을 근로한 것으로 인정하는 근무제도	근로시간 대부분을 사업장 밖에서 근로하는 영업직, A/S 업무, 출장 업무 등
재량 근로시간제 (근로기준법 제58조제3항)	업무의 성질에 비추어 업무수행 방법을 근로자의 재량에 위임할 필요가 있는 업무로서 사용자가 근로자대표와 서면 합의로 정한 근로시간을 근로한 것으로 인정하는 제도	근로기준법 시행령 제31조 및 관련 고시에서 정하는 업무에 한함 1. 신상품·신기술 연구개발, 인문 사회과학·자연과학 연구 2. 정보처리시스템 설계 또는 분석 3. 신문, 방송 또는 출판사업의 기사 취재, 편성 또는 편집 4. 의복·실내장식·공업제품·광고 등의 디자인 또는 고안 5. 방송 프로그램·영화 등 제작사업에서의 프로듀서나 감독 6. 회계·법률사건·납세·법무·노무관리·특허·감정평가·금융투자분석·투자자산 운용 등의 사무에 있어 타인의 위임·위촉을 받아 상담·조언·감정 또는 대행을 하는 업무
보상휴가제 (근로기준법 제57조)	근로자대표와 서면합의를 통해 연장·야간·휴일근로에 대하여 임금을 지급하는 대신 유급휴가로 부여하는 제도	업무를 완료한 이후에는 일정기간 휴식기간을 가지는 직무, 다른 인력으로 하여금 대체업무 수행이 가능한 연구·교육 등의 직무

자료: 고용노동부(2019). 유연근로시간제 가이드. p. 4.

본 연구에서는 법률상 정한 유연근무제도의 유형을 기준으로 그 내용들에 대해 살펴보도록 한다.

1) 탄력적 근로시간제

탄력적 근로시간제는 어떤 근로일, 어떤 주(週)의 근로시간을 연장시키는 대신에 다른 근로일, 다른 주(週)의 근로시간을 단축시킴으로써, 일정 기간의 평균 근로시간을 법정근로시간(1주 40시간) 내로 맞추는 근로시간제이다(고용노동부, 2019: 16).

근로기준법 제51조(탄력적 근로시간제)

①사용자는 취업규칙(취업규칙에 준하는 것을 포함한다)에서 정하는 바에 따라 2주 이내의 일정한 단위기간을 평균하여 1주 간의 근로시간이 제50조제1항의 근로시간을 초과하지 아니하는 범위에서 특정한 주에 제50조제1항의 근로시간을, 특정한 날에 제50조제2항의 근로시간을 초과하여 근로하게 할 수 있다. 다만, 특정한 주의 근로시간은 48시간을 초과할 수 없다.
②사용자는 근로자대표와 서면 합의에 따라 다음 각 호의 사항을 정하면 3개월 이내의 단위기간을 평균하여 1주 간의 근로시간이 제50조제1항의 근로시간을 초과하지 아니하는 범위에서 특정한 주에 제50조제1항의 근로시간을, 특정한 날에 제50조제2항의 근로시간을 초과하여 근로하게 할 수 있다. 다만, 특정한 주의 근로시간은 52시간을, 특정한 날의 근로시간은 12시간을 초과할 수 없다.
  1. 대상 근로자의 범위
  2. 단위기간(3개월 이내의 일정한 기간으로 정하여야 한다)
  3. 단위기간의 근로일과 그 근로일별 근로시간
  4. 그 밖에 대통령령으로 정하는 사항
③제1항과 제2항은 15세 이상 18세 미만의 근로자와 임신 중인 여성 근로자에 대하여는 적용하지 아니한다.
④사용자는 제1항 및 제2항에 따라 근로자를 근로시킬 경우에는 기존의 임금 수준이 낮아지지 아니하도록 임금보전방안(賃金補塡方案)을 강구하여야 한다.

근로기준법 시행령 제28조(탄력적 근로시간제에 관한 합의사항 등)

①법 제51조제2항 제4호에서 "그 밖에 대통령령으로 정하는 사항"이란 서면 합의의 유효기간을 말한다.
②고용노동부장관은 법 제51조제4항에 따른 임금보전방안을 강구하게 하기 위하여 필요한 경우에는 사용자에게 그 보전방안의 내용을 제출하도록 명하거나 직접 확인할 수 있다.

탄력적 근로시간제로 활용 가능한 업종·직무로는 ①근로시간을 연속하여 근로하는 것이 효율적이거나 고객의 편리를 도모할 수 있는 업종(운수, 통신, 의료서비스업 등), ②계절적 업종(빙과류·냉난방장비 제조업 등) 또는 업무량이 주기적으로 많은 업종(음식서비스, 접객업 등), 기계를 쉬지 않고 가동시키기 위하여 근로가 연

속하여 필요한 업종(철강, 석유화학 등)이 있다(고용노동부, 2019: 16).

탄력적 근로시간제의 도입 요건은 다음과 같다. 우선 2주 이내 탄력적 근로시간제는 취업규칙 또는 이에 준하는 것에 도입하도록 하고, 대상근로자를 특정하거나 전체 근로자를 대상으로 제한 없이 도입 가능하나, 대상 범위를 명확히 하여 논란이 없도록 하는 것이 바람직하다(고용노동부, 2019: 16-17). 또한 근로자가 자신의 근로를 미리 예상할 수 있도록 근로일 및 근로일별 근로시간을 명확히 정하도록 하며, 특정한 주의 근로시간은 48시간을 초과할 수 없다(연장·휴일근로시간 제외)(고용노동부, 2019: 17). 3개월 이내 탄력적 근로시간제의 경우 근로자 대표와 서면합의가 필요한데, 특정한 주의 근로시간은 52시간을, 특정일의 근로시간은 12시간을 초과할 수 없다(연장·휴일근로시간 제외)(고용노동부, 2019: 17).

한편 15세 이상 18세 미만 근로자와 임신 중인 여성근로자에 대하여는 탄력적 근로시간제를 적용할 수 없으며(근로기준법 제51조제3항), 사용자는 탄력적 근로시간제를 도입·운영하는 경우 기존의 임금수준이 낮아지지 않도록 임금보전방안을 강구하여야 한다(근로기준법 제51조제4항)(고용노동부, 2019: 19).

2) 선택적 근로시간제

선택적 근로시간제는 일정기간(1월 이내)의 단위로 정해진 총 근로시간 범위 내에서 업무의 시작 및 종료시각, 1일의 근로시간을 근로자가 자율적으로 결정할 수 있는 제도이다(고용노동부, 2019: 44).

> **근로기준법 제52조(선택적 근로시간제)**
>
> 사용자는 취업규칙(취업규칙에 준하는 것을 포함한다)에 따라 업무의 시작 및 종료시각을 근로자의 결정에 맡기기로 한 근로자에 대하여 근로자대표와 서면 합의에 따라 다음 각 호의 사항을 정하면 1개월 이내의 정산기간을 평균하여 1주간의 근로시간이 제50조제1항의 근로시간을 초과하지 아니하는 범위에서 1주 간에 제50조제1항의 근로시간을, 1일에 제50조제2항의 근로시간을 초과하여 근로하게 할 수 있다.
> 1. 대상 근로자의 범위(15세 이상 18세 미만의 근로자는 제외한다)
> 2. 정산기간(1개월 이내의 일정한 기간으로 정하여야 한다)
> 3. 정산기간의 총 근로시간
> 4. 반드시 근로하여야 할 시간대를 정하는 경우에는 그 시작 및 종료 시각
> 5. 근로자가 그의 결정에 따라 근로할 수 있는 시간대를 정하는 경우에는 그 시작 및 종료 시각
> 6. 그 밖에 대통령령으로 정하는 사항

> **근로기준법 시행령 제29조(선택적 근로시간제에 관한 합의사항)**
>
> 법 제52조제6호에서 "그 밖에 대통령령으로 정하는 사항"이란 표준근로시간(유급휴가 등의 계산 기준으로 사용자와 근로자대표가 합의하여 정한 1일의 근로시간)을 말한다.

선택적 근로시간제 유형은 완전선택적 근로시간제와 부분선택적 근로시간제로 나뉜다. 완전선택적 근로시간제는 정산기간 중 업무의 시작 및 종료시각이 근로자의 자유로운 결정에 맡겨져 있고 사용자가 관여하지 않는 제도이고, 부분선택적 근로시간제는 일정한 시간대를 정하여 그 시간(의무적 근로시간대)에는 근로자가 사용자로부터 시간적 구속과 구체적인 업무지시를 받고 나머지 시간(선택적 근로시간대)은 근로자가 자유롭게 결정하는 제도이다(고용노동부, 2019: 44).

선택적 근로시간제는 근로일 및 근로시간대에 따라 업무량 편차가 발생하여 업무조율이 가능한 소프트웨어 개발, 사무관리(금융거래·행정처리 등), 연구, 디자인, 설계 업무와 함께, 출·퇴근 등에 엄격한 제한을 받지 않는 관리·감독업무 종사자, 근로의 양보다 질이 중시되는 전문직 종사자에 제도 적용이 용이하다. 다른 제도와의 차이점은 다음과 같다.

〈표 Ⅱ-1-11〉 선택적 근로시간제-자유출퇴근제-시차출퇴근제 차이

선택적 근로시간제	자유출퇴근제	시차출퇴근제
-근로일별 근로시간의 배분과 업무의 시작 및 종료시각을 근로자의 재량에 맡기는 제도 -1일 8시간, 1주 40시간의 근로시간이 적용되지 않아 이 시간을 초과하더라도 연장 근로가산수당 미발생	-출근시간이 일단 설정되면 그날의 근로시간에 따라 퇴근시간이 자동적으로 결정되므로 출근시각만 근로자의 재량에 맡기는 제도 -1일 8시간, 1주 40시간의 근로시간이 적용되어 이 시간을 초과하는 경우 연장근로가산 수당 발생	-회사에서 정한 시간에 근무해야 하는 제도 -기존 09:00부터 18:00까지 근무했던 사업장이 1일 8시간을 유지하되, 출퇴근시간을 조정하는 경우 -08:30~17:30, 09:30~18:30등 -1일 8시간, 1주 40시간의 근로시간이 적용되어 이 시간을 초과하는 경우 연장근로가산 수당 발생

자료: 고용노동부(2019). 유연근로시간제 가이드. p. 45.

선택적 근로시간제 도입 방안의 경우 1)취업규칙 또는 이에 준하는 것에 업무의 시작 및 종료시각을 근로자 결정에 맡긴다는 내용과 맡기기로 한 근로자를 기재하거나 2)근로자대표와 서면 합의를 이루어야 한다(고용노동부, 2019: 45-46). 합의

시 의무적 근로시간대와 선택적 근로시간대를 정해야 하는데, 의무적 근로시간대는 근로자가 반드시 근로하여야 할 시간대이며, 선택적 근로시간대는 근로자가 스스로의 결정에 의하여 근로제공 여부를 결정할 수 있는 시간대를 말한다(고용노동부, 2019: 46).

탄력적 근로시간제와 마찬가지로 선택적 근로시간제도 15세 이상 18세 미만 근로자와 임신 중인 여성근로자에 대하여는 적용할 수 없다(근로기준법 제51조제3항)(고용노동부, 2019: 48).

3) 사업장 밖 간주근로시간제

사업장 밖 간주근로시간제는 근로자가 출장 그 밖의 사유로 근로시간의 전부 또는 일부를 사업장 밖에서 근로하여 근로시간을 실제적으로 산정하기 어려운 경우에 있어서 근로시간을 인정하는 제도이다(고용노동부, 2019: 62). 이 제도 아래서는 근로자가 실제 근로한 시간과 관계없이 '소정근로시간', '업무수행에 통상적으로 필요한 시간', '노·사가 서면으로 합의한 시간' 중 어느 하나를 근로시간으로 간주한다(고용노동부, 2019: 62).

근로기준법 제58조(근로시간 계산의 특례)

① 근로자가 출장이나 그 밖의 사유로 근로시간의 전부 또는 일부를 사업장 밖에서 근로하여 근로시간을 산정하기 어려운 경우에는 소정근로시간을 근로한 것으로 본다. 다만, 그 업무를 수행하기 위하여 통상적으로 소정근로시간을 초과하여 근로할 필요가 있는 경우에는 그 업무의 수행에 통상 필요한 시간을 근로한 것으로 본다.
② 제1항 단서에도 불구하고 그 업무에 관하여 근로자대표와 서면 합의를 한 경우에는 그 합의에서 정하는 시간을 그 업무의 수행에 통상 필요한 시간으로 본다.

탄력적·선택적 근로시간제는 근로시간 조정 및 배분 등을 통한 근로시간 형태의 변화가 있으나, 사업장 밖 간주근로시간제는 현재 근로시간 형태의 변경 없이 근로시간을 계산하는 방법만 편리하게 정하는 것이다(고용노동부, 2019: 62).

〈표 Ⅱ-1-12〉 사업장 밖 간주근로시간제-탄력적·선택적 근로시간제 차이

구분	탄력적·선택적 근로시간제	사업장 밖 근로시간제
근로시간 형태 변경 여부	변경 있음	변경 없음
근로시간 산정	실제 근로시간으로 산정	근로시간 산정이 어려워 '근로한 것으로 인정하는 시간'으로 산정

자료: 고용노동부(2019). 유연근로시간제 가이드. p. 62.

사업장 밖 간주근로시간제로 활용이 가능한 업무·직무로는 주로 근로시간 산정이 어려운 업무로, 영업직, A/S 업무, 출장 업무, 택시운송업, 재택근무 등이 있다(고용노동부, 2019: 62). 도입 요건으로는 사업장 밖의 근로일 것(장소적 측면/형태적 측면), 근로시간을 산정하기 어려울 것, 근로한 것으로 인정하는 시간을 규정하여야 한다(고용노동부, 2019: 62). 도입 요건을 충족하고 적법하게 운영되는 사업장 밖 간주근로시간제 하에서는 근로자가 ①소정근로시간, ②업무수행에 통상적으로 필요한 시간, ③노·사가 서면으로 합의한 시간 중 어느 하나의 간주근로시간을 근로한 것으로 본다(고용노동부, 2019: 65).

4) 재량 근로시간제

재량 근로시간제는 업무의 성질에 비추어 업무 수행 방법을 근로자의 재량에 위임할 필요가 있는 일정한 업무에 대해 사용자가 근로자대표와 서면 합의로 정한 시간을 근로한 것으로 보는 개념이다(찾기 쉬운 생활법령정보, 재량근로시간제의 운영 방법, 인출일: 2024. 5. 22.). 서면 합의에는 대상 업무, 사용자가 업무의 수행 수단 및 시간 배분 등에 관해 근로자에게 구체적인 지시를 하지 않는다는 내용, 근로시간의 산정은 그 서면 합의로 정한 바에 따른다는 내용이 포함되어야 한다(찾기 쉬운 생활법령정보, 재량근로시간제의 운영 방법, 인출일: 2024. 5. 22, 인출일: 2024. 5. 22.).

근로기준법 시행령 제31조(재량근로의 대상업무)

법 제58조제3항 전단에서 "대통령령으로 정하는 업무"란 다음 각 호의 어느 하나에 해당하는 업무를 말한다.
1. 신상품 또는 신기술의 연구개발이나 인문사회과학 또는 자연과학분야의 연구 업무
2. 정보처리시스템의 설계 또는 분석 업무

3. 신문, 방송 또는 출판 사업에서의 기사의 취재, 편성 또는 편집 업무
4. 의복·실내장식·공업제품·광고 등의 디자인 또는 고안 업무
5. 방송 프로그램·영화 등의 제작 사업에서의 프로듀서나 감독 업무
6. 그 밖에 고용노동부장관이 정하는 업무

고용노동부고시 제2011-44호

근로기준법 시행령 제31조제6호에서 '그 밖에 고용노동부장관이 정하는 업무'란 회계·법률사건·납세·법·노무관리·특허·감정평가·금융투자분석·투자자산운용 등의 사무에 있어 타인의 위임·위촉을 받아 상담·조언·감정 또는 대행을 하는 업무를 말한다.

다른 제도와의 차이는 다음과 같다.

〈표 Ⅱ-1-13〉 재량근로시간제-탄력적·선택적 근로시간제 차이

구분	탄력적 근로시간제	선택적 근로시간제	재량근로시간제
개념	근로시간 배분 관련	근로시간 배분 관련	근로시간 결정 관련
적용대상	특정업종 제한 없음 (연소자·임부 제외)	특정업종 제한 없음 (연소자 제외)	시행령, 관련 고시에서 정한 업무
운영	단위기간(3월 이내)	정산기간(1월 이내)	업무수행방법, 시간배분에 대해 구체적 지시를 하지 않음
근로시간 제한·산정	근로일 및 근로일별 근로시간	총 근로시간	서면합의에서 정한 근로시간
서면합의 주요내용	-대상근로자 범위 -단위기간(3월 이내) 근로일 및 근로일별 근로시간 -서면합의 유효기간	-대상근로자 범위 -정산기간, 총근로시간 -의무근로시간제 -선택근로시간제 -표준근로시간	-업무수행방법은 근로자 재량에 맡김 -근로시간 산정은 서면 합의로 정한 바에 따름

자료: 고용노동부(2019). 유연근로시간제 가이드. p. 79.

재량근로시간제의 대상 업무는 근로기준법 시행령 제31조 및 고용노동부 고시에서 규정한 업무에 한한다. 주요 예로는 신상품·신기술의 연구개발이나 인문사회과학·자연과학분야의 연구업무, 정보처리시스템의 설계 또는 분석 업무, 신문, 방송 또는 출판 사업에서의 기사의 취재, 편성 또는 편집 업무, 의복·실내장식·공업제품·광고 등의 디자인 또는 고안 업무, 방송 프로그램·영화 등의 제작 사업에서의 프로듀서나 감독 업무, 회계·법률사건·납세·법무·노무관리·특허·감정평가·금융투자분석·투자자산운용 등의 사무에 있어 타인의 위임·위촉을 받아 상담·조언·감정

또는 대행을 하는 업무 등이 있다(고용노동부, 2019: 77-79).

한편 재량근로제를 도입한 경우에도 사용자는 근로기준법 상의 임산부와 연소자의 야간근로 및 휴일근로의 제한 규정, 산후 1년 미만 여성근로자의 시간외근로 제한 규정을 준수하여야 한다(고용노동부, 2019: 80).

다. 고용보험 미적용자 또는 비임금근로자 대상 제도

1) 고용보험 미적용자 출산급여

고용보험 미적용자 출산급여는 소득활동을 하고 있으나 고용보험의 '출산전후휴가급여'를 지원받지 못하는 출산여성에게 출산급여 지원(총 150만원, 월50만원 ×3월분)을 통해 모성보호와 생계를 지원하는 제도이다(유산·사산의 경우 포함)(정부24 홈페이지a, 인출일: 2024. 8. 22.). 지급 요건으로 출산 전 18개월 중 3개월 이상, 그리고 출산일 현재도 소득활동을 하고 있어야 하며, 소득이 발생하여야 신청이 가능하다. 출산일 현재의 소득활동 유형은 다음 〈표 Ⅱ-1-14〉와 같다.

〈표 Ⅱ-1-14〉 고용보험 미적용자 출산급여

구분	유형	내용
근로자	1유형	출산전 30일 이상 고용보험에 가입하고 있고, 고용보험의 출산전후휴가급여 수급요건을 미충족*한 근로자 * 출산전후휴가가 끝난 날 전까지 피보험 단위기간이 통산하여 180일 이상
	2유형	고용보험법상 고용보험 적용제외 사업*의 근로자 및 적용제외 근로자** * 적용제외 사업: 농,임,어업 중 법인이 아닌 자가 상시 4명 이하의 근로자를 사용하는 사업, 총 공사금액이 2천만원 미만인 공사, 연면적 100㎡ 이하 건축물의 건축, 200㎡ 이하 건축물의 대수선 공사 -적용제외 사업의 입증: 관련 업종이 명시된 사업자등록증 또는 공적 기관이 발급한 확인서(예시:농업경영체등록확인서, 축산업허가증, 어업경영체등록확인서, 어업허가증, 임업 후계자 증서, 공사금액이 명시된 도급계약서 등) ** 적용제외 근로자: 소정 근로시간이 월 60시간 미만인 근로자(주 15시간 미만 포함)
	3유형	고용보험 미성립 사업장 소속의 고용보험 미가입 근로자(고용보험 가입 의무가 있는 사업장이지만

구분		유형	내용
1인 사업자	출산일 현재 피고용인이 없는 단독·공동사업자. 다만, 예외적으로 출산일 이전 3개월 이후 보조인력을 채용한 경우 지원 가능 * 공동사업자의 경우 명의·실질 모두 공동사업자인 경우에 한함 * 농림어업에 종사하는 출산여성이 부부 공동명의 '경영체등록확인서'를 제출한 경우 지원대상으로 인정		성립신고를 하지 않아, 소속 근로자 또한 피보험 자격을 갖지 못한 경우)
		4유형	1인 사업자로서 출산일 전전년도~당해년도 사업에 대한 세금신고(부가세, 소득세)사실이 있는 자 * 부동산임대업은 제외(부동산 임대 관련한 소득활동은 불인정)
		5유형	1인사업자로 출산일 전전년도~당해년도 사업에 대한 세금신고 사실이 없는 자
그밖의 소득활동을 하는 여성		6유형	사업자등록을 하지 않은 특수형태 근로자 및 자유계약자(프리랜서) 등 * 특수형태 근로자(19개 직종): 보험설계사, 학습지 방문강사, 교육교구 방문강사, 택배기사, 대출모집인, 신용카드회원 모집인, 방문판매원, 대여제품 방문점검원, 가전제품 배송기사, 방과후 강사, 건설기계종사자, 화물차주, 퀵서비스, 대리운전, IT 소프트웨어 프리랜서, 골프장 캐디, 화물차주, 통역안내사, 어린이 통학 버스기사

자료: 정부24 홈페이지a(https://www.gov.kr/portal/service/serviceInfo/149200000153, 인출일: 2024. 8. 22.)

2) 예술인 출산전후급여등

예술인 출산전후급여등은 예술인(피보험자)이 출산 또는 유산·사산을 이유로 노무를 제공할 수 없는 경우에 「고용보험법」 제77조의4 등에 따라 소정의 수급요건을 충족하는 경우 출산전후급여등을 지급하는 제도이다(정부24 홈페이지b, 인출일: 2024. 8. 22.). 예술인 출산전후급여등 지급대상은 근로자가 아니면서 「예술인 복지법」 제2조제2호에 따른 예술인 등 대통령령으로 정하는 사람 중 「예술인 복지법」 제4조의4에 따른 문화예술용역 관련 계약을 체결하고 다른 사람을 사용하지 아니하고 자신이 직접 노무를 제공하는 사람으로서 고용보험에 가입한 피보험자이다(고용24 홈페이지a, 인출일: 2024. 8. 22.).

해당 급여 지급기간은 출산 전 또는 후를 90일(다태아일 경우 120일)로 하되, 출산 후에 45일(다태아의 경우 60일) 이상 되도록 해야 하며, 유산·사산한 경우에는 임신기간에 따라 유산 또는 사산한 날부터 5일에서 90일까지 지급된다(고용24 홈페이지a, 인출일: 2024. 8. 22.).

지급조건은 다음과 같다. 우선 출산(유·사산)일 현재 예술인으로서 고용보험에 가입된 예술인인 경우에는 출산(유·사산)일 이전에 예술인으로서 피보험단위기간이 3개월 이상이어야 하고, 출산(유·사산)일 현재 예술인으로서 고용보험에 상실된 예술인인 경우는 출산(유·사산)일 이전 18개월 중 예술인으로서 피보험단위기간이 3개월 이상이어야 한다(고용24 홈페이지a, 인출일: 2024. 8. 22.). 또한 출산전후급여 등 지급기간 중 노무제공을 하지 않아야 한다.

지급액은 출산 또는 유산·사산한 날부터 소급하여 12개월 동안의 월평균보수(출산(유·사산)일 현재 예술인으로서 고용보험에 상실된 예술인인 경우에는 소급하여 18개월 동안의 월평균보수)에 해당하는 금액을 기준으로 지급하되, 상한액은 90일 630만원(매30일 210만원), 120일 840만원이고, 하한액은 90일 180만원(매30일 60만원, 120일 240만원이다(고용24 홈페이지a, 인출일: 2024. 8. 22.).

3) 노무제공자 출산전후급여등

노무제공자 출산전후급여등은 노무제공자(피보험자)가 출산 또는 유산·사산을 이유로 노무를 제공할 수 없는 경우에 「고용보험법」 제77조의9 등에 따라 소정의 수급요건을 충족하는 경우 출산전후급여등을 지급하는 제도이다(고용24 홈페이지b, 인출일: 2024. 8. 22.).

해당 급여 지급대상은 근로자가 아니면서 「고용보험법」 제77조의6에 따라 자신이 아닌 다른 사람의 사업을 위하여 자신이 직접 노무를 제공하고 해당 사업주 또는 노무수령자로부터 일정한 대가를 지급받기로 하는 계약을 체결한 사람 중 대통령령으로 정하는 사람으로서 고용보험에 가입한 피보험자이다(고용24 홈페이지b, 인출일: 2024. 8. 22.).

출산 전 또는 후를 90일(다태아일 경우 120일)로 하되, 출산 후에 45일(다태아의 경우 60일) 이상 되도록 해야 하며, 지급 조건과 지급액은 모두 예술인 출산전후급여와 동일하다(고용24 홈페이지a, 인출일: 2024. 8. 22.).

2. 육아지원제도 이용 현황

이 절에서는 앞서 소개된 육아지원제도 중에서 육아 부모를 위한 휴가 및 휴직, 그리고 근로시간 연동에 따른 시간지원제도의 이용 현황을 연도별로 규모와 추이를 알아보았다. 육아지원을 위한 휴가 및 휴직, 시간지원 제도는 임신 초기 시점부터 육아기까지 다양한 정책이 도입되어 활용되고 있다. 다만 이 연구는 영아 부모를 대상으로 한 육아기 근무환경을 살펴보는데 초점을 맞추고 있으므로 육아지원제도 이용 현황에 있어 출산 이후에 활용할 수 있는 휴가와 시간지원제도를 중심으로 살펴보았다.

[그림 Ⅱ-2-1] 육아지원제도 이용 현황(목차)

육아지원을 위한 휴가 및 휴직제도	근로시간 연동 시간지원제도 활용	비정규근로자 및 특수근로형태 종사자의 양육지원제도 이용
• 출산전후휴가 및 출산휴가 이용 • 육아휴직제도 이용 • 가족돌봄휴직(휴가) 이용	• 임신기 근로시간 단축제도 • 육아기 근로시간 단축제도 • 유연근무제 활용 • 육아시간 제도 이용	• 출산전후휴가/배우자 출산휴가 • 육아휴직 • 육아기 근로시간 단축

가. 육아지원을 위한 휴가 및 휴직제도

출산·양육가정의 육아지원을 위한 휴가와 휴직제도는 출산휴가와 육아휴직제도가 대표적이다. 두 제도의 이용규모와 이용 대상자 특성 등에 대해 살펴보면 다음과 같다.

1) 출산전후휴가 및 출산휴가 이용

출산휴가는 출산전후휴가와 출산휴가로 구분될 수 있다. 먼저 출산전후휴가제도는 여성근로자의 건강보호와 태아의 순조로운 발육을 위해서 출산 전과 출산 후를 통하여 최소한의 보호휴가를 부여하는 것이다. 이와 구분되는 출산휴가는 배우자의 출산으로 이들의 건강보호와 태어난 자녀의 양육을 위해 근로자(남성)에게 휴가를 부여하는 제도이다. 출산휴가 이용에 따른 통계는 여성 근로자의 출산전후휴가와 남성 근로자의 출산휴가를 통합하여 2019~2021년까지 〈표 Ⅱ-2-1〉에서 제시하였다.

출생아 수가 크게 줄어들고 있는 추세이지만, 출산휴가자 수는 큰 변화는 없으며, 남성 근로자(출생아의 부)의 출산휴가가 2019년(7.0%)에 비해 2020년 22.0%, 2021년 19.9%로 증가하였음을 알 수 있다. 출산휴가 이용자 규모를 연령별로 살펴보면, 여성 근로자의 경우 2021년 기준으로 30~34세(40.9%), 35~39세(21.9%), 30세 미만(13.9%), 40세 이상(3.4%)의 순으로 출산이 이루어지고 있음을 알 수 있다. 남성의 경우에는 35~39세(7.8%), 30~34세(7.4%), 40세 이상(2.7%), 30세 미만(1.9%)순으로 여성 근로자와는 다른 특성을 보였다.

〈표 Ⅱ-2-1〉 2019-2021년 출산휴가 이용자 성별 및 연령 분포

단위: 명(%)

구분		2019	2020	2021
전체(출산·예정일 기준 출산휴가자 수)		78,234(100.0)	89,374(100.0)	87,893(100.0)
연령별: 남성(부)	30세 미만	515(0.7)	1,962(2.2)	1,674(1.9)
	30~34세	2,115(2.7)	7,582(8.5)	6,528(7.4)
	35~39세	2,165(2.8)	7,739(8.7)	6,862(7.8)
	40세 이상	650(0.8)	2,401(2.7)	2,407(2.7)
남성(부)		5,445(7.0)	19,684(22.0)	17,471(19.9)
연령별: 여성(모)	30세 미만	14,346(18.3)	13,145(14.7)	12,213(13.9)
	30~34세	36,552(46.7)	35,042(39.2)	35,970(40.9)
	35~39세	19,489(24.9)	18,791(21.0)	19,233(21.9)
	40세 이상	2,402(3.1)	2,712(3.0)	3,006(3.4)
여성(모)		72,789(93.0)	69,690(78.0)	70,422(80.1)
출생아 수		302,676	272,337	260,562

자료: 1) 통계청, 「육아휴직통계」, 연령별 출산휴가자. https://kosis.kr/statHtml/statHtml.do?orgId=101&tblId=DT_CC2020G002&conn_path=I3(인출일: 2024. 5. 18.)
2) 통계청, 「인구동향조사」, 시군구/성/출산순위별 출생. https://kosis.kr/statHtml/statHtml.do?orgId=101&tblId=DT_1B81A03&conn_path=I2(인출일: 2024. 10. 21.)

출산휴가 이용자의 기업규모와 산업분류(대분류 기준)에 따른 분포를 살펴보았다. 기업 규모에 따른 이용자 분포는 2021년의 경우 300명 이상(40.5%), 5~49명(26.4%), 50~299명(25.5%), 4명 이하(5.9%) 등의 순으로 나타났다. 산업분류(대)에 따른 이용자 분포는 2021년 기준으로 제조업(21.3%), 보건업 및 사회복지 서비스업(17.7%), 전문, 과학 및 기술 서비스업(12.0%), 도매 및 소매업(11.6%), 금융 및 보험업(7.7%) 등의 순으로 나타났다.

〈표 Ⅱ-2-2〉 2019-2021년 출산휴가 이용자 기업규모 및 산업대분류에 따른 분포

단위: 명(%)

구분		2019	2020	2021
기업 규모별	300명 이상	34,878(44.6)	36,295(40.6)	35,610(40.5)
	50~299명	17,040(21.8)	23,096(25.8)	22,396(25.5)
	5~49명	20,504(26.2)	23,921(26.8)	23,191(26.4)
	4명 이하	4,696(6.0)	4,898(5.5)	5,178(5.9)
	미상	1,116(1.4)	1,164(1.3)	1,518(1.7)
산업대 분류별	제조업	14,109(18.0)	20,468(22.9)	18,725(21.3)
	건설업	1,949(2.5)	2,224(2.5)	2,150(2.4)
	도매 및 소매업	8,789(11.2)	10,322(11.5)	10,220(11.6)
	운수 및 창고업	2,400(3.1)	2,673(3.0)	2,722(3.1)
	숙박 및 음식점업	1,084(1.4)	1,303(1.5)	1,312(1.5)
	정보통신업	4,319(5.5)	5,499(6.2)	5,577(6.3)
	금융 및 보험업	7,020(9.0)	6,685(7.5)	6,805(7.7)
	전문, 과학 및 기술 서비스업	9,668(12.4)	10,502(11.8)	10,581(12.0)
	사업시설 관리, 사업 지원 및 임대 서비스업	4,888(6.2)	5,159(5.8)	4,710(5.4)
	공공 행정, 국방 및 사회보장 행정	-	-	-
	교육 서비스업	3,100(4.0)	3,134(3.5)	2,980(3.4)
	보건업 및 사회복지 서비스업	15,625(20.0)	15,723(17.6)	15,592(17.7)
	기타	5,283(6.8)	5,682(6.4)	6,519(7.4)

자료: 1) 통계청, 「육아휴직통계」, 기업체 규모별 출산휴가자. https://kosis.kr/statHtml/statHtml.do?orgId=101&tblId=DT_CC2020G003&conn_path=I3(인출일: 2024. 5. 18.)
2) 통계청, 「육아휴직통계」, 산업대분류별 출산휴가자. https://kosis.kr/statHtml/statHtml.do?orgId=101&tblId=DT_CC2020G004&conn_path=I3(인출일: 2024. 5. 18.)

2) 육아휴직제도 이용

육아휴직제도는 임신 중인 여성 근로자나, 8세 또는 초등학교 2학년 이하 자녀를 가진 근로자가 자녀 양육을 위해 최대 1년간 육아휴직을 사용할 수 있는 제도이며 육아휴직급여는 육아휴직을 사용한 근로자에게 1년간 통상임금[2]의 80%를 지원하고 있다.

정부는 육아휴직제도의 활성화를 위해 제도의 개선과 기업 내 긍정적인 육아문화 양산을 위해 노력해 왔다. 한편 양육 부모들은 현실성 있는 육아휴직 급여에

---

[2] 통상임금은 근로자에게 정기적이고 일률적으로 소정근로 또는 총 근로에 대하여 지급하기로 정한 금액을 의미하며(근로기준법 시행령 제6조제1항), 통상임금은 초과근로수당 산정 등을 위한 기초임금으로서, 정기적·일률적·고정적으로 지급되는 것인지를 기준으로 판단하며 월 상한액 150만원, 하한액 70만원임.

대한 꾸준한 요구가 있었다. 이와 더불어 임신-출산-양육으로 인해 여성근로자의 경력단절을 최소화하고 지원할 수 있도록 남성의 육아휴직제도를 실제적인 수준에서 활성화 시킬 필요성이 대두되었다. 이러한 상황에서 육아휴직제도의 활용규모 및 육아휴직제도를 이용하는 대상자들의 특성을 연도별 변화로 살펴보고자 한다.

가) 육아휴직제도 이용 규모

통계청에서 공표한 육아휴직통계를 활용하여 육아휴직제도를 활용한 규모와 성별과 연령에 따른 분포를 살펴보았다. 분석 기간은 2016~2022년으로 해당 기간에 육아휴직자 수는 꾸준히 증가하는 경향을 보인다. 성별에 따른 차이를 살펴보면, 2016년 기준 여성(91.5%)과 남성(8.5%)의 비중이 큰 차이를 보이나 2022년에는 남성(27.1%)의 육아휴직 비중이 꾸준히 늘었다. 연령에 따른 육아휴직자 비중을 살펴보면, 2022년 기준 30세 미만(8.4%)보다 30~34세(35.6%), 35~39세(35.6%), 40세 이상(20.4%)이 많아서, 30대 연령층(71.2%)이 주로 육아휴직을 활용하고 있음을 알 수 있었다. 이러한 경향은 2016~2021년 기간에도 유사한 결과를 보여주고 있으나 40세 이상에서의 육아휴직 비중도 점진적으로 증가하고 있다.

〈표 Ⅱ-2-3〉 2016-2022년 육아휴직자 성별 및 연령 분포

단위: 명(%)

구분		2016	2017	2018	2019	2020	2021	2022
전체		140,403 (100.0)	142,038 (100.0)	153,741 (100.0)	163,256 (100.0)	171,959 (100.0)	175,110 (100.0)	199,976 (100.0)
성별	남성	11,965 (8.5)	18,160 (12.8)	25,062 (16.3)	32,051 (19.6)	38,813 (22.6)	42,197 (24.1)	54,240 (27.1)
	여성	128,438 (91.5)	123,878 (87.2)	128,679 (83.7)	131,205 (80.4)	133,146 (77.4)	132,913 (75.9)	145,736 (72.9)
연령	30세 미만	21,259 (15.1)	19,674 (13.9)	18,927 (12.3)	17,880 (11.0)	16,904 (9.8)	16,156 (9.2)	16,740 (8.4)
	30~34세	65,286 (46.5)	60,318 (42.5)	59,878 (38.9)	60,204 (36.9)	60,898 (35.4)	61,659 (35.2)	71,200 (35.6)
	35~39세	43,165 (30.7)	48,520 (34.2)	56,626 (36.8)	61,771 (37.8)	64,601 (37.6)	64,301 (36.7)	71,178 (35.6)
	40세 이상	10,693 (7.6)	13,526 (9.5)	18,310 (11.9)	23,401 (14.3)	29,556 (17.2)	32,994 (18.8)	40,858 (20.4)

주: 육아휴직자 연도별 규모(명)은 육아 휴직이 시작된 시점을 기준으로 산출함.
자료: 1) 통계청, 「육아휴직통계」, 전체 육아휴직자 수(시작일 기준), https://kosis.kr/statHtml/statHtml.do?orgId=101&tblId=DT_CC2020A001&conn_path=I3(인출일: 2024. 5. 10.)
　　　 2) 통계청, 「육아휴직통계」, 연령별 전체 육아휴직자, https://kosis.kr/statHtml/statHtml.do?orgId=101&tblId=DT_CC2020A002&conn_path=I3(인출일: 2024. 5. 10.)

Ⅱ. 근로자를 위한 육아지원제도 현황

한편 동일 기간(2016~2022년)에 걸쳐 기업 규모와 산업분류에 따른 육아휴직자에 대한 분포를 살펴보았다. 우선 기업 규모에 따른 분류를 살펴보면 2022년 기준으로 300명 이상(62.7%), 50~299명(14.5%), 5~49명(17.2%), 4명 이하(5.1%), 중소기업(0.5%)으로 300명 이상 규모 기업의 근로자의 육아휴직 비중이 높았다. 하지만 2016년부터 기업 규모에 따른 육아휴직 비중에 대한 추세를 살펴보면 300명 이상의 기업은 꾸준히 감소하는 반면, 300명 미만의 기업에서 꾸준히 증가하는 경향을 알 수 있다.

산업분류(대)기준으로 2022년의 경우 공공 행정, 국방 및 사회보장 행정(16.4%), 보건업 및 사회복지 서비스업(14.8%), 제조업(14.2%), 교육서비스업(10.6%), 도매 및 소매업(8.4%) 등의 순으로 확인되었다. 연도별 추세를 살펴보면 교육서비스업, 금융 및 보험업, 사업시설 관리, 사업 지원 및 임대 서비스업은 꾸준히 감소하는 경향을 보였으나 이외 산업에서는 뚜렷한 변화가 관찰되지 않거나 증가추세를 보이고 있다.

〈표 Ⅱ-2-4〉 2016-2022년 육아휴직자 기업규모 및 산업대분류에 따른 분포

단위: 명(%)

구분		2016	2017	2018	2019	2020	2021	2022
기업 규모	300명 이상	95,792 (68.2)	96,235 (67.8)	102,326 (66.6)	106,303 (65.1)	109,641 (63.8)	113,451 (64.8)	125,484 (62.7)
	50~299명	17,572 (12.5)	18,548 (13.1)	20,652 (13.4)	22,615 (13.9)	24,475 (14.2)	24,727 (14.1)	28,957 (14.5)
	5~49명	20,905 (14.9)	21,113 (14.9)	23,639 (15.4)	26,442 (16.2)	29,076 (16.9)	28,611 (16.3)	34,358 (17.2)
	4명 이하	5,060 (3.6)	5,322 (3.7)	5,993 (3.9)	6,906 (4.2)	7,945 (4.6)	7,493 (4.3)	10,120 (5.1)
	미상	1,074 (0.8)	820 (0.6)	1,131 (0.7)	990 (0.6)	822 (0.5)	828 (0.5)	1,057 (0.5)
산업 대분류	제조업	17,405 (12.4)	18,632 (13.1)	17,397 (11.3)	21,615 (13.2)	22,779 (13.2)	23,953 (13.7)	28,331 (14.2)
	건설업	2,866 (2.0)	2,536 (1.8)	3,053 (2.0)	3,135 (1.9)	3,224 (1.9)	3,360 (1.9)	4,022 (2.0)
	도매 및 소매업	9,887 (7.0)	10,545 (7.4)	11,185 (7.3)	12,814 (7.8)	13,881 (8.1)	14,085 (8.0)	16,817 (8.4)
	운수 및 창고업	3,163 (2.3)	3,217 (2.3)	3,990 (2.6)	4,151 (2.5)	4,423 (2.6)	4,597 (2.6)	5,694 (2.8)
	숙박 및 음식점업	1,213 (0.9)	1,410 (1.0)	1,645 (1.1)	1,869 (1.1)	2,391 (1.4)	2,410 (1.4)	2,756 (1.4)
	정보통신업	6,233 (4.4)	6,449 (4.5)	7,084 (4.6)	7,436 (4.6)	7,623 (4.4)	7,035 (4.0)	8,214 (4.1)

구분	2016	2017	2018	2019	2020	2021	2022
금융 및 보험업	13,287 (9.5)	12,309 (8.7)	12,429 (8.1)	12,071 (7.4)	11,594 (6.7)	11,546 (6.6)	12,351 (6.2)
전문, 과학 및 기술 서비스업	11,254 (8.0)	12,505 (8.8)	16,509 (10.7)	15,248 (9.3)	16,282 (9.5)	16,305 (9.3)	18,746 (9.4)
사업시설 관리, 사업 지원 및 임대서비스업	8,049 (5.7)	7,641 (5.4)	7,962 (5.2)	8,751 (5.4)	9,335 (5.4)	8,596 (4.9)	9,861 (4.9)
공공 행정, 국방 및 사회보장 행정	20,614 (14.7)	21,279 (15.0)	23,331 (15.2)	25,357 (15.5)	27,434 (16.0)	30,189 (17.2)	32,846 (16.4)
교육 서비스업	20,682 (14.7)	19,887 (14.0)	20,588 (13.4)	20,225 (12.4)	20,557 (12.0)	19,965 (11.4)	21,139 (10.6)
보건업 및 사회복지 서비스업	20,888 (14.9)	20,671 (14.6)	22,490 (14.6)	24,348 (14.9)	25,685 (14.9)	26,020 (14.9)	29,652 (14.8)
기타	4,862 (3.5)	4,957 (3.5)	6,078 (4.0)	6,236 (3.8)	6,751 (3.9)	7,049 (4.0)	9,547 (4.8)

주: 육아휴직자 연도별 규모(명)은 육아 휴직이 시작된 시점을 기준으로 산출함.
자료: 1) 통계청, 「육아휴직통계」, 기업체 규모별 출생아 부모 중 육아휴직자, https://kosis.kr/statHtml/statHtml.do?orgId=101&tblId=DT_CC2020B004&conn_path=I3(인출일: 2024. 5. 10.)
2) 통계청, 「육아휴직통계」, 산업대분류별 출생아 부모 중 육아휴직자, https://kosis.kr/statHtml/statHtml.do?orgId=101&tblId=DT_CC2020B005&conn_path=I3(인출일: 2024. 5. 10.)

나) 출생아 부모 중 육아휴직제도 활용

앞서 살펴본 육아휴직자 통계에서 출생아를 기준으로 육아휴직자 성별 및 연령 분포를 살펴보았다. 2022년 기준으로 여성(85.8%)과 남성(14.2%)이 크게 차이나는 분포를 보였으나, 2016년에 비해 남성(3.1%)에서 육아휴직의 이용 비중이 증가하였음을 알 수 있다. 부모가 모두 출생아를 위해 육아휴직을 한 비중도 2022년에는 14.8%로 2016년(1.4%)에 비해 꾸준히 증가하는 경향을 확인할 수 있다.

연령에 따른 육아휴직자 비중을 살펴보면 2022년 기준 30~34세(52.2%), 35~39세(28.3%), 30세 미만(14.0%), 40세 이상(5.4%)으로 2016년에 비해 30대 후반과 40대 이상에서 육아휴직제도를 이용하는 비중이 확대되고 있었다.

〈표 Ⅱ-2-5〉 2016-2022년 출생아 부모 중 육아휴직자 성별 및 연령 분포

단위: 명(%)

구분		2016	2017	2018	2019	2020	2021	2022
전체		77,089 (100.0)	73,962 (100.0)	75,227 (100.0)	76,136 (100.0)	74,275 (100.0)	77,391 (100.0)	87,092 (100.0)
출생아 100명당 육아휴직자 수		19	21	23	25	27	30	35
성별	남성(부)	2,375 (3.1)	4,126 (5.6)	5,278 (7.0)	6,340 (8.3)	6,871 (9.3)	7,933 (10.3)	12,407 (14.2)

구분		2016	2017	2018	2019	2020	2021	2022
	여성(모)	74,714 (96.9)	69,836 (94.4)	69,949 (93.0)	69,796 (91.7)	67,404 (90.7)	69,458 (89.7)	74,685 (85.8)
	부와 모	1,108 (1.4)	2,110 (2.9)	2,706 (3.6)	3,644 (4.8)	4,828 (6.5)	5,844 (7.6)	12,888 (14.8)
연령별	30세 미만	16,809 (21.8)	15,564 (21.0)	14,711 (19.6)	13,672 (18.0)	12,697 (17.1)	12,143 (15.7)	12,221 (14.0)
	30~34세	43,159 (56.0)	39,277 (53.1)	38,743 (51.5)	38,944 (51.2)	38,114 (51.3)	39,959 (51.6)	45,442 (52.2)
	35~39세	15,501 (20.1)	17,293 (23.4)	19,542 (26.0)	20,779 (27.3)	20,443 (27.5)	21,589 (27.9)	24,686 (28.3)
	40세 이상	1,620 (2.1)	1,828 (2.5)	2,231 (3.0)	2,741 (3.6)	3,021 (4.1)	3,700 (4.8)	4,743 (5.4)

주: 당해 연도 출생아 부모 중 육아휴직자를 기준으로 산출함.
자료: 1) 통계청, 「육아휴직통계」, 출생아 부모 중 육아휴직자, https://kosis.kr/statHtml/statHtml.do?orgId=101&tblId=DT_CC2020B002&conn_path=I3(인출일: 2024. 5. 10.)
2) 통계청, 「육아휴직통계」, 연령별 출생아 부모 중 육아휴직자, https://kosis.kr/statHtml/statHtml.do?orgId=101&tblId=DT_CC2020B003&conn_path=I3(인출일: 2024. 5. 10.)

자녀 연령별 육아휴직 사용 비중을 살펴보았다[3]. 자녀가 두 자녀 이상인 경우 모든 자녀가 육아휴직을 사용할 수 있는 요건을 충족하더라도 실제 육아휴직 신청 대상아를 명확하게 구분하기 어렵다. 또한 두 자녀 이상인 경우에 한 자녀만 육아휴직을 사용할 수 있는 요건에 해당하더라도 실제 휴직기간에 여러 자녀를 함께 돌보는 것이 일반적이라 자녀 연령별 육아휴직 사용 비중을 산출하는 것은 여러 제약이 따른다. 이에 자녀가 1명인 경우에 한해 자녀 연령별 육아휴직 사용 비중을 조사한 통계자료를 살펴보았다. 대체로 여성(모)의 육아휴직 사용 비중이 높았으며 자녀의 연령은 '0세'에서 비중이 가장 높다가 크게 낮아지면서 해당 자녀가 학령기에 진입하는 '6~8세' 시기에도 사용비중이 늘고 있음을 확인하였다.

〈표 Ⅱ-2-6〉 2010-2013년 출생 자녀 연령별 육아휴직 사용 비중

단위: %

구분		0세	1세	2세	3세	4세	5세	6세	7세	8세
2010년 출생	계	74.5	6.3	4.4	4.0	4.1	4.0	10.0	6.0	4.0
	남성(부)	17.8	12.2	8.5	8.3	7.5	9.1	14.5	16.1	13.1
	여성(모)	79.8	5.7	4.0	3.6	3.8	3.5	9.6	5.1	3.1

3) 통계청의 육아휴직통계에서 자녀 연령별 육아휴직 사용 비중은 육아휴직 해당 자녀를 명확하게 식별(구분)하는 것이 어려워 육아휴직이용자 중 자녀가 한 명인 경우만을 대상으로 산출되어 일반화 적용에는 주의가 필요함.

구분		0세	1세	2세	3세	4세	5세	6세	7세	8세
2011년 출생	계	74.4	5.7	3.9	3.9	4.0	3.4	10.8	6.8	4.6
	남성(부)	15.1	10.6	7.5	7.6	8.1	9.6	16.2	17.6	15.9
	여성(모)	81.3	5.1	3.5	3.5	3.6	2.7	10.2	5.5	3.3
2012년 출생	계	73.5	5.1	4.0	3.8	3.3	3.6	11.5	7.7	4.5
	남성(부)	12.3	9.3	7.5	8.3	9.2	10.8	17.1	20.1	14.2
	여성(모)	81.9	4.5	3.5	3.2	2.5	2.6	10.8	6.0	3.2
2013년 출생	계	72.8	4.8	3.8	3.4	3.5	3.9	12.7	7.4	5.0
	남성(부)	12.0	9.9	7.6	8.5	9.5	10.3	19.0	17.2	15.0
	여성(모)	83.2	4.0	3.1	2.6	2.5	2.8	11.6	5.7	3.4

주: 1) 전 기간 1자녀 부모: t~t+9년까지 t년 출생아만 있는 부모 중 육아휴직을 한 번이라도 한 부모 (자녀가 1명만 있는 부모를 대상으로 조사되어 자녀가 2명 이상인 경우 통계산출에 포함되지 않음). 예를 들어 2013년 통계 자료는 13년 출생아의 한자녀 부모를 대상으로 전 기간(0세~8세) 육아휴직 비중을 산출한 값에 해당함.
2) 자녀 연령 > 8세: 자녀 나이가 만 8세를 초과하는 경우가 일부 포함될 수 있음(관계법상 만 8세 이하 또는 초등학교 2학년 이하인 자녀를 대상으로 육아휴직이 가능하며, 경우에 따라 임신 중 육아휴직 가능)
3) 자녀 연령 > 0세: 출생 전 자녀가 일부 포함될 수 있음(관계법상 만 8세 이하 또는 초등학교 2학년 이하인 자녀를 대상으로 육아휴직이 가능하며, 경우에 따라 임신 중 육아휴직 가능)

자료: 1) 통계청, 「육아휴직통계」, 자녀 연령별 육아휴직 사용 비중, https://kosis.kr/statHtml/statHtml.do?orgId=101&tblId=DT_CC2020E001&conn_path=I3(인출일: 2024. 7. 26.)
2) 통계청 보도자료(2023. 12. 20.). 2022년 육아휴직통계 결과(잠정)

다) 육아휴직 급여

육아휴직자에 대한 급여 수급자 규모를 2016~2023년까지 살펴보았다. 육아휴직 급여는 「고용보험법」 제41조에 따른 피보험 단위기간이 합산하여 180일 이상인 근로자에게 지급되며 육아휴직 시작 일을 기준으로 1년간 월 통상임금의 80%에 해당하는 금액을 월별 지급한다.[4] 따라서 다음의 육아휴직 급여는 고용보험 수급자 기준으로 집계되어 공무원, 교사 등 고용보험 미가입자는 미포함 되어 있다.

고용보험 가입자 대상의 육아휴직급여 수급자는 2023년 기준으로 126,008명으로 남성(28.0%)에 비해 여성(72.0%)의 비중이 대략 3/4를 차지한다. 기업규모에 따라 대규모기업(44.4%)과 중소기업(55.6%)이며, 10인 미만(17.8%), 10인(13.3%), 30인(13.4%), 100인(13.3%)의 수치를 보였다.

---

[4] 찾기쉬운 생활법령정보. 육아휴직 급여. https://easylaw.go.kr/CSP/CnpClsMain.laf?csmSeq=1380&ccfNo=2&cciNo=1&cnpClsNo=2(인출일: 2024. 5. 24.)

〈표 Ⅱ-2-7〉 2016-2023년 육아휴직급여 수급자 통계

단위: 명(%)

구분		2016	2017	2018	2019	2020	2021	2022	2023
전체		89,975 (100.0)	90,122 (100.0)	99,199 (100.0)	105,165 (100.0)	112,038 (100.0)	110,555 (100.0)	131,084 (100.0)	126,008 (100.0)
성별	남성	7,616 (8.7)	12,042 (13.4)	17,662 (17.8)	22,297 (21.2)	27,421 (24.4)	29,041 (26.2)	37,884 (28.9)	35,336 (28.0)
	여성	82,179 (91.3)	78,080 (86.6)	81,537 (82.2)	82,868 (78.8)	84,617 (75.6)	81,514 (73.8)	93,200 (71.1)	90,672 (72.0)
기업규모-1	대규모 기업	-	-	-	51,240 (48.7)	52,113 (46.5)	51,868 (46.9)	59,738 (45.6)	55,913 (44.4)
	중소* 기업	-	-	-	53,925 (51.3)	59,925 (53.5)	58,687 (53.1)	71,346 (54.4)	70,095 (55.6)
기업규모-2	300인 이상	-	-	46,112 (46.5)	47,787 (45.4)	49,558 (44.2)	49,355 (44.6)	57,141 (43.6)	53,298 (42.3)
	100인	-	-	13,070 (13.2)	13,861 (13.2)	14,873 (13.3)	14,966 (13.5)	17,434 (13.3)	16,717 (13.3)
	30인	-	-	11,931 (12.0)	12,698 (12.1)	14,391 (12.8)	13,928 (12.6)	16,912 (12.9)	16,914 (13.4)
	10인	-	-	12,192 (12.3)	12,976 (12.3)	14,065 (12.6)	13,875 (12.6)	16,541 (12.6)	16,697 (13.3)
	10인 미만	-	-	15,894 (16.0)	17,843 (17.0)	19,151 (17.1)	18,431 (16.7)	23,056 (17.6)	22,382 (17.8)

주: 기업규모-1의 중소기업은 「고용보험법」상 우선지원대상기업 기준(제조업: 상시근로자 수 500명 이하, 건설업: 300명 이하, 도·소매업: 200명 이하 등) 임.
자료: 고용노동부 보도자료(2024. 2. 26). 최근 5년간 출생아 수 감소에도 일·육아지원제도 사용자는 증가 추세.

3) 가족돌봄휴직 및 가족돌봄휴가 이용

가족돌봄휴직은 근로자가 조부모, 부모, 배우자, 배우자의 부모, 자녀 또는 손자녀(이하 "가족"이라 함)의 질병, 사고, 노령으로 인해 그 가족을 돌보기 위한 휴직(이하 "가족돌봄휴직"이라 함)으로 가족돌봄휴가를 포함하고 있다. 가족돌봄휴직은 연간 최장 90일로 하며, 이를 나누어 사용할 수 있으며 1회의 기간은 30일 이상이 되어야 한다. 가족돌봄휴가는 「남녀고용평등과 일·가정 양립 지원에 관한 법률」 제22조의2 제4항제2호에 따라 연간 최장 10일로 하며, 일단위로 나누어 사용할 수 있다.

가족돌봄휴직 및 휴가는 무급이 원칙으로 출산휴가나 육아휴직제도와 같이 고용보험에 가입이 되어 있을지라도 급여지급이 이루어지지 않는 제도이다. 따라서 이 제도를 활용하는 이용자 규모와 특성에 따른 통계자료 추출이 수월하지 않다. 이에 해당 제도가 코로나19 확산으로 휴원·휴교 기간 동안 부모가 자녀를 직접 돌보기

위한 제도로 연차휴가, 유연근무와 함께 활용되어 왔기에5) 2020년에 고용노동부에서 수행한 '가족돌봄휴가 활용 설문조사'의 결과를 바탕으로 제도에 대한 인지와 이용정도를 살펴보고자 한다.

'가족돌봄휴가 활용 설문조사' 결과에 따르면 8세 미만 어린 자녀가 있는 근로자(28.6%)가 가족돌봄휴가를 상대적으로 많이 활용하는 것으로 나타났다. 가족돌봄휴가에 대한 인지 여부는 맞벌이 가구(64.9%)가 외벌이 가구(49.3%)보다 높았으며 평균사용일수는 맞벌이(4.5일), 외벌이(3.3일)로 맞벌이 가구에서 더 여러 날을 사용하는 것으로 나타났다.

〈표 II-2-8〉 코로나19 확산에 따른 가족돌봄 활용 제도 및 근로자 유형별 특성

단위: %, 일

구분			사업주	근로자(부모가 돌보는 경우)
제도 활용 비율	연차유급휴가		47.0%	25.8%
	회사자체 유(무)급휴가		18.5%	18.2%
	재택근무 등 유연근무제		17.0%	25.3%
	가족돌봄휴가		9.5%	23.6%
자녀 연령에 따른 활용 비율	8세미만 자녀 有		-	28.6%
	8~13세미만 자녀 有		-	10.6%
맞벌이 여부	가족돌봄휴가 인지도	맞벌이	-	64.9%
		외벌이	-	49.3%
	자녀돌봄휴가 활용 비율 (복수응답)	맞벌이	-	가족돌봄휴가(28.6%) 연차휴가(22.2%)
		외벌이	-	가족돌봄휴가(13.7%) 연차휴가(35.3%)
	가족돌봄휴가 평균 사용일수	맞벌이	-	4.5일
		외벌이	-	3.3일

자료: 고용노동부 보도자료(2020. 4. 2). 「가족돌봄휴가」 도입 3개월 만에 빠르게 확산.

나. 근로시간 연동 시간지원제도 활용

임신 및 육아기에 근로시간과 연동되는 시간지원제도 이용규모 및 특성을 살펴보고자 한다. 해당 시간지원제도와 관련하여 임신기 근로시간 단축제도, 육아기 근로시간 단축제도, 유연근무제를 대표적인 예로 살펴보았다.

---

5) 고용노동부 보도자료(2020. 4. 2). 「가족돌봄휴가」 도입 3개월 만에 빠르게 확산.

1) 임신기 근로시간 단축제도

근로기준법 제74조(임산부의 보호)7항에 의거하여 사용자는 임신 후 12주 이내 또는 36주 이후에 있는 여성 근로자가 1일 2시간의 근로시간 단축을 신청하는 경우 이를 허용하여야 한다[6]. 다만, 1일 근로시간이 8시간 미만인 근로자에 대하여는 1일 근로시간이 6시간이 되도록 근로시간 단축을 허용할 수 있다[7]. 또한 제8항에서 사용자는 제7항에 따른 근로시간 단축을 이유로 해당 근로자의 임금을 삭감하여서는 아니 된다[8].

정부에서는 장시간 근무문화 개선을 위해 근로시간을 단축하면 중소, 중견기업 사업주를 대상으로 워라밸 일자리 장려금(소정근로시간 단축) 지원제도를 운영하여 장려금을 지원해 주고 있다. 해당 지원제도는 임신기 근로시간 단축제도도 대상에 포함된다. 워라밸 일자리 장려금 지원제도를 활용한 사업주(기업) 규모를 파악할 수 있다면 대략적인 이용 규모를 예측할 수 있겠다. 그러나 지원제도 이용 규모에 대한 자료가 공개되지 않은 것으로 보이며, 또한 대기업은 해당 지원제도 대상에 포함되지 않아 전체 규모를 파악하기에는 제한점이 있다.

2) 육아기 근로시간 단축제도

육아기 근로시간 단축제도는 만8세 이하 또는 초등학교 2학년 이하의 자녀가 있는 근로자가 자녀양육을 위해 근로시간을 단축할 수 있는 제도로 육아기 근로시간 단축제도 이용에 따른 급여 수급자 규모를 2016~2023년까지 살펴보았다.

육아기 근로시간 단축에 따른 수급자는 2023년 기준으로 23,188명으로 남성(10.4%)에 비해 여성 근로자(89.6%)에서 높은 비중을 보였다. 기업규모에 따라 대규모기업(35.6%)과 중소기업(64.4%)이며, 자녀 연령이 1세(28.6%), 6세(13.6%), 7세(12.6%)등에서 사용 비중이 다소 높았다.

---

[6] 국가법령정보센터-근로기준법, https://www.law.go.kr/%EB%B2%95%EB%A0%B9/%EA%B7%BC%EB%A1%9C%EA%B8%B0%EC%A4%80%EB%B2%95(인출일: 2024. 5. 24.)
[7] 위 각주와 동일
[8] 위 각주와 동일

<표 Ⅱ-2-9> 2016-2023년 육아기 근로시간 단축제도 수급자 현황

단위: 명(%)

구분		2016	2017	2018	2019	2020	2021	2022	2023
전체		2,761	2,821	3,820	5,660	14,698	16,689	19,466	23,188
성별	남성	378 (13.6)	321 (11.3)	550 (14.4)	742 (13.1)	1,639 (11.1)	1,632 (9.7)	2,001 (10.3)	2,415 (10.4)
	여성	2,383 (86.4)	2,500 (88.7)	3,270 (85.6)	4,918 (86.9)	13,059 (88.9)	15,057 (90.3)	17,465 (89.7)	20,773 (89.6)
기업 규모별	대규모 기업	-	-	-	1,598 (28.3)	5,286 (36.0)	5,615 (33.7)	6,768 (34.8)	8,249 (35.6)
	중소 기업	-	-	-	4,062 (71.7)	9,412 (64.0)	11,074 (66.3)	12,698 (65.2)	14,939 (64.4)
자녀 연령 (%)	0세	-	-	-	-	-	-	-	7.2
	1세	-	-	-	-	-	-	-	28.6
	2세	-	-	-	-	-	-	-	9.7
	3세	-	-	-	-	-	-	-	7.6
	4세	-	-	-	-	-	-	-	6.1
	5세	-	-	-	-	-	-	-	6.9
	6세	-	-	-	-	-	-	-	13.6
	7세	-	-	-	-	-	-	-	12.6
	8세 이상	-	-	-	-	-	-	-	7.6

자료: 고용노동부 보도자료(2024. 2. 26.). 최근 5년간 출생아 수 감소에도 일·육아지원제도 사용자는 증가 추세.

육아기 근로시간 단축제도의 활용에 있어 「모성보호제도 활용 관련 실태조사」[9] 결과를 활용하여 아동 연령에 따른 근로시간 단축 사용기간을 살펴보았다. 해당 실태조사는 2022년 수행되었으며 육아기 근로시간 단축 사용기간에 대한 사례수(명)는 451명이다. 육아기 근로시간 단축제도 평균 사용기간은 5.0개월로 여성(5.2개월)이 남성(4.5개월)보다 조금 더 길게 해당 제도를 사용하였다. 자녀연령 1세에 사례수가 가장 많으나, 육아기 근로시간 단축제도 사용기간과 자녀연령의 관계를 살펴보면 뚜렷한 차이는 보이지 않으며 대체로 4~5개월 정도 이 제도를 사용하는 것으로 나타났다.

---

[9] 강민정 외(2022). 모성보호제도 활용 관련 실태조사. 한국여성정책연구원

Ⅱ. 근로자를 위한 육아지원제도 현황

〈표 Ⅱ-2-10〉 육아기 근로시간 단축제도 활용에 따른 자녀연령 및 사용기간(모성보호제도 활용 관련 실태조사 활용)

단위: 명/월

구분		전체	0세	1세	2세	3세	4세	5세	6세	7세	8세	9세
사례수(명)		451	64	120	61	39	27	36	25	45	22	12
평균 사용기간(월)		5.0	4.7	4.3	4.6	5.1	5.3	5.5	5.9	6.3	6.2	5.4
성별	남성	4.5	-	-	-	-	-	-	-	-	-	-
	여성	5.2	-	-	-	-	-	-	-	-	-	-

주: 육아기 근로시간 단축 평균 사용기간은 원시자료의 값을 유효숫자 소수점 1자리로 변경하였음.
자료: 강민정 외(2022). 모성보호제도 활용 관련 실태조사. 한국여성정책연구원. p. 64, 〈표 Ⅲ-23〉을 재구성함.

3) 유연근무제 활용

유연근무제 활용 추세를 살펴보기 위해 경제활동인구조사를 활용해 유연근무제 활용 비중 및 성·연령 분포를 살펴보았다. 「경제활동인구조사」는 국민의 경제활동(취업, 실업, 노동력 등) 특성을 조사함으로써 거시경제 분석과 인력자원의 개발정책 수립에 필요한 기초 자료를 제공할 목적으로 월단위로 공표되는 자료로 2018년 8월부터 2023년 8월 시점까지 연도별 추이를 파악하고자 하였다.

매년 조사에 참여하는 규모는 대략 2만 명 내외로 유연근무제를 활용한 경험이 있는 응답자는 2023년 8월 기준 전체는 15.6%이며, 남자(17.1%)가 여자(13.9%)보다 비중이 높았으며 연령별로는 30~39세(22.5%), 40~49세(18.6%), 15~29세(15.0%) 등의 순으로 나타나 30~40대 연령층에서 활용 비중이 높음을 확인하였다.

〈표 Ⅱ-2-11〉 2018-2023년 유연근무제 활용에 따른 성·연령 이용 비율

단위: %

구분		2018.08	2019.08	2020.08	2021.08	2022.08	2023.08
전체		8.4	10.8	14.2	16.8	16.0	15.6
성별	남자	9.2	12.2	15.9	18.2	17.3	17.1
	여자	7.3	9.0	12.0	15.2	14.4	13.9
연령별	15~29세	7.2	8.5	13.3	16.5	14.6	15.0
	30~39세	12.3	16.0	19.9	23.6	23.8	22.5
	40~49세	9.1	12.9	17.1	20.1	19.0	18.6
	50~59세	7.4	9.6	12.2	15.0	14.2	14.7

구분	2018.08	2019.08	2020.08	2021.08	2022.08	2023.08
60세 이상	2.6	3.0	4.9	5.6	5.9	5.3

자료: 1) 통계청 「경제활동인구조사」, 유연근무제 활용여부, https://kosis.kr/statHtml/statHtml.do?orgId=101&tblId=DT_1DE7099S&conn_path=I3(인출일: 2024. 5. 24.)
2) 통계청 「경제활동인구조사」, 성별 유연근무제 활용여부, https://kosis.kr/statHtml/statHtml.do?orgId=101&tblId=DT_1DE7103S&conn_path=I3(인출일: 2024. 5. 24.)
3) 통계청 「경제활동인구조사」, 연령별 유연근무제 활용여부, https://kosis.kr/statHtml/statHtml.do?orgId=101&tblId=DT_1DE7105S&conn_path=I3(인출일: 2024. 5. 24.)

4) 육아시간 제도 이용

육아시간은 공무원이 사용할 수 있는 자녀 돌봄 시간으로 개정(2024. 7. 2. 기준) 이후[10]에 대상 자녀의 연령이 72개월 이하에서 8세까지 확대되었으며 사용 기간도 24개월에서 36개월로 늘었다. 비록 육아시간 제도가 공무원 및 일부 공공기관에 한해 적용되고 있지만, 사용자수 규모가 크게 증가하고 있다.

〈표 Ⅱ-2-12〉 2022-2023년 상반기 육아시간 제도 이용 규모

단위: 명

구분	2022	2023 상반기
사용자	30,222	34,827

자료: 인사혁신처 보도자료(2023. 12. 29). '현장 공무원, 심리안정휴가로 회복·휴식 가능. 올해 휴가제도 개선으로 공직사회 근무 여건 개선, "실질적 도움"

다. 비정규 근로자 및 특수근로형태 종사자의 양육지원제도 이용

통계청 경제활동인구조사에 따른 비정규직 근로자의 통계 용어 정의는 "임금근로자 중 고용형태(근로형태)가 한시적 근로자[11], 시간제 근로자[12], 비전형 근로

---

10) 개정(2024. 7. 2. 이후) 이전에 만 5세 이하(생후 72개월 이전까지)의 자녀를 가진 공무원은 24개월의 범위에서 1일 2시간의 육아시간을 유급휴가로 활용할 수 있었음.
11) 한시적 근로자는 근로계약기간을 정한 근로자(기간제 근로자) 또는 정하지 않았으나 계약의 반복 갱신으로 계속 일할 수 있는 근로자와 비자발적 사유로 계속 근무를 기대할 수 없는 근로자(비기간제근로자)를 포함함(출처: 통계청 통계용어사전-한시적 근로자. https://kostat.go.kr/statisticalTermView.es?act=view&mid=a10506000000. 인출일: 2024. 8. 21).
12) 시간제 근로자는 직장(일)에서 근무하도록 정해진 소정의 근로시간이 동일 사업장에서 동일한 종류의 업무를 수행하는 근로자의 소정 근로시간보다 1시간이라도 짧은 근로자로, 평소 1주에 36시간 미만 일하기로 정해져 있는 경우가 해당됨(출처: 통계청 통계용어사전-시간제 근로자. https://kostat.go.kr/statisticalTermView.es?act=view&mid=a10506000000. 인출일: 2024. 8. 21.).

자13)"를 말한다14). 한편 특수형태근로종사자(이하 '특고 종사자')는 임금근로자와 비임금근로자(자영업자)의 중간지대에 속하는 집단으로 이들은 임금노동자와 자영업자 사이의 중간범주에 놓인다고 알려진다(조아라 외, 2020: 51-52, 재인용). 특고 종사자는 일감이나 건당으로 노동비용이 환산되므로 객관적인 노동시간과 그 외의 시간을 분리하여 구조화하기 어려운 특성이 있다(김나영 외, 2022: 53).

근로자가 활용할 수 있는 대부분의 양육지원제도는 고용보험 가입과 연동되어 있다. 비정규직 근로자의 경우도 고용기간이 1개월 이상이면서 월 60시간 또는 주 15시간 이상 일하는 모든 근로자는 고용보험에 가입해야 한다. 이와 더불어 2021년에 일부15) 특고 종사자도 고용보험에 가입할 수 있게 대상범위가 확대되었다. 따라서 비정규직 근로자와 특고 종사자도 고용보험 수급요건16)을 충족하면 출산전후급여를 지원받을 수 있다.

직장어린이집 이용 취약계층의 개선요구 및 지원방안 연구(김나영 외, 2022)에서 비정규직 근로자와 특고 종사자의 양육지원제도 이용 여부를 살펴보고 이들의 고용보험 가입 비중과 양육지원제도 이용 비중을 살펴본 바가 있어 인용하면 다음과 같다. 출산전후휴가나 배우자 출산휴가 이용 비중에서 비정규직 근로자(43.5%), 특고 종사자(27.3%)이다. 자녀 양육을 위한 육아휴직 및 육아기 근로시간 단축제도 활용은 비정규직 근로자의 경우 각각 31.2%, 15.1%를 보였다. 이러한 결과는 특고 종사자(각각 14.3%, 10.4%)보다는 높은 비중을 보였다.

---

13) 비전형 근로자는 파견 근로자, 용역 근로자, 특수형태근로종사자, 가정 내(재택, 가내)근로자, 일일(단기)근로자를 말한다.(출처: 통계청 통계용어사전-비전형 근로자. https://kostat.go.kr/statisticalTermView.es?act=view&mid=a10506000000. 인출일: 2024. 8. 21.)
14) 통계청 통계용어사전-비정규직 근로자. https://kostat.go.kr/statisticalTermView.es?act=view&mid=a10506000000. 인출일: 2024. 8. 21.).
15) 2021. 7. 1. 이후부터 특수형태근로 종사자에 대해서도 고용보험을 적용하며 고용보험 적용을 받는 특수형태근로 종사자는 보험설계사, 택배기사, 신용카드회원 모집인 등 12개 직종의 종사자 해당. 고용보험 수급요건을 충족하면 '구직급여'와 '출산전후급여'를 받을 수 있음(출처: 고용노동부 보도자료(2021. 6. 30). 7월 1일부터 특수형태근로종사자 고용보험 시행).
16) 출산일 전 3개월 이상 보험료를 납부하고, 출산일 전후로 노무를 제공하지 않을 경우, 출산전후급여를 90일(다태아의 경우 120일)간 받을 수 있음(출처: 고용노동부 보도자료(2021. 6. 30). 7월 1일부터 특수형태근로종사자 고용보험 시행).

〈표 Ⅱ-2-13〉 비정규직 근로자 및 특수형태근로 종사자의 양육지원제도 이용여부

단위: %(명)

특성	제도	있음	없음	비해당	계	(수)
비정규직 근로자	출산전후휴가/배우자 출산휴가	43.5	42.2	13.3	100.0	(641)
	육아휴직	31.2	51.0	17.8	100.0	(641)
	육아기 근로시간 단축	15.1	64.7	20.1	100.0	(641)
특수형태 고용 종사자	출산전후휴가/배우자 출산휴가	27.3	50.6	22.1	100.0	(77)
	육아휴직	14.3	53.2	32.5	100.0	(77)
	육아기 근로시간 단축	10.4	57.1	32.5	100.0	(77)

주: 1) 표의 '비해당'은 고용보험 '미가입' 상태, 양육지원제도 이용이 필요한 연령대의 출생아 또는 자녀가 없는 경우 등에 해당함.
2) 해당 조사결과가 모집단 대표성을 위한 조사 설계에 기반을 두지 않아 자료 활용이나 해석에 주의가 필요함.
자료: '김나영 외(2022). 직장어린이집 이용 취약계층의 개선요구 및 지원방안. 근로복지공단. p 82, p 96'의 설문조사 분석 결과표를 인용함.

3. 소결

본 장에서는 근로자를 위한 육아지원제도로서 '출산·육아 등 돌봄 지원제도'와 '유연근무제'를 중심으로 현황을 살펴보았다.

먼저, 출산전후휴가는 여성근로자를 위해 의무적으로 실행되고 있는 제도이다. 출산전후휴가는 근로기준법에 근거하고 있고 배우자 출산휴가는 「남녀고용평등과 일·가정 양립 지원에 관한 법률」에 근거한다는 차이는 있으나 배우자 출산휴가도 미이행의 경우 과태료나 벌금을 부여하고 있다. 이처럼 출산전후 시기에 남녀 근로자들에게 휴가를 부여하는 것은 제도적으로 정착이 되었다고 볼 수 있겠다. 하지만 이용 비율에 있어서는 전체 출산휴가자 중 남성의 비율이 19.9%로 여성의 1/4 수준이어서(표 Ⅱ-2-1 참조) 배우자 출산휴가를 사용할 수 없는 환경의 근로자가 있음을 알 수 있다.

육아휴직의 경우 이용자가 점점 많아지고 있지만 최근 몇 년간 중소기업에서와 남성의 참여율을 높이기 위해 부모가 모두 육아휴직을 사용하는 경우 육아휴직급여 상한비율을 높이는 정책을 추진해왔다. 그러다가 저출생 추세 반전을 위한 대책(저출생고령사회위원회·관계부처 합동 보도자료, 2024. 6. 19.)을 통해 육아휴직급여 최대 상한액을 150만원에서 250만원으로 인상하고, 육아휴직 대체인력지원금을 신설하여 지원금을 확대하는 등 정부는 전반적인 육아휴직을 사용률을 높이려는 의지를 보이고 있다. 또한 육아휴직을 원하는 비율이 높은 영아기 자녀를 둔

Ⅱ. 근로자를 위한 육아지원제도 현황

부모뿐만 아니라 학교적응을 위해 자녀돌봄 시간을 확보해야 하는 초등입학 시기 자녀의 근로자들을 위해 단기 육아휴직(연 1회 2주 단위)을 도입하고 육아휴직 분할 사용 횟수를 3회로 확대하는 방안을 마련하였다(저출생고령사회위원회·관계부처 합동 보도자료, 2024. 6. 19.).

앞서 본 장에서 살펴본 자녀 연령별 육아휴직 사용 비중에서도 자녀 0세 때 육아휴직을 사용하는 비율이 가장 높고, 초등학교 입학 시기인 6세나 7세에 다시 높아짐을 확인할 수 있었다(표 Ⅱ-2-6 참조). 따라서 이러한 제도적 개선은 수요자 중심의 제도 정비라 평가할 수 있겠다.

다음으로 근무시간을 단축하거나 근무시간 내에 자녀돌봄 시간을 확보하는 제도들이 있다. 육아기 근로시간 단축은 경력을 이어가면서도 하루 중 육아를 위한 시간을 가질 수 있다는 장점이 있으나 근로시간에 비례하여 임금이 삭감된다는 단점도 있다. 2023년도 육아휴직급여 수급자는 126,008명에 비해 육아기 근로시간 단축제도 수급자는 23,188명으로 육아휴직에 비해 비교적 이용자가 적은 편이다(표 Ⅱ-2-7, 표 Ⅱ-2-9 참조).

육아시간제도는 육아기 근로시간 단축제도와 유사하지만 공무원 복무규정에 의해 공무원과 공공기관 등에서 활용하고 있는 제도이다. 육아시간은 1일 2시간까지 활용할 수 있다는 점에서 겉으로 보기에는 육아기 근로시간 단축제도처럼 보일 수 있으나 급여삭감이 되지 않는 유급시간이며 신청이나 사용 기간에 있어서도 차이가 있다. 육아시간제도 사용자 규모는 증가하고 있으며, 최근 기간(36개월 동안)과 범위(8세까지)를 확대하면서 더욱 증가할 것으로 예상된다. 현재는 일부 분야의 근로자들만이 사용할 수 있지만 일과 육아를 병행할 수 있는 돌봄 제도로서의 비중이 높아지고 있음을 통계자료에서도 알 수 있었다. 따라서 육아시간 제도 도입 기관의 확대를 고려해 볼 필요가 있겠다.

한편 근로자의 자녀양육 여부와 관계없이 모두에게 적용될 수 있는 유연근무제도는 육아기 근로자가 일-생활(육아) 균형을 위해 유용하게 사용 가능한 제도이다. 유연근무제의 경우 '유연함'이 어떻게 적용되느냐에 따라 여러 가지 유형으로 나눌 수 있는데 그 중에서도 근로시간과 장소의 유연함은 자녀돌봄 시간을 확보하는데 도움이 된다. 정부는 육아 등 개인의 필요에 따라 시차출퇴근, 근무시간선택제, 재택근무 등의 유연근무제를 활용할 수 있도록 제도화하는 방안을 추진하겠다고 밝힌 바 있어(저출생고령사회위원회·관계부처 합동 보도자료, 2024. 6. 19.), 향후 그 변화를 주목할 필요가 있겠다.

유연근무제 이용에 있어서는 남녀 비율의 차가 10%p 이내로 크지 않으며 오히려 남성의 더 높은 경향을 보인다. 또한 유연근무제 이용 연령대로는 30~40대가 가장 많은 비중을 차지하여서 활용도가 높음을 알 수 있었다. 이들 중 얼마나 육아를 하는 부모인지는 파악할 수 없으나 30~40대가 어린자녀를 양육하는 부모의 연령대와 동일하다는 점에서 주목할 만하다.

다음으로 서론에서도 밝힌 것처럼 우리나라 육아지원제도는 대부분 고용보험 가입자 즉, 임금근로자 중심으로 설계되어 사각지대가 존재한다. 그래서 고용보험 미적용자 출산급여와 예술인 및 노무제공자 출산전후급여등은 사각지대를 좁혀가는 중요한 시작점이 될 것이라 여겨진다.

마지막으로 이러한 제도들의 이용 현황을 통해 두드러진 특징은 남성 이용자가 꾸준히 증가하는 추세에 있지만 여전히 여성 이용자가 월등히 많다는 점이다. 여성이 출산을 직접 경험하기에 남성보다 비율이 다소 높을 수 있으나 현재는 그 차이가 크다. 예를 들어, 육아휴직은 2023년도 기준 남성이 28.0%(표 Ⅱ-2-7 참조), 육아기 근로시간 단축은 남성이 10.4%(표 Ⅱ-2-9 참조)를 차지하여 여성보다 훨씬 낮은 비율이다.

그렇지만 이용자 수로 보면 남성 이용자도 점차 증가하고 있어서 과거 우리나라에 만연하였던 여성만이 자녀양육을 담당한다는 인식에서 점차 벗어나고 있음을 알 수 있다. 하지만 남성의 육아참여에 대한 긍정적 인식이 지금 육아기에 해당하는 집단에서만 확산되고 있는지, 함께 근무하는 다른 연령대의 상사·동료들에게도 확산되고 있는지는 본 연구의 조사를 통해 파악해볼 필요가 있겠다.

영아 부모의 근무환경 실태

01 조사 참여자 특성

02 육아지원제도 이용 경험 및 환경

03 육아에 대한 직장 문화

04 자녀양육 및 일·생활 균형

05 소결

Ⅲ. 영아 부모의 근무환경 실태

1. 조사 참여자 특성

가. 한국 영유아 교육·보육 패널 가구의 특성

영아 부모의 근무환경을 알아보기 위해 본 연구에서는 한국 영유아 교육·보육 패널 가구 중 취업 중인 부모를 대상으로 부가조사한 데이터를 분석하여 제시하고자 한다. 이에 연구대상인 한국 영유아 교육·보육 패널 가구의 인구학적 특성, 근로 특성, 관련 지원정책 이용 특성을 살펴보면서 대상의 특징을 이해하고자 한다. 해당 내용은 조사가 이루어진 2021년도(임부 모집 시점, 자녀 태내기) 및 2022년도(자녀 0세) 기준의 결과이다.

1) 인구사회학적 특성[17]

가) 2021년도 패널 가구 특성(자녀 태내기)

산부인과에서 실시한 2021년 조사 당시 패널아동 어머니(임부)의 평균 연령은 32.43세, 아버지의 평균 연령은 34.86세이었다. 가구 특성을 살펴보면, 월평균 가구소득은 301만원~500만원이 47.9%, 501~700만원이 20.6% 등이었으며, 차상위계층 혹은 기초생활수급대상인 저소득층은 72가구로 전체 가구의 2.1%에 해당하였다. 다문화 가구는 95가구로 전체 가구의 2.8%이었다. 그 외의 가구 특성은 〈표 Ⅲ-1-1〉과 같다.

---

17) 가중치가 적용되지 않은 수치임.

<표 Ⅲ-1-1> 인구사회학적 특성: 기초조사 Ⅰ

단위: %(명)

기초조사 Ⅰ	비율(수)	기초조사 Ⅰ	비율(수)
전체	100.0 (3380)	전체	100.0 (3380)
임부 연령(21.12.31. 기준)		배우자 연령(21.12.31. 기준)*	
만 20세 미만	0.2 (6)	만 20세 미만	0.1 (2)
만 20~25세 미만	3.1 (106)	만 20~25세 미만	1.1 (37)
만 25~30세 미만	19.8 (669)	만 25~30세 미만	10.8 (363)
만 30~35세 미만	46.6 (1574)	만 30~35세 미만	37.5 (1259)
만 35~40세 미만	25.2 (852)	만 35~40세 미만	35.2 (1179)
만 40세 이상	5.1 (173)	만 40세 이상	15.3 (513)
평균(표준편차)	32.43세(4.22)	평균(표준편차)	34.86세(4.69)
결혼상태		월평균 가구소득	
유배우	99.2 (3353)	100만원 이하	0.5 (18)
이혼	0.0 (1)	101만원~300만원	16.1 (545)
미혼	0.8 (26)	301만원~500만원	47.9 (1619)
결혼기간*		501만원~700만원	20.6 (697)
1년 미만	18.7 (626)	701만원~900만원	9.0 (303)
2~3년	33.6 (1126)	901만원 이상	5.9 (198)
4~5년	25.2 (844)	저소득층 여부	
6년 이상	22.5 (755)	저소득층 아님	97.9 (3308)
무응답	0.1 (2)	저소득층임	2.1 (72)
지역구분		다문화 가구 여부	
대도시(광역시/동)	39.1 (1321)	다문화 가구 아님	97.2 (3285)
중소도시(비광역시/동)	46.5 (1573)	다문화 가구임	2.8 (95)
읍·면	14.4 (486)		

주: * 기초조사 Ⅰ의 배우자 연령, 결혼기간은 기초조사 Ⅰ에서 유배우 상태라고 응답한 3,353명을 대상으로 조사하였음.
자료: 이정림 외(2022). 한국 영유아 교육·보육 패널 연구 2022. 육아정책연구소. p. 78.

기초조사 Ⅰ을 실시한 후 출산 전에 기초조사 Ⅱ를 온라인으로 실시하였다. 당시 패널아동 어머니(임부) 중 56.4%가 취업 중이었으며, 1.8%는 학업 중이었다. 어머니(임부)의 학력은 대학교 졸업이 53.6%로 가장 많았다. 패널아동이 첫째인 경우가 62.1%이며, 둘째인 경우는 31.1%이었다.

<표 Ⅲ-1-2> 인구사회학적 특성: 기초조사 Ⅱ

단위: %(명)

기초조사 Ⅱ	비율(수)	기초조사 Ⅱ	비율(수)
전체	100.0 (3021)	전체	100.0 (3021)
결혼 상태		임부 취업 여부	
유배우	99.4 (3003)	취업 중	56.4 (1705)
별거	0.1 (4)	학업 중	1.8 (54)
이혼	0.1 (3)	비취업/비학업	41.8 (1262)

기초조사 II	비율(수)	기초조사 II	비율(수)
사별	0.0 (1)	임부 학력	
미혼	0.3 (10)	중졸 이하	0.9 (28)
출생 순위		고졸	14.8 (447)
첫째	62.1 (1875)	전문대(기능대학)	21.2 (639)
둘째	31.1 (940)	대학교	53.6 (1620)
셋째	6.0 (180)	대학원 이상	9.5 (287)
넷째 이상	0.9 (26)		

자료: 이정림 외(2022). 한국 영유아 교육·보육 패널 연구 2022. 육아정책연구소. p. 79.

나) 2022년 패널 가구 특성(자녀 0세)

2022년도에 패널아동이 0세 즉, 월령 4개월 이후 시점에 실시한 조사에서 패널 가구의 특성을 살펴보면 다음과 같다. 어머니의 평균 연령은 33.45세이며, 아버지의 평균 연령은 35.72세이었다. 취업 중인 어머니의 비율은 50.9%(복직 및 취업 13.0%, 휴직 중 37.9%), 아버지는 96.3%이었다. 그 외의 자세한 특성은 〈표 Ⅲ-1-3〉과 같다.

〈표 Ⅲ-1-3〉 부모의 인구사회학적 특성: 2022년도 조사

단위: %(명)

구분	비율(수)	구분	비율(수)
전체	100.0(2435)	전체	100.0(1630)
어머니 연령		아버지 연령	
25세 미만	1.9 (47)	25세 미만	0.8 (13)
25~30세 미만	12.9 (314)	25~30세 미만	7.2 (117)
30~35세 미만	46.9 (1141)	30~35세 미만	32.1 (524)
35~40세 미만	30.2 (736)	35~40세 미만	40.9 (666)
40세 이상	8.1 (197)	40세 이상	18.4 (300)
		무응답	0.6 (10)
평균(표준편차)	33.45(4.16)	평균(표준편차)	35.72(4.84)
어머니 최종 학력		아버지 최종 학력	
중졸이하	0.9 (23)	중졸이하	0.8 (13)
고등학교	14.4 (351)	고등학교	18.2 (296)
전문대(기능대학)	21.5 (524)	전문대(기능대학)	17.4 (283)
대학교	53.7 (1307)	대학교	54.4 (886)
대학교 석사	8.5 (206)	대학교 석사	8.2 (134)
대학교 박사	1.0 (24)	대학교 박사	1.1 (18)
어머니 취업 여부		아버지 취업 여부	
취업 중	50.9 (1240)	취업 중	96.3 (1569)
출산 후 복직 및 취업	13.0 (318)	육아휴직 이용[주]	16.4 (267)
휴직 중(육아휴직+기타휴직)	37.9 (922)		

구분	비율(수)	구분	비율(수)
학업 중	1.0(24)	학업 중	0.6(9)
미취업/미취학	48.1(1171)	미취업/미취학	3.2(52)
어머니 근로소득		아버지 근로소득	
없음	49.1(1195)	없음	3.7(61)
100만원 이하	2.3(56)	100만원 이하	0.7(11)
101~300만원	34.2(833)	101~300만원	36.2(590)
301~500만원	12.0(292)	301~500만원	45.8(746)
501~700만원	1.3(32)	501~700만원	8.1(132)
701~900만원	0.4(9)	701~900만원	2.6(43)
901만원 이상	0.7(18)	901만원 이상	2.9(47)

주: 아버지의 경우, 현재 휴직 여부가 아닌 지난 조사 이후부터 현재까지의 휴직 경험을 조사함.
자료: 배윤진 외(2023). 한국 영유아 교육·보육 패널 연구 2023. 육아정책연구소. p. 57.

다음으로 가구 특성을 좀 더 살펴보면, 패널 가구의 49.7%는 맞벌이 가구이었으며, 가구소득이 301~500만원인 가구는 50.7%, 300만원 이하인 가구는 22.2% 등으로 분포하고 있었다. 그 외의 자세한 가구 특성 및 아동 특성은 〈표 Ⅲ-1-4〉, 〈표 Ⅲ-1-5〉와 같다.

〈표 Ⅲ-1-4〉 가구 특성: 2022년도 조사

단위: %(명)

구분	비율(수)	구분	비율(수)
전체(부모)	100.0(2454)	전체(부모)	100.0(2454)
부모 결혼상태		부모 결혼기간*	
유배우	99.5(2442)	1년 이하	17.7(432)
별거	0.1(2)	2~3년	34.5(843)
이혼	0.2(5)	4~5년	25.4(620)
사별	0.0(1)	6년 이상	21.9(535)
미혼	0.2(4)	무응답	0.6(14)
전체(가구)	100.0(2775)	전체(가구)	100.0(2775)
저소득층 여부		지역규모	
저소득층 아님	98.0(2718)	대도시(광역시/동)	37.9(1051)
저소득층임	2.0(57)	중소도시(비광역시/동)	47.5(1317)
다문화 가구 여부		읍·면	14.7(407)
다문화 가구 아님	97.5(2707)	가구소득	
다문화 가구임	2.5(68)	300만원 이하	22.2(615)
맞벌이 여부**		301~500만원	50.7(1406)
맞벌이	49.7(825)	501~700만원	17.2(477)
맞벌이 아님	50.3(836)	701만원 이상	10.0(277)

주: 1) 가구 특성은 주양육자 조사 2,775명을 기준으로 제시함.
　　2) *배우자와 별거에 응답한 2,444명을 대상으로 조사하였음.
　　3) **맞벌이 여부는 아버지/어머니 조사에 모두 응답한 1,661가구를 기준으로 제시함.
자료: 배윤진 외(2023). 한국 영유아 교육·보육 패널 연구 2023. 육아정책연구소. p. 58.

Ⅲ. 영아 부모의 근무환경 실태

〈표 Ⅲ-1-5〉 패널 아동 특성: 2022년도 조사

단위: %(명)

구분	비율(수)	구분	비율(수)
전체	100.0(2775)	아동 성별	
아동 월령		남	51.3(1423)
5개월 이하	38.2(1060)	여	48.7(1352)
6개월~7개월	35.4(983)	출생순위	
8개월 이상	26.4(732)	첫째	59.8(1659)
		둘째	32.6(906)
		셋째 이상	7.6(210)

자료: 배윤진 외(2023). 한국 영유아 교육·보육 패널 연구 2023. 육아정책연구소. p. 58.

2) 근로 특성 및 관련 지원정책 이용 특성[18]

가) 자녀 태내기 어머니의 근로 특성 및 지원제도 인식

기초조사 Ⅱ를 통해 나타난 패널아동 어머니(임부)의 근로 특성을 살펴보았다. 근로 중인 경우 사무 종사자는 37.8%, 전문가 및 관련 종사자는 33.7%, 서비스 종사자는 16.1% 등이었다. 종사상 지위는 정규직/상용직이 88.8%로 다수에 해당하였다.

〈표 Ⅲ-1-6〉 직업: 기초조사 Ⅱ

단위: %(명)

구분	관리자	전문가 및 관련 종사자	사무 종사자	서비스 종사자	판매 종사자	농림 어업 숙련 종사자	기능원 및 관련 기능 종사자	장치,기계 조작 및 조립 종사자	단순 노무 종사자	군인	계(수)
전체	3.5	33.7	37.8	16.1	5.2	0.1	1.4	0.4	1.0	0.8	100.0 (1705)

자료: 이정림 외(2022). 한국 영유아 교육·보육 패널 연구 2022. 육아정책연구소. p. 123.

〈표 Ⅲ-1-7〉 종사상 지위: 기초조사 Ⅱ

단위: %(명)

구분	정규직/상용직	비정규직 중 임시직	비정규직 중 일용직	기타	계(수)
전체	88.8	4.0	0.9	6.2	100.0 (1705)

자료: 이정림 외(2022). 한국 영유아 교육·보육 패널 연구 2022. 육아정책연구소. p. 124.

주당 평균 근로시간은 평균 37.8시간이며, 40시간이 45.4%로 가장 많지만, 시

---

18) 가중치가 적용된 수치임.

간제 근로 혹은 근로시간 단축제도 이용자로 추측되는 40시간 미만 근로자가 25.7%이었다.

〈표 Ⅲ-1-8〉 주당 평균 근로시간: 기초조사 Ⅱ

단위: %(n=1,705), 시간

구분	40시간 미만	40시간	41시간 ~50시간 미만	50시간 이상	평균(시간)
전체	25.7	45.4	15.5	13.4	37.8

자료: 이정림 외(2022). 한국 영유아 교육·보육 패널 연구 2022. 육아정책연구소. p. 124.

한편, 임산부 근로시간 단축제도에 대한 인지 여부를 조사하였을 때, 91.4%인 대다수가 인지하고 있었다. 다만, 가구소득이 300만원 미만인 경우 인지하는 비율이 80.3%로 가구소득이 상대적으로 높은 임부들에 비해 인지도가 낮은 편이었다.

〈표 Ⅲ-1-9〉 임산부 근로시간 단축 제도 인지 여부: 기초조사 Ⅱ

단위: %(명)

구분	예	아니오	계(수)
전체	91.4	8.6	100.0(1705)
임부 연령(21.12.31. 기준)			
만 25세 미만	88.0	12.0	100.0(25)
만 25~35세 미만	92.4	7.6	100.0(1163)
만 35세 이상	89.2	10.8	100.0(517)
$x^2(df)$	5.211(2)		
가구소득			
300만원 미만	80.3	19.7	100.0(147)
300~500만원 미만	91.9	8.1	100.0(704)
500~700만원 미만	93.2	6.8	100.0(483)
700만원 이상	92.5	7.5	100.0(371)
$x^2(df)$	25.768***(3)		
지역 구분(기초2)			
대도시(광역시/동)	92.8	7.2	100.0(707)
중소도시(비광역시/동)	91.0	9.0	100.0(797)
읍·면	88.1	11.9	100.0(201)
$x^2(df)$	4.761(2)		

자료: 이정림 외(2022). 한국 영유아 교육·보육 패널 연구 2022. 육아정책연구소. p. 125.
*** $p < .001$.

나) 자녀 태내기 어머니의 향후 근로 계획

패널아동 어머니(임부)가 취업 중인 경우 앞으로의 취업 계획을 조사한 결과, 현 직장에 계속 근무하겠다는 응답은 74.8%이었고, 이직 계획이 있는 경우는 10.9%,

사직 계획이 있는 경우는 12.2% 등이었다.

〈표 Ⅲ-1-10〉 취업모 대상 앞으로의 취업 계획: 기초조사 Ⅱ

단위: %(명)

구분	현 직장에 계속 근무할 계획임	이직할 계획임	일을 그만둘 계획임	기타	계(수)
전체	74.8	10.9	12.2	2.1	100.0 (1705)

자료: 이정림 외(2022). 한국 영유아 교육·보육 패널 연구 2022. 육아정책연구소. p. 119.

또한 출산 후 직장 복귀 계획과 그 시기를 조사한 결과, 복귀할 계획이라는 응답이 91.8%로 대다수에 해당하였다. 복귀 시기는 12~18개월 미만이 47.7%로 가장 많이 응답하였는데, 출산휴가와 육아휴직 이용 이후에 복귀하는 시기로 이해할 수 있겠다. 한편 복귀시기를 24개월 이상으로 응답한 비율도 21.3%로 다른 시기에 비해 높았다.

〈표 Ⅲ-1-11〉 취업모 대상 직장 복귀 계획: 기초조사 Ⅱ

단위: %(명), 개월

구분	복귀 여부			복귀 시기 (n=1,565)					
	복귀할 계획임	복귀할 생각이 없음	계(수)	6개월 미만	6~12개월 미만	12~18 개월 미만	18~24 개월 미만	24개월 이상	평균 (개월)
전체	91.8	8.2	100.0(1705)	12.9	12.7	47.7	5.4	21.3	14.85

자료: 이정림 외(2022). 한국 영유아 교육·보육 패널 연구 2022. 육아정책연구소. p. 121.

취업 중이 아닌 전업모 대상으로 앞으로 취업이나 취학 계획이 있는지 조사한 결과, 계획이 전혀 없다는 응답은 26.4%이었으며, 1~2년 이내 22.6%, 2~3년 이내 18.6%, 3~5년 이내 20.6% 등으로 나타났다.

〈표 Ⅲ-1-12〉 전업모 대상 앞으로의 취업/취학 계획: 기초조사 Ⅱ

단위: %(명)

구분	계획이 전혀 없음	6개월 이내	6개월-1년 이내	1년-2년 이내	2년-3년 이내	3년-5년 이내	기타	계(수)
전체	26.4	2.5	7.0	22.6	18.6	20.6	2.4	100.0(1262)

자료: 이정림 외(2022). 한국 영유아 교육·보육 패널 연구 2022. 육아정책연구소. p. 123.

다) 자녀 0세 부모의 근로특성

2022년도 조사 당시 즉, 패널아동이 0세인 시점에서 아버지는 96.1%, 어머니는

52.0%가 취업 중이었다. 아버지(27.4%)와 어머니(38.7%) 모두 사무종사자의 비율이 가장 높았고, 다음으로는 전문가 및 관련 종사자(아버지 21.8%, 어머니 35.8%)가 많았다. 아버지의 경우 기능원 및 관련 기능 종사자가 13.8%, 어머니의 경우 서비스 종사자가 14.6% 등이었다. 종사상 지위는 정규직/상용직에 해당하는 경우가 아버지 81.1%, 어머니 86.5%로 다수에 해당하였다.

〈표 Ⅲ-1-13〉 부모 취업 상태: 2022년도 조사

단위: %(명)

구분	취업 중	학업 중	미취업/미취학	계(수)
아버지	96.1	0.8	3.2	100.0(1571)
어머니	52.0	1.0	47.0	100.0(2471)

자료: 배윤진 외(2023). 한국 영유아 교육·보육 패널 연구 2023. 육아정책연구소. p. 118.

[그림 Ⅲ-1-1] 아버지·어머니의 직업 분류: 2022년도 조사

단위: %

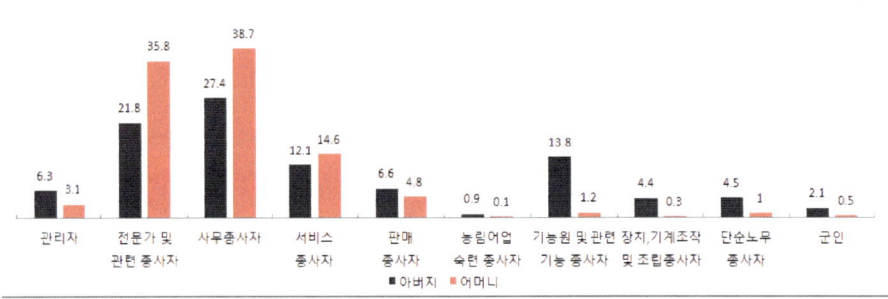

자료: 배윤진 외(2023). 한국 영유아 교육·보육 패널 연구 2023. 육아정책연구소. p. 119.

[그림 Ⅲ-1-2] 아버지·어머니의 종사상 지위: 2022년도 조사

단위: %

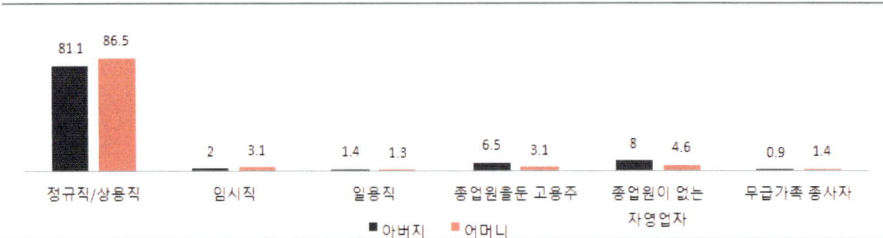

자료: 배윤진 외(2023). 한국 영유아 교육·보육 패널 연구 2023. 육아정책연구소. p. 119.

근무시간은 8시간~9시간 미만인 경우 아버지는 52.2%, 어머니는 58.7%이었으며, 9시간 이상인 경우 아버지는 42.5%, 어머니는 22.5%로 어머니보다 아버지의 근무시간이 더 길게 보고되었다. 출퇴근 소요시간은 아버지는 평균 1.21시간, 어머니는 평균 1.19시간이었다.

[그림 Ⅲ-1-3] 아버지·어머니의 근무시간: 2022년도 조사

단위: %

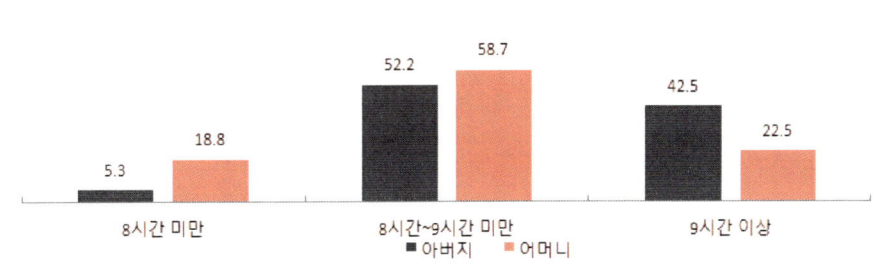

자료: 배윤진 외(2023). 한국 영유아 교육·보육 패널 연구 2023. 육아정책연구소. p. 120.

〈표 Ⅲ-1-14〉 아버지·어머니의 출퇴근 소요시간: 2022년도 조사

단위: %(명), 시간

구분	1시간 미만	1시간	1시간 초과	평균(시간)	계(수)
아버지	16.1	56.2	27.7	1.21	100.0(1509)
어머니	16.4	57.5	26.1	1.19	100.0(1284)

자료: 배윤진 외(2023). 한국 영유아 교육·보육 패널 연구 2023. 육아정책연구소. p. 120.

한편 재택근무 여부와 주당 재택근무 일수를 조사한 결과, 아버지의 11.0%, 어머니의 21.3%가 재택근무를 한다고 응답하였다. 주당 재택근무 일수는 아버지 3.07일, 어머니 3.60일로 아버지보다는 어머니가 재택근무를 하는 비율도 높고 주당 일수도 더 많음을 알 수 있었다. 다만, 본 조사는 2022년 당시 지난 1년간 재택근무 여부와 주당 재택근무 일수를 조사하였으므로, 코로나19 팬데믹의 영향이 남아있던 시기임을 고려하여야 한다.

〈표 Ⅲ-1-15〉 아버지·어머니의 재택근무 여부 및 일수: 2022년도 조사

단위: %(명), 일

구분	재택근무 여부		계(수)	재택근무 주당 일수
	함	하지 않음		
아버지	11.0	89.0	100.0(166)	3.07
어머니	21.3	78.7	100.0(273)	3.60

자료: 배윤진 외(2023). 한국 영유아 교육·보육 패널 연구 2023. 육아정책연구소. p. 121.

아버지의 월평균 근로소득은 398만 7천 6백원이며, 어머니의 월평균 근로소득은 298만 6천 1백원이었다.

〈표 Ⅲ-1-16〉 아버지·어머니의 월평균 근로소득: 2022년도 조사

단위: %(명), 만원

구분	응답 시 평균소득	무응답 시											(수)
		100만원 이하	101~ 200만원	201~ 300만원	301~ 400만원	401~ 500만원	501~ 600만원	601~ 700만원	701~ 800만원	801~ 900만원	901~ 1000만원	1001만원 이상	
아버지	398.76	1.4	4.8	30.5	29.2	16.4	6.7	3.0	2.1	1.2	-	4.7	(1509)
어머니	298.61	6.5	19.9	40.1	19.2	6.1	2.6	2.1	0.3	-	1.0	2.2	(1284)

자료: 배윤진 외(2023). 한국 영유아 교육·보육 패널 연구 2023. 육아정책연구소. p. 121, 122.

라) 0세 부모의 육아지원제도(시간지원) 이용 및 인식

임신·출산 및 육아를 위한 시간지원제도의 이용 여부와 이용 시 만족도, 그리고 해당 제도에 대한 중요도를 어떻게 인식하고 있는지 조사한 결과를 살펴보면 다음과 같다. 육아휴직의 이용 비율은 어머니 45.1%, 아버지 17.5%이었으며, 육아기 근로시간 단축제도의 경우 어머니 9.0%, 아버지 6.3%만이 사용하였다. 유연근무제도 중에서는 재택근무가 아버지 12.7%, 어머니 15.4%로 다른 제도에 비해 상대적으로 이용 비율이 높았으나 전반적으로 이용 비율이 높지 않음을 알 수 있었다.

제도 이용 시 만족도는 아버지와 어머니 모두 재택근무에 대한 만족도가 4.33점으로 가장 높았다. 그리고 중요하다고 인식하는 정도는 육아휴직이 아버지 4.61점, 어머니 4.76점으로 가장 높게 응답하였다.

〈표 Ⅲ-1-17〉 육아지원제도(시간) 이용 여부, 만족도 및 중요도: 종합

단위: %, 점(명)

구분	아버지				어머니			
	이용 비율	이용 시 만족도	중요도	(수)	이용 비율	이용 시 만족도	중요도	(수)
1) 육아휴직	17.5	3.92	4.61	(1571)	45.1	4.09	4.76	(2471)
2) 육아기 근로시간 단축	6.3	4.21	4.44	(1571)	9.0	4.15	4.64	(2471)
3) 임신기간 근로시간 단축*	-	-	4.52	(1571)	28.1	4.15	4.57	(2471)
4) 시간외 근로 금지*	-	-	4.45	(1571)	17.6	4.09	4.52	(2471)
5) 야간 및 휴일 근로 제한*	-	-	4.47	(1571)	17.8	4.11	4.54	(2471)
6) 가족돌봄휴가	12.8	4.07	4.45	(1571)	6.7	4.12	4.53	(2471)
7) 시차출퇴근제	6.6	4.27	4.21	(1571)	7.5	4.11	4.38	(2471)
8) 선택근무제	5.2	4.07	4.18	(1571)	4.5	4.07	4.32	(2471)
9) 재택근무제	12.7	4.33	4.06	(1571)	15.4	4.33	4.32	(2471)
10) 원격근무제	3.8	4.26	3.76	(1571)	4.2	4.05	4.08	(2471)

주: 1) 모두 5점 척도임(1. 전혀 만족하지 않다 ~ 5. 매우 만족한다, 1. 전혀 중요하지 않다 ~ 5. 매우 중요하다).
    2) *은 임신 및 산후 1년 이내 여성근로자 대상 제도임.
자료: 배윤진 외(2023). 한국 영유아 교육·보육 패널 연구 2023. 육아정책연구소. pp. 147-148.

나. 근무환경 조사 참여자 특성

한국 영유아 교육·보육 패널 가구 중 본 설문조사에 참여한 응답자의 인구학적 특성과 근로특성을 살펴보면 다음과 같다.

1) 인구학적 특성

설문참여자 중 남성의 비율은 40.0%, 여성은 60.0%였다. 연령별로 살펴보면 만 30세 이하 참여자는 6.8%로 비교적 소수였고, 만31세 이상 40세 이하가 77.1%, 만41세 이상은 14.2%로 나타났다. 응답자의 88.5%는 취업중이면서 현재 근무하고 있다고 응답하였으며, 11.5%는 현재 휴직중인 상태라고 응답하였다. 응답자의 근로소득은 300만원 이하인 경우가 58.6%로 과반 이상이었으며, 그 다음은 301~500만원 구간으로 전체의 34.2%로 나타났다. 한편 응답자의 최종학력을 살펴보면 대학교 졸업인 경우가 61.7%로 가장 많았으며, 전문대(기능대학) 졸업이 15.6%로 그 다음으로 많았다.

<표 Ⅲ-1-18> 응답자 인구학적 특성

단위: %(명)

구분	비율 (수)	구분	비율 (수)
전체	100.0 (678)		
응답자 연령		응답자 성별	
30세 이하	6.8 (46)	남	40.0 (271)
31~40세 미만	77.1 (523)	여	60.0 (407)
41세 이상	14.2 (96)	응답자 근로소득	
무응답	1.9 (13)	300만원 이하	58.6 (397)
응답자 최종학력		301~500만원	34.2 (232)
고등학교 이하	9.6 (65)	501만원 이상	7.2 (49)
전문대졸	15.6 (106)	응답자 학업/취업상황	
대학교졸	61.7 (418)	취업중	88.5 (600)
대학원졸	13.1 (89)	휴직중	11.5 (78)

주: '한국 영유아 교육·보육 패널 가구' 대상 2024년도 조사 결과임.

설문에 참여한 응답자의 가구 특성을 살펴보면 다음과 같다. 영아기 자녀 월령의 경우 패널 아동을 기준으로 살펴보았는데, 31~34개월 사이가 66.8%였고, 27~30개월 사이가 33.2%로 나타났다. 응답자의 거주지를 지역규모별로 살펴보면 중소도시에 거주하는 경우가 45.3%로 가장 많았고, 대도시 40.7%, 읍면지역이 14.0%로 나타났다. 응답자 가구의 자녀 수는 1명이 50.6%로 가장 많았고, 2명이 41.6%, 3명 이상인 경우가 6.0%로 나타났다. 한편 응답자 가구의 87.3%가 맞벌이인 것으로 나타났다.

<표 Ⅲ-1-19> 응답자 가구 특성

단위: %(명)

구분	비율 (수)	구분	비율 (수)
전체	100.0 (678)	응답자 자녀 수	
자녀(패널 아동) 월령		1명	50.6 (343)
27~30개월	33.2 (225)	2명	41.6 (282)
31~34개월	66.8 (453)	3명 이상	6.0 (41)
지역규모		무응답	1.8 (12)
대도시(광역시/동)	40.7 (276)	맞벌이 여부	
중소도시(비광역시/동)	45.3 (307)	맞벌이	87.3 (592)
읍·면	14.0 (95)	맞벌이 아님	12.7 (86)

주: '한국 영유아 교육·보육 패널 가구' 대상 2024년도 조사 결과임.

2) 근로특성

응답자의 근로특성으로는 종사상 지위, 근로 형태(전일제/시간제/교대제), 직종,

고용보험 상태, 직장 형태, 직장 규모, 출퇴근시각, 근로일수 및 근무시간 등을 알아보았다.

먼저, 종사상 지위를 살펴보면 다음과 같다. 상용근로자인 경우가 82.7%로 절대다수를 차지하였고, 그 다음으로는 고용원이 없는 자영업자 6.2%, 임시근로자 4.4%, 고용원이 있는 자영업자 3.4%의 순서대로 나타났다. 성별 차이를 살펴보면 남성이 상용근로자인 경우는 거의 90%였으나, 여성은 80%에 미치지 못했다. 임시근로자인 경우는 남성은 1% 정도였으나, 여성은 약 7%로 나타났다. 또한 고용원이 없는 자영업자인 경우는 남성보다 여성이 더 많았다.

〈표 Ⅲ-1-20〉 종사상 지위

단위: %(명)

구분	상용 근로자	고용원이 없는 자영업자	임시 근로자	고용원이 있는 자영업자 (사업주)	일용 근로자	무급가족 종사자	계 (수)
전체	82.7	6.2	4.4	3.4	2.4	0.9	100.0 (678)
응답자 성별							
남자	89.3	4.8	1.1	3.3	1.5	0.0	100.0 (271)
여자	78.4	7.1	6.6	3.4	2.9	1.5	100.0 (407)
$x^2(df)$			20.495(5)**				

주: '한국 영유아 교육·보육 패널 가구' 대상 2024년도 조사 결과임.
** $p < .01$.

응답자의 근로형태를 살펴보면 다음과 같다. 고용 계약 시 정규 직원으로 채용되거나 정규 직원과 동일한 시간동안 근로하는 형태인 '전일제 근로' 비율이 90.3%로, 시간제 근로 비율(9.7%)보다 월등히 높은 것으로 나타났다. 다만 남성의 경우 전일제 근로 비율이 99.6%로 거의 대다수였고 여성의 경우는 83.8%로, 다섯 명 중 4명 정도는 전일제 근로를, 1명은 시간제 근로를 하고 있는 셈이었다.

〈표 Ⅲ-1-21〉 근로형태: 전일제/시간제

단위: %(명)

구분	전일제	시간제	계 (수)
전체	90.3	9.7	100.0 (607)
응답자 성별			
남자	99.6	0.4	100.0 (249)
여자	83.8	16.2	100.0 (358)
$x^2(df)$		41.776(1)***	

주: '한국 영유아 교육·보육 패널 가구' 대상 2024년도 조사 결과임.
*** $p < .001$.

한편 응답자의 교대제 근무 여부에 대해 알아보았다. 교대제로 근무하고 있다는 비율은 10.2%였고, 교대제가 아니라는 비율은 89.8%였다. 남성은 교대제로 근무하고 있다는 응답이 14.4%로, 여성의 7.4%보다 더 높은 것으로 나타났다.

〈표 Ⅲ-1-22〉 근로형태: 교대제

단위: %(명)

구분	교대제	교대제 아님	계 (수)
전체	10.2	89.8	100.0 (678)
응답자 성별			
남자	14.4	85.6	100.0 (271)
여자	7.4	92.6	100.0 (407)
$x^2(df)$	8.770(1)**		

주: '한국 영유아 교육·보육 패널 가구' 대상 2024년도 조사 결과임.
** $p < .01$.

응답자들의 일자리 직종은 다음과 같다. 사무종사자로 일하고 있다는 응답이 36.1%로 가장 많았다. 그 다음으로는 전문가 및 관련 종사자 33.3%, 서비스종사자 11.5%, 기능원 및 관련 기능종사자 5.6% 순이었다. 남성은 여성보다 '기능원 및 관련 기능종사자', '관리자', '장치·기계조작 및 조립종사자', '군인'으로 근무하는 경우가 더 많았고, 여성은 남성보다 '서비스종사자', '전문가 및 관련종사자', '사무종사자'로 근무하는 경우가 더 많은 것으로 나타났다.

〈표 Ⅲ-1-23〉 일자리 직종

단위: %(명)

구분	사무 종사자	전문가 및 관련 종사자	서비스 종사자	기능원 및 관련 기능 종사자	판매 종사자	관리자	단순 노무 종사자	장치·기계 조작 및 조립 종사자	군인	농림 어업 숙련자	계(수)
전체	36.1	33.3	11.5	5.6	3.7	2.9	2.8	1.8	1.6	0.6	100.0 (678)
응답자 성별											
남자	31.0	25.8	9.6	12.9	3.7	5.5	3.3	4.4	2.6	1.1	100.0 (271)
여자	39.6	38.3	12.8	0.7	3.7	1.2	2.5	0.0	1.0	0.2	100.0 (407)
$x^2(df)$	n.a.										

주: 1) '한국 영유아 교육·보육 패널 가구' 대상 2024년도 조사 결과임.
    2) 기대빈도가 5보다 작은 셀의 수가 20% 이상인 경우, 카이제곱 검정이 성립되지 않아 n.a.로 표기함.

한편 응답자의 고용보험 상태를 살펴보면 다음과 같다. 우선 고용보험이 가입되어 있는 경우가 전체의 84.2%로 나타났다. 가입되어 있지 않다는 비율은 7.1%였고, 응답자 본인이 가입 대상자가 아니라는 응답은 7.5%로 나타났으며, 가입대상자인지 모른다는 비율은 1.2%로 나타났다. 여성보다 남성이 고용보험에 가입되어 있다는 비율이 더 높았다. 응답자들의 종사상 지위 및 일자리 직종에 따른 고용보험 상태는 다음과 같다. 우선 종사상 지위에 따른 경향을 살펴보면 상용근로자의 경우 고용보험이 가입되어 있다는 비율이 90% 이상인 반면, 고용원이 없는 자영업자나 일용근로자의 경우 이 비율이 굉장히 낮은 것으로 나타났다. 일자리 직종에 따르면 사무종사자나 기능원 및 관련 기능 종사자, 군인, 농림 어업 숙련자의 경우 고용보험 가입 비율이 비교적 높았으나 판매종사자나 서비스종사자의 경우 해당 보험 가입 비율이 낮은 것으로 나타났다.

〈표 III-1-24〉 고용보험 상태

단위: %(명)

구분	가입되어 있음	가입되어 있지 않음	가입 대상자가 아님	모름	계 (수)
전체	84.2	7.1	7.5	1.2	100.0 (678)
응답자 성별					
남자	89.3	2.2	7.0	1.5	100.0 (271)
여자	80.8	10.3	7.9	1.0	100.0 (407)
$x^2(df)$			n.a.		
종사상 지위					
상용근로자	92.9	1.6	4.8	0.7	100.0 (561)
임시근로자	60.0	26.7	6.7	6.7	100.0 (30)
일용근로자	31.3	50.0	12.5	6.3	100.0 (16)
고용원이 있는 자영업자(사업주)	73.9	0.0	26.1	0.0	100.0 (23)
고용원이 없는 자영업자	23.8	45.2	28.6	2.4	100.0 (42)
무급가족종사자	0.0	66.7	33.3	0.0	100.0 (6)
$x^2(df)$			n.a.		
일자리 직종					
사무 종사자	89.0	3.7	7.3	0.0	100.0 (245)
전문가 및 관련 종사자	81.0	8.8	8.0	2.2	100.0 (226)
서비스종사자	75.6	12.8	10.3	1.3	100.0 (78)
기능원 및 관련 기능 종사자	92.1	2.6	5.3	0.0	100.0 (38)
판매 종사자	72.0	20.0	8.0	0.0	100.0 (25)
관리자	90.0	10.0	0.0	0.0	100.0 (20)
단순 노무 종사자	84.2	5.3	5.3	5.3	100.0 (19)
장치·기계 조작 및 조립 종사자	83.3	0.0	16.7	0.0	100.0 (12)
군인	90.9	0.0	0.0	9.1	100.0 (11)
농림 어업 숙련자	100.0	0.0	0.0	0.0	100.0 (4)
$x^2(df)$			n.a.		

주: 1) '한국 영유아 교육·보육 패널 가구' 대상 2024년도 조사 결과임.
   2) 기대빈도가 5보다 작은 셀의 수가 20% 이상인 경우, 카이제곱 검정이 성립되지 않아 n.a.로 표기함.

응답자들이 근무하고 있는 직장 형태는 다음과 같다. 민간회사인 경우가 65.6%로 가장 많았으며, 정부기관 및 공공기관인 경우 29.9%, 비영리단체 및 비정부기관(NGO) 2.2%, 정부/지자체가 지분을 갖고 있으나 민간 자본도 투자되어 있는 공기업인 '민간-공공 협력 조직'의 비율은 1.6%로 나타났다. 남성의 경우 여성보다 민간회사에서 근무하고 있는 비율이 높았고, 여성은 정부기관 및 공공기관에서 근무하는 경우가 남성보다 많았다.

〈표 Ⅲ-1-25〉 직장 형태

단위: %(명)

구분	민간회사	정부기관 및 공공기관	비영리단체, 비정부기관(NGO)	민간-공공 협력 조직	기타	계 (수)
전체	65.6	29.9	2.2	1.6	0.6	100.0 (678)
응답자 성별						
남자	68.6	28.4	1.5	1.5	0.0	100.0 (271)
여자	63.6	31.0	2.7	1.7	1.0	100.0 (407)
$x^2(df)$			n.a.			

주: 1) '한국 영유아 교육·보육 패널 가구' 대상 2024년도 조사 결과임.
2) 기대빈도가 5보다 작은 셀의 수가 20% 이상인 경우, 카이제곱 검정이 성립되지 않아 n.a.로 표기함.

응답자들이 근무하는 직장에 일하는 사람이 어느 정도 있는지 살펴본 결과는 다음과 같다. 5~29명인 경우와 500명 이상인 경우가 24%로 가장 많았고, 30~99명인 경우는 17.7%, 100~299명인 경우는 11.8%였다. 한편 여성이 남성보다 더 작은 사업장에서 일하는 경우가 많았으며, 500명 이상의 큰 규모의 직장에서 일하는 경우는 여성보다 남성이 훨씬 많은 것으로 나타났다.

〈표 Ⅲ-1-26〉 직장 규모

단위: %(명)

구분	혼자 일함	2~4명	5~29명	30~99명	100~299명	300~499명	500명 이상	계(수)
전체	6.2	9.6	23.9	17.7	11.8	6.8	24.0	100.0 (678)
응답자 성별								
남자	4.8	8.5	15.5	16.6	13.3	10.0	31.4	100.0 (271)
여자	7.1	10.3	29.5	18.4	10.8	4.7	19.2	100.0 (407)
$x^2(df)$				33.254(6)***				

주: '한국 영유아 교육·보육 패널 가구' 대상 2024년도 조사 결과임.
*** $p < .001$.

평일 응답자의 출근시각(직장에 도착하는 시각 기준)을 살펴보면 다음과 같다. 오전 9시 전에 출근하는 경우가 46.5%로 가장 많았고, 오전 9시에서 9시 30분 사이에 출근하는 경우가 32.3%로 그 다음으로 많았다. 오전 10시 이후에 직장에 도착하는 경우는 16.1%로 나타났다. 평균 출근시각은 8시 54분으로 나타났다. 여성보다는 남성이 오전 9시 전에 출근하는 경우가 많았고, 남성보다 여성이 오전 10시 이후에 출근한다는 비율이 더 높았다. 남성의 평일 평균 출근시각은 8시 22분이었고, 여성의 평일 평균 출근시각은 9시 16분으로 나타났다.

〈표 Ⅲ-1-27〉 응답자 출근시각: 주중 평일

단위: %(명), 시:분

구분	오전 9시 미만	오전 9시~ 9시 30분 미만	오전 9시 30분~ 10시 미만	오전 10시 이후	평균 시각	계 (수)
전체	46.5	32.3	5.0	16.1	8시 54분	100.0 (675)
응답자 성별						
남자	57.9	29.5	2.2	10.3	8시 22분	100.0 (271)
여자	38.9	34.2	6.9	20.0	9시 16분	100.0 (404)
$x^2(df)/t$		30.412(3)***			-5.7***	

주: '한국 영유아 교육·보육 패널 가구' 대상 2024년도 조사 결과임.
*** $p < .001$.

평일 응답자의 퇴근시각(직장에서 나가는 시각 기준)을 살펴보면 오후 6시에서 6시 30분 사이인 경우가 31.6%로 가장 많았다. 그 다음으로는 오후 5시가 되기 전이라고 응답한 경우로, 총 27.1%로 나타났다. 평균 퇴근시각은 17시 31분으로 나타났다. 여성의 경우 오후 5시 이전에 퇴근한다는 비율이 34.4%로, 남성보다 많았고 남성은 오후 7시 이후에 퇴근한다는 비율이 24.7%로, 여성보다 높은 것으로 나타났다. 남성의 평일 평균 퇴근시각은 17시 57분이었고, 여성의 평일 평균 퇴근시각은 17시 14분으로 나타났다.

〈표 Ⅲ-1-28〉 응답자 퇴근시각: 주중 평일

단위: %(명), 시:분

구분	오후 5시 미만	오후 5시~ 6시 미만	오후 6시~ 6시 30분 미만	오후 6시 30분~ 7시 미만	오후 7시 이후	평균 시각	계 (수)
전체	27.1	22.4	31.6	2.5	16.4	17시 31분	100.0 (675)
응답자 성별							
남자	16.2	23.2	33.6	2.2	24.7	17시 57분	100.0 (271)

구분	오후 5시 미만	오후 5시~6시 미만	오후 6시~6시 30분 미만	오후 6시 30분~7시 미만	오후 7시 이후	평균 시각	계 (수)
여자	34.4	21.8	30.2	2.7	10.9	17시 14분	100.0 (404)
$x^2(df)/t$			39.533(4)***			5.1***	

주: '한국 영유아 교육·보육 패널 가구' 대상 2024년도 조사 결과임.
*** $p < .001$.

한편 주말에도 근무하는 경우에 출근시각을 질문하여 살펴본 결과는 다음과 같다. 오전 9시 전에 출근한다는 비율이 52.4%로 과반 이상이었고, 평균 출근시각은 9시 25분으로 나타났다. 오전 9시 이전에 출근한다는 응답은 여성보다 남성이 더 많았고, 오전 10시 이후에 출근하는 경우는 남성보다 여성이 더 많았다. 남성의 주말 평균 출근시각은 9시 4분이었고, 여성의 주말 평균 출근시각은 9시 46분으로 나타났다.

〈표 Ⅲ-1-29〉 응답자 출근시각: 주말

단위: %(명), 시:분

구분	오전 9시 미만	오전 9시~9시 30분 미만	오전 9시 30분~10시 미만	오전 10시 이후	평균 시각	계 (수)
전체	52.4	20.0	4.8	22.8	9시 25분	100.0 (145)
응답자 성별						
남자	62.9	15.7	1.4	20.0	9시 4분	100.0 (70)
여자	42.7	24.0	8.0	25.3	9시 46분	100.0 (75)
$x^2(df)/t$			n.a.		-1.1	

주: 1) '한국 영유아 교육·보육 패널 가구' 대상 2024년도 조사 결과임.
   2) 기대빈도가 5보다 작은 셀의 수가 20% 이상인 경우, 카이제곱 검정이 성립되지 않아 n.a.로 표기함.

주말에 일하는 경우 퇴근시각이 언제인지 질문하였다. 그 결과 오후 5시 전에 퇴근한다는 응답이 52.4%로 가장 많았으나, 오후 7시 이후에야 퇴근한다는 응답도 31.7%로 비교적 많았다. 주말 평균 퇴근시각은 16시 35분이었다. 남성보다 여성이 오후 5시 전에 퇴근한다는 응답이 많았고, 여성보다 남성이 비교적 늦은 시각에 퇴근하는 것으로 나타났다. 남성의 주말 평균 퇴근시각은 17시 3분이었고, 여성의 주말 평균 퇴근시각은 16시 9분으로 나타났다.

<표 Ⅲ-1-30> 응답자 퇴근시각: 주말

단위: %(명), 시:분

구분	오후 5시 미만	오후 5시~ 6시 미만	오후 6시~ 6시 30분 미만	오후 6시 30분~ 7시 미만	오후 7시 이후	평균 시각	계 (수)
전체	52.4	4.8	10.3	0.7	31.7	16시 35분	100.0 (145)
응답자 성별							
남자	41.4	4.3	15.7	0.0	38.6	17시 3분	100.0 (70)
여자	62.7	5.3	5.3	1.3	25.3	16시 9분	100.0 (75)
$x^2(df)/t$			n.a.			1.3	

주: 1) '한국 영유아 교육·보육 패널 가구' 대상 2024년도 조사 결과임.
2) 기대빈도가 5보다 작은 셀의 수가 20% 이상인 경우, 카이제곱 검정이 성립되지 않아 n.a.로 표기함.

응답자들의 주당 평균 근무일을 살펴보면 다음과 같다. 주5일 근무하는 비율이 82.2%로 가장 많았고, 주 6~7일 근무하는 경우는 8.8%로 나타났다. 평균 근무일은 4.92일로 나타났다. 주 6~7일 근무하는 경우는 여성보다 남성이 많았고, 주 1~4일 근무하는 경우는 남성보다 여성이 더 많았다. 평균 근무일수는 남성이 4.99일, 여성이 4.87일로 나타났고, 성별에 따른 근무일 수 차이는 통계적으로도 유의했다.

<표 Ⅲ-1-31> 주당 평균 근무일

단위: %(명), 일

| 구분 | 1~4일 | 5일 | 6~7일 | 근무 일 | | 계 (수) |
				평균	표준편차	
전체	9.0	82.2	8.8	4.92	0.8	100.0 (678)
응답자 성별						
남자	7.4	83.4	9.2	4.99	0.6	100.0 (271)
여자	10.1	81.3	8.6	4.87	0.9	100.0 (407)
$x^2(df)/t$		1.469(2)		2.2*		

주: '한국 영유아 교육·보육 패널 가구' 대상 2024년도 조사 결과임.
* $p < .05$.

응답자들의 1일 평균 근무시간은 8.65시간(8시간 39분)으로 나타났고 (편도) 출퇴근 소요시간은 1.13시간(1시간 8분)으로 나타났다. 남성의 1일 평균 근무시간은 9.56시간(9시간 34분)이었고, 여성은 8.04시간(8시간 2분)으로 나타났으며, 이 시간은 성별에 있어 통계적으로 차이가 있었다. 남성의 출퇴근 소요시간은 1.25시간(1시간 15분)이었고, 여성은 1.03시간(1시간 2분)으로 나타나 출퇴근 시간의 경우에 있어서도 성별 간 차이를 나타냈다.

<표 Ⅲ-1-32> 1일 평균 근무시간 및 통근시간

단위: %(명), 시간

구분	1일 평균 근무시간		계 (수)	출퇴근 소요시간		계 (수)
	평균	표준편차		평균	표준편차	
전체	8.65	2.1	100.0 (675)	1.13	0.9	100.0 (678)
응답자 성별						
남자	9.56	1.7	100.0 (271)	1.25	0.8	100.0 (271)
여자	8.04	2.2	100.0 (404)	1.05	0.9	100.0 (407)
t	10.3***			3.0**		

주: '한국 영유아 교육·보육 패널 가구' 대상 2024년도 조사 결과임.
** $p < .01$, *** $p < .001$.

2. 육아지원제도 이용 경험 및 환경[19]

가. 육아지원제도 이용 경험 및 환경

직장 내 돌봄지원제도의 도입 여부와 본인의 이용 경험, 직장에서의 제도 활용 가능 여부와 제도 이용 환경을 조사하였다. 조사 대상인 제도는 육아휴직, 육아기 근로시간 단축제도, 육아시간, 가족(자녀) 돌봄휴가이다.

조사 대상자들의 직장 도입은 육아휴직(70.5%), 육아기 근로시간 단축제도(49.0%), 육아시간(40.1%), 가족(자녀) 돌봄휴가(49.4%)로 육아휴직제도가 가장 높은 비율을 보였다. 응답자 본인의 제도 이용 경험은 육아휴직(63.6%), 육아기 근로시간 단축제도(23.5%), 육아시간(43.0%), 가족(자녀) 돌봄휴가(40.6%)로 육아휴직의 비중이 가장 높았다. 직장 내 돌봄지원제도의 자유로운 활용은 육아휴직(66.3%), 육아기 근로시간 단축제도(49.7%), 육아시간(64.0%), 가족(자녀) 돌봄휴가(64.2%)로 육아기 근로시간 단축제도의 활용이 다소 낮은 비율을 보였다. 육아기 근로시간 단축제도의 자유로운 활용이 상대적으로 낮은 비율을 보인 이유는 해당 제도가 비교적 최근에 도입이 된 점과 당사자의 근로시간 단축이 동료의 업무 부담을 늘릴 수 있는 상황을 야기할 수 있어 아직까지는 자유롭게 활용하기에 어려움이 있는 것으로 해석된다.

---

19) 비임금근로자와 임금근로자의 응답을 모두 포함하여 전반적인 경향을 알아보고자 하였음.

Ⅲ. 영아 부모의 근무환경 실태

〈표 Ⅲ-2-1〉 돌봄지원제도 도입여부, 본인 이용 경험 및 활용 가능 여부: 전체

단위: %(명)

구분	1-1. 직장 도입여부				1-2. 본인 이용 경험			1-3. 제도 활용 가능 여부			
	있음	없음	모름	계(수)	있음	없음	계(수)	활용하기 어려움	가능하나 자유로운 활용 어려움	자유로운 활용 가능	계(수)
육아휴직	70.5	20.4	9.1	100.0 (678)	63.6	36.4	100.0 (478)	8.6	25.1	66.3	100.0 (478)
육아기 근로시간 단축제도	49.0	30.4	20.6	100.0 (678)	23.5	76.5	100.0 (332)	13.3	37.0	49.7	100.0 (332)
육아시간	40.1	34.7	25.2	100.0 (678)	43.0	57.0	100.0 (272)	8.5	27.6	64.0	100.0 (272)
가족(자녀) 돌봄 휴가	49.4	31.0	19.6	100.0 (678)	40.6	59.4	100.0 (335)	8.7	27.2	64.2	100.0 (335)

주: '한국 영유아 교육·보육 패널 가구' 대상 2024년도 조사 결과임.

먼저, 직장에 육아휴직 제도가 도입되어 있다는 응답자는 70.5%이었으며, 이들 중 자유로운 활용이 가능하다는 응답은 66.3%에 해당하였다. 남성(73.4%)의 경우 여성(68.6%)보다 육아휴직 제도가 도입되어 있다는 응답이 더 많았으나, 활용하기 어렵다는 응답은 15.1%로 여성(3.9%)보다 다소 높은 비율로 나타났다. 예상할 수 있는 대로 고용보험 가입 여부에 따라 육아휴직의 도입 여부에 차이가 있었는데, 현재 미가입자인 경우에도 29.9%가 직장에 육아휴직 제도가 도입되어 있다고 응답하였다. 이는 육아휴직급여와는 관계없이 휴직할 수 있는 제도가 직장 내에 존재하거나 개인의 여러 가지 근로 특성에 의한 차이 등으로 해석할 수 있겠다.

〈표 Ⅲ-2-2〉 돌봄지원제도 도입 및 활용 가능 여부: 육아휴직

단위: %(명)

구분	1-1. 직장 도입여부				1-3. 제도 활용 가능 여부			
	있음	없음	모름	계(수)	활용하기 어려움	가능하나 자유로운 활용 어려움	자유로운 활용 가능	계(수)
전체	70.5	20.4	9.1	100.0 (678)	8.6	25.1	66.3	100.0 (478)
응답자 성별								
남자	73.4	15.1	11.4	100.0 (271)	15.1	32.7	52.3	100.0 (199)
여자	68.6	23.8	7.6	100.0 (407)	3.9	19.7	76.3	100.0 (279)
$x^2(df)$	9.204(2)*				34.701(2)***			
응답자 연령								
30세 이하	41.3	39.1	19.6	100.0 (46)	0.0	31.6	68.4	100.0 (19)
31~40세 이하	73.2	18.0	8.8	100.0 (523)	8.9	24.0	67.1	100.0 (383)
41세 이상	70.8	24.0	5.2	100.0 (96)	10.3	26.5	63.2	100.0 (68)
$x^2(df)$	23.405(4)***				n.a.			
고용보험 가입여부								

구분	1-1. 직장 도입여부				1-3. 제도 활용 가능 여부			
	있음	없음	모름	계(수)	활용하기 어려움	가능하나 자유로운 활용 어려움	자유로운 활용 가능	계(수)
가입	78.1	13.3	8.6	100.0 (571)	9.0	26.0	65.0	100.0 (446)
미가입	29.9	57.9	12.1	100.0 (107)	3.1	12.5	84.4	100.0 (32)
$x^2(df)$	119.153(2)***				5.045(2)			
직장 규모								
1~4명	16.8	72.0	11.2	100.0 (107)	11.1	33.3	55.6	100.0 (18)
5~29명	54.9	26.5	18.5	100.0 (162)	10.1	39.3	50.6	100.0 (89)
30~99명	85.0	5.8	9.2	100.0 (120)	5.9	15.7	78.4	100.0 (102)
100~299명	90.0	5.0	5.0	100.0 (80)	13.9	23.6	62.5	100.0 (72)
300~499명	91.3	6.5	2.2	100.0 (46)	11.9	31.0	57.1	100.0 (42)
500명 이상	95.1	2.5	2.5	100.0 (163)	5.8	21.3	72.9	100.0 (155)
$x^2(df)$	296.733(10)***				25.942(10)**			
근로소득								
300만원 이하	63.0	26.7	10.3	100.0 (397)	7.6	24.8	67.6	100.0 (250)
301~500만원	83.2	10.8	6.0	100.0 (232)	8.3	25.9	65.8	100.0 (193)
501만원 이상	71.4	14.3	14.3	100.0 (49)	17.1	22.9	60.0	100.0 (35)
$x^2(df)$	32.172(4)***				3.700(4)			

주: 1) '한국 영유아 교육·보육 패널 가구' 대상 2024년도 조사 결과임.
　　2) 기대빈도가 5보다 작은 셀의 수가 20% 이상인 경우, 카이제곱 검정이 성립되지 않아 n.a.로 표기함.
* $p < .05$, ** $p < .01$, *** $p < .001$.

다음으로 직장에 육아기 근로시간 단축제도가 도입되어 있다는 응답자는 49.0% 이었으며, 이들 중 자유로운 활용이 가능하다는 응답은 49.7%에 해당하였다. 남성(50.2%)의 경우 여성(48.2%)보다 육아기 근로시간 단축제도가 도입되어 있다는 응답이 더 많았으나, 활용하기 어렵다는 응답은 16.9%로 여성(10.7%)보다 다소 높은 비율로 나타났다. 고용보험 가입 여부에 따라 육아기 근로시간 단축제도 도입 여부에 차이가 있었으며 제도의 자유로운 활용은 고용보험 가입이 된 경우 49.0%로 고용보험 미가입(61.1%)보다 낮게 나타났다. 육아기 근로시간 단축제도는 직장 규모가 클수록 제도 도입 비율이 증가하였으며 근로소득 규모에 따라서도 직장 내 도입여부에 차이를 보였다.

〈표 Ⅲ-2-3〉 돌봄지원제도 도입 및 활용 가능 여부: 육아기 근로시간 단축제도

단위: %(명)

구분	1-1. 직장 도입여부				1-3. 제도 활용 가능 여부			
	있음	없음	모름	계(수)	활용하기 어려움	가능하나 자유로운 활용 어려움	자유로운 활용 가능	계(수)
전체	49.0	30.4	20.6	100.0 (678)	13.3	37.0	49.7	100.0 (332)

Ⅲ. 영아 부모의 근무환경 실태

구분	1-1. 직장 도입여부			계(수)	1-3. 제도 활용 가능 여부			계(수)
	있음	없음	모름		활용하기 어려움	가능하나 자유로운 활용 어려움	자유로운 활용 가능	
응답자 성별								
남자	50.2	24.7	25.1	100.0 (271)	16.9	34.6	48.5	100.0 (136)
여자	48.2	34.2	17.7	100.0 (407)	10.7	38.8	50.5	100.0 (196)
$x^2(df)$	9.213(2)*				2.776(2)			
응답자 연령								
30세 이하	30.4	41.3	28.3	100.0 (46)	7.1	42.9	50.0	100.0 (14)
31~40세 이하	50.9	28.7	20.5	100.0 (523)	14.3	35.3	50.4	100.0 (266)
41세 이상	46.9	34.4	18.8	100.0 (96)	8.9	44.4	46.7	100.0 (45)
$x^2(df)$	7.967(4)				2.367(4)			
고용보험 가입여부								
가입	55.0	23.8	21.2	100.0 (571)	13.7	37.3	49.0	100.0 (314)
미가입	16.8	65.4	17.8	100.0 (107)	5.6	33.3	61.1	100.0 (18)
$x^2(df)$	78.658(2)***				1.421(2)			
직장 규모								
1~4명	11.2	77.6	11.2	100.0 (107)	25.0	41.7	33.3	100.0 (12)
5~29명	34.0	37.0	29.0	100.0 (162)	5.5	50.9	43.6	100.0 (55)
30~99명	50.8	23.3	25.8	100.0 (120)	13.1	42.6	44.3	100.0 (61)
100~299명	65.0	16.3	18.8	100.0 (80)	13.5	32.7	53.8	100.0 (52)
300~499명	60.9	19.6	19.6	100.0 (46)	10.7	39.3	50.0	100.0 (28)
500명 이상	76.1	8.0	16.0	100.0 (163)	16.1	29.0	54.8	100.0 (124)
$x^2(df)$	198.951(10)***				12.830(10)			
근로소득								
300만원 이하	42.1	37.3	20.7	100.0 (397)	10.8	41.3	47.9	100.0 (167)
301~500만원	60.3	19.4	20.3	100.0 (232)	15.0	33.6	51.4	100.0 (140)
501만원 이상	51.0	26.5	22.4	100.0 (49)	20.0	28.0	52.0	100.0 (25)
$x^2(df)$	25.802(4)***				4.003(4)			

주: '한국 영유아 교육·보육 패널 가구' 대상 2024년도 조사 결과임.
* $p < .05$, *** $p < .001$.

다음으로 직장에 육아시간 제도가 도입되어 있다는 응답자는 40.1%이었으며, 이들 중 자유로운 활용이 가능하다는 응답은 64.0%에 해당하였다. 남성(41.0%)의 경우 여성(39.6%)보다 육아시간 제도가 도입되어 있다는 응답이 더 많았으나, 활용하기 어렵다는 응답은 9.9%로 여성(7.5%)보다 다소 높은 비율로 나타났다. 고용보험 가입 여부에 따라 육아시간 제도 도입 여부에 차이가 있었으며 제도의 자유로운 활용은 고용보험가입이 된 경우 62.4%로 고용보험 미가입(76.7%)보다 낮게 나타났다. 육아시간 제도는 직장 규모가 클수록 제도 도입 비율이 증가하였으며 근로소득 규모에 따라서도 직장 내 도입여부에 차이를 보였다.

<표 III-2-4> 돌봄지원제도 도입 및 활용 가능 여부: 육아시간

단위: %(명)

구분	1-1. 직장 도입여부				1-3. 제도 활용 가능 여부			
	있음	없음	모름	계(수)	활용하기 어려움	가능하나 자유로운 활용 어려움	자유로운 활용 가능	계(수)
전체	40.1	34.7	25.2	100.0 (678)	8.5	27.6	64.0	100.0 (272)
응답자 성별								
남자	41.0	26.6	32.5	100.0 (271)	9.9	23.4	66.7	100.0 (111)
여자	39.6	40.0	20.4	100.0 (407)	7.5	30.4	62.1	100.0 (161)
$x^2(df)$	18.021(2)***				1.853(2)			
응답자 연령								
30세 이하	21.7	50.0	28.3	100.0 (46)	0.0	50.0	50.0	100.0 (10)
31~40세 이하	42.3	32.9	24.9	100.0 (523)	10.0	27.6	62.4	100.0 (221)
41세 이상	39.6	36.5	24.0	100.0 (96)	2.6	21.1	76.3	100.0 (38)
$x^2(df)$	8.356(4)				n.a.			
고용보험 가입여부								
가입	42.4	30.1	27.5	100.0 (571)	9.1	28.5	62.4	100.0 (242)
미가입	28.0	58.9	13.1	100.0 (107)	3.3	20.0	76.7	100.0 (30)
$x^2(df)$	33.541(2)***				2.597(2)			
직장 규모								
1~4명	10.3	77.6	12.1	100.0 (107)	18.2	27.3	54.5	100.0 (11)
5~29명	22.2	42.0	35.8	100.0 (162)	5.6	47.2	47.2	100.0 (36)
30~99명	59.2	18.3	22.5	100.0 (120)	5.7	25.7	68.6	100.0 (71)
100~299명	41.3	30.0	28.8	100.0 (80)	9.7	19.4	71.0	100.0 (33)
300~499명	52.2	28.3	19.6	100.0 (46)	8.7	21.7	69.6	100.0 (24)
500명 이상	59.5	15.3	25.2	100.0 (163)	10.4	26.0	63.5	100.0 (97)
$x^2(df)$	171.573(12)***				n.a.			
근로소득								
300만원 이하	37.8	39.5	22.7	100.0 (397)	7.6	31.0	61.4	100.0 (150)
301~500만원	46.6	27.2	26.3	100.0 (232)	7.5	24.5	67.9	100.0 (108)
501만원 이상	28.6	30.6	40.8	100.0 (49)	25.0	18.8	56.3	100.0 (14)
$x^2(df)$	17.153(4)**				n.a.			

주: 1) '한국 영유아 교육·보육 패널 가구' 대상 2024년도 조사 결과임.
  2) 기대빈도가 5보다 작은 셀의 수가 20% 이상인 경우, 카이제곱 검정이 성립되지 않아 n.a.로 표기함.
** $p < .01$, *** $p < .001$.

다음으로 직장에 가족(자녀) 돌봄휴가제도가 도입되어 있다는 응답자는 49.4% 이었으며, 이들 중 자유로운 활용이 가능하다는 응답은 64.2%에 해당하였다. 남성(50.9%)의 경우 여성(48.4%)보다 가족(자녀) 돌봄휴가제도가 도입되어 있다는 응답이 더 많았으나, 활용하기 어렵다는 응답은 9.4%로 여성(8.1%)보다 다소 높은 비율로 나타났다. 고용보험 가입 여부에 따라 가족(자녀) 돌봄휴가제도 도입 여부에 차이가 있었으며 제도의 자유로운 활용은 고용보험가입이 된 경우 62.5%로 고용보험 미가입(80.6%)보다 낮게 나타났다. 가족(자녀) 돌봄휴가제도는 직장 규모가 클수록 제도 도입 비율이 증가하였으며 근로소득 규모에 따라서도 직장 내 도입 여부에 차이를 보였다.

〈표 Ⅲ-2-5〉 돌봄지원제도 도입 및 활용 가능 여부: 가족(자녀) 돌봄휴가

단위: %(명)

구분	1-1. 직장 도입여부				1-3. 제도 활용 가능 여부			
	있음	없음	모름	계(수)	활용하기 어려움	가능하나 자유로운 활용 어려움	자유로운 활용 가능	계(수)
전체	49.4	31.0	19.6	100.0 (678)	8.7	27.2	64.2	100.0 (335)
응답자 성별								
남자	50.9	25.1	24.0	100.0 (271)	9.4	21.0	69.6	100.0 (138)
여자	48.4	34.9	16.7	100.0 (407)	8.1	31.5	60.4	100.0 (197)
$x^2(df)$	9.643(2)**				4.486(2)			
응답자 연령								
30세 이하	21.7	47.8	30.4	100.0 (46)	0.0	30.0	70.0	100.0 (10)
31~40세 이하	52.0	28.9	19.1	100.0 (523)	9.6	26.5	64.0	100.0 (272)
41세 이상	50.0	34.4	15.6	100.0 (96)	4.2	31.3	64.6	100.0 (48)
$x^2(df)$	16.745(4)**				n.a.			
고용보험 가입여부								
가입	53.2	25.7	21.0	100.0 (571)	9.2	28.3	62.5	100.0 (304)
미가입	29.0	58.9	12.1	100.0 (107)	3.2	16.1	80.6	100.0 (31)
$x^2(df)$	46.293(2)***				4.139(2)			
직장 규모								
1~4명	10.3	77.6	12.1	100.0 (107)	27.3	27.3	45.5	100.0 (11)
5~29명	22.8	43.2	34.0	100.0 (162)	5.4	40.5	54.1	100.0 (37)
30~99명	63.3	13.3	23.3	100.0 (120)	5.3	31.6	63.2	100.0 (76)
100~299명	53.8	23.8	22.5	100.0 (80)	7.0	16.3	76.7	100.0 (43)
300~499명	73.9	15.2	10.9	100.0 (46)	8.8	38.2	52.9	100.0 (34)
500명 이상	82.2	9.2	8.6	100.0 (163)	10.4	21.6	67.9	100.0 (134)
$x^2(df)$	260.360(10)***				n.a.			
근로소득								
300만원 이하	43.8	37.3	18.9	100.0 (397)	7.5	30.5	62.1	100.0 (174)
301~500만원	59.5	21.6	19.0	100.0 (232)	8.0	21.7	70.3	100.0 (138)
501만원 이상	46.9	24.5	28.6	100.0 (49)	21.7	34.8	43.5	100.0 (23)
$x^2(df)$	21.898(4)***				10.046(4)*			

주: 1) '한국 영유아 교육·보육 패널 가구' 대상 2024년도 조사 결과임.
2) 기대빈도가 5보다 작은 셀의 수가 20% 이상인 경우, 카이제곱 검정이 성립되지 않아 n.a.로 표기함.
* $p < .05$, ** $p < .01$, *** $p < .001$.

직장 내 돌봄지원제도의 이용 여부를 종합적으로 살펴보면(표 Ⅲ-2-6 참조), 육아휴직의 경우 이용 경험은 63.6%로 여성(86.0%)이 남성(32.2%)보다 더 이용경

험이 많았으며 30세 이하에서 사용하는 비율이 73.7%로 가장 높게 나타났다. 육아휴직은 자녀수가 늘어날수록 이용 경험도 늘었으며 맞벌이(67.5%)가 맞벌이가 아닌 경우(33.9%)보다 높았다. 근로소득의 소득이 낮을수록 이용 경험이 높은 결과를 통해 근로소득이 높은 경우 육아휴직급여가 소득대체성이 상대적으로 낮아 육아휴직을 활용하는데 제약이 따르는 것으로 해석된다.

육아기 근로시간 단축제도의 경우 이용 경험은 23.5%로 여성(33.7%)이 남성(8.8%)보다 더 이용경험이 많았으며 30세 이하에서 사용하는 비율이 35.7%로 가장 높게 나타났다. 육아기 근로시간 단축제도는 맞벌이(25.9%)가 맞벌이가 아닌 경우(5.3%)보다 높았다. 육아기 근로시간 단축제도 또한 근로소득의 소득이 낮을수록 이용 경험이 높은 결과를 통해 근로소득이 높은 경우 육아기 근로시간 단축제도 활용으로 소득감소의 폭이 커 상대적으로 소득이 낮은 집단에서 이용하는 비중이 높은 것으로 해석된다.

육아시간 제도의 경우 이용 경험은 43.0%로 여성(46.0%)이 남성(38.7%)보다 더 이용경험이 많았으며 41세 이상에서 사용하는 비율이 47.4%로 가장 높게 나타났다. 육아시간 제도는 맞벌이(45.3%)가 맞벌이가 아닌 경우(24.1%)보다 높았다. 육아시간 제도는 주로 공무원이나 공공기관 등에 소속된 근로자가 활용할 수 있는 제도로 육아휴직과 달리 가계소득이 줄어드는 형태가 아니므로 남성과 여성의 이용 비율에 차이가 크지 않은 것으로 해석된다.

가족(자녀) 돌봄휴가제도의 경우 이용 경험은 40.6%로 여성(42.1%)이 남성(38.4%)보다 더 이용경험이 많았으며 41세 이상에서 사용하는 비율이 52.1%로 가장 높게 나타났다. 가족(자녀) 돌봄휴가제도는 맞벌이(41.8%)가 맞벌이가 아닌 경우(31.7%)보다 높았다. 가족(자녀) 돌봄휴가제도의 이용 경험이 응답자 연령이 증가할수록 늘고 있음은 본 제도가 자녀뿐만 아니라 부모, 배우자와 같은 가족을 포괄하고 있어 이와 같은 경향이 보이는 것으로 해석된다.

III. 영아 부모의 근무환경 실태

〈표 Ⅲ-2-6〉 돌봄지원제도 이용 여부

단위: %(명)

구분	1) 육아휴직 이용 경험 있음	1) 육아휴직 이용 경험 없음	계(수)	2) 육아기 근로시간 단축제도 이용 경험 있음	2) 육아기 근로시간 단축제도 이용 경험 없음	계(수)	3) 육아시간 이용 경험 있음	3) 육아시간 이용 경험 없음	계(수)	4) 가족(자녀) 돌봄 휴가 이용 경험 있음	4) 가족(자녀) 돌봄 휴가 이용 경험 없음	계(수)
전체	63.6	36.4	100.0(478)	23.5	76.5	100.0(332)	43.0	57.0	100.0(277)	40.6	59.4	100.0(335)
응답자 성별												
남자	32.2	67.8	100.0(199)	8.8	91.2	100.0(136)	38.7	61.3	100.0(111)	38.4	61.6	100.0(138)
여자	86.0	14.0	100.0(279)	33.7	66.3	100.0(196)	46.0	54.0	100.0(161)	42.1	57.9	100.0(197)
$x^2(df)$	145.548(1)***			27.584(1)***			1.399(1)			0.467(1)		
응답자 연령												
30세 이하	73.7	26.3	100.0(19)	35.7	64.3	100.0(14)	10.0	90.0	100.0(10)	20.0	80.0	100.0(10)
31~40세 이하	66.3	33.7	100.0(383)	24.4	75.6	100.0(266)	44.3	55.7	100.0(221)	39.7	60.3	100.0(272)
41세 이상	50.0	50.0	100.0(68)	17.8	82.2	100.0(45)	47.4	52.6	100.0(38)	52.1	47.9	100.0(48)
$x^2(df)$	7.462(2)*			2.036(2)			4.862(2)			4.451(2)		
자녀 수												
1명	63.4	36.6	100.0(262)	26.5	73.5	100.0(189)	42.5	57.5	100.0(153)	39.9	60.1	100.0(183)
2명	64.7	35.3	100.0(184)	20.0	80.0	100.0(120)	45.1	54.9	100.0(102)	41.4	58.6	100.0(133)
3명 이상	72.0	28.0	100.0(25)	23.5	76.5	100.0(17)	42.9	57.1	100.0(14)	46.7	53.3	100.0(15)
$x^2(df)$	0.758(2)			1.682(2)			0.173(2)			0.293(2)		
맞벌이 여부												
맞벌이	67.5	32.5	100.0(422)	25.9	74.1	100.0(294)	45.3	54.7	100.0(243)	41.8	58.2	100.0(294)
맞벌이 아님	33.9	66.1	100.0(56)	5.3	94.7	100.0(38)	24.1	75.9	100.0(29)	31.7	68.3	100.0(41)
$x^2(df)$	24.119(1)***			7.935(1)**			4.719(1)*			1.531(1)		

영아 부모의 육아기 근무환경 조사: 한국 영유아 교육·보육 패널 가구를 대상으로

구분	1) 육아휴직 이용 경험 있음	1) 육아휴직 이용 경험 없음	계(수)	2) 육아기 근로시간 단축제도 이용 경험 있음	2) 육아기 근로시간 단축제도 이용 경험 없음	계(수)	3) 육아시간 이용 경험 있음	3) 육아시간 이용 경험 없음	계(수)	4) 가족(자녀) 돌봄 휴가 이용 경험 있음	4) 가족(자녀) 돌봄 휴가 이용 경험 없음	계(수)
고용보험 가입여부												
가입	62.8	37.2	100.0 (446)	23.2	76.8	100.0 (314)	39.7	60.3	100.0 (242)	38.5	61.5	100.0 (304)
미가입	75.0	25.0	100.0 (32)	27.8	72.2	100.0 (18)	70.0	30.0	100.0 (30)	61.3	38.7	100.0 (31)
$x^2(df)$	1.926(1)			0.194(1)			10.017(1)**			6.066(1)*		
직장 규모												
1-4명	55.6	44.4	100.0 (18)	25.0	75.0	100.0 (12)	27.3	72.7	100.0 (11)	18.2	81.8	100.0 (11)
5-29명	71.9	28.1	100.0 (89)	43.6	56.4	100.0 (55)	41.7	58.3	100.0 (36)	32.4	67.6	100.0 (37)
30-99명	73.5	26.5	100.0 (102)	24.6	75.4	100.0 (61)	64.8	35.2	100.0 (71)	44.7	55.3	100.0 (76)
100-299명	56.9	43.1	100.0 (72)	23.1	76.9	100.0 (52)	42.4	57.6	100.0 (33)	55.8	44.2	100.0 (43)
300-499명	54.8	45.2	100.0 (42)	28.6	71.4	100.0 (28)	33.3	66.7	100.0 (24)	44.1	55.9	100.0 (34)
500명 이상	58.7	41.3	100.0 (155)	12.9	87.1	100.0 (124)	32.0	68.0	100.0 (97)	36.6	63.4	100.0 (134)
$x^2(df)$	11.898(5)*			20.615(5)**			20.631(5)**			9.061(5)		
근로소득												
300만원 이하	74.8	25.2	100.0 (250)	32.9	67.1	100.0 (167)	50.0	50.0	100.0 (150)	46.0	54.0	100.0 (174)
301~500만원	54.9	45.1	100.0 (193)	15.7	84.3	100.0 (140)	37.0	63.0	100.0 (108)	39.1	60.9	100.0 (138)
501만원 이상	31.4	68.6	100.0 (35)	4.0	96.0	100.0 (25)	14.3	85.7	100.0 (14)	8.7	91.3	100.0 (23)
$x^2(df)$	35.471(2)***			18.280(2)***			9.274(2)*			11.918(2)**		

주: '한국 영유아 교육보육 패널 가구' 대상 2024년도 조사 결과임.
$^* \ p < .05, \ ^{**} \ p < .01, \ ^{***} \ p < .001.$

돌봄지원제도(육아휴직, 육아기 근로시간 단축제도, 육아시간, 가족 돌봄 휴가)를 경험한 응답자를 대상으로 제도사용 시 느끼는 직장 내 분위기나 문화에 대해서 살펴보았다.

[그림 Ⅲ-2-1] 돌봄지원제도 사용 시 직장 내 문화

단위: 점

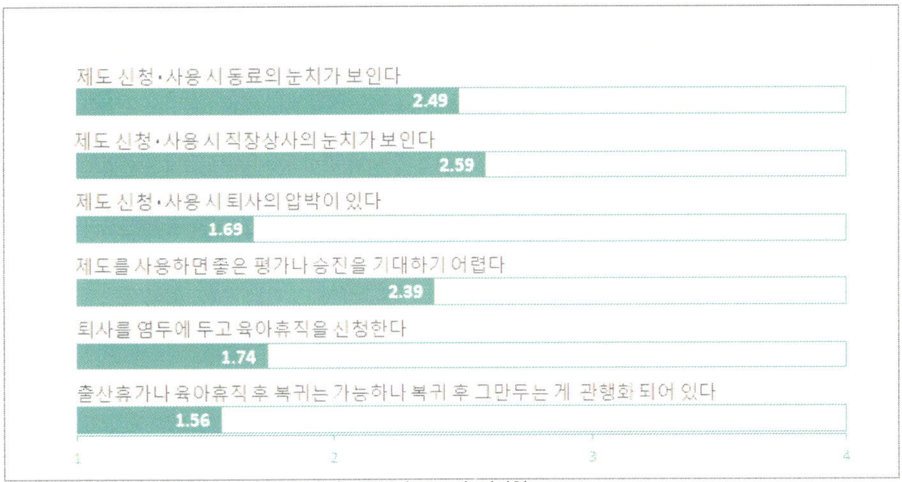

제도 신청·사용 시 동료의 눈치가 보인다	2.49
제도 신청·사용 시 직장상사의 눈치가 보인다	2.59
제도 신청·사용 시 퇴사의 압박이 있다	1.69
제도를 사용하면 좋은 평가나 승진을 기대하기 어렵다	2.39
퇴사를 염두에 두고 육아휴직을 신청한다	1.74
출산휴가나 육아휴직 후 복귀는 가능하나 복귀 후 그만두는 게 관행화 되어 있다	1.56

주: '한국 영유아 교육·보육 패널 가구' 대상 2024년도 조사 결과임.

첫째, 제도를 신청하고 사용할 때에 동료의 눈치가 보이는지에 대해 4점 척도 기준으로 평균 2.49점(표준편차 1.0점)의 값을 보였다. 동료의 눈치를 본다는 응답은 고용보험 가입(2.52점, 표준편차 1.0)한 경우가 미가입(2.08점, 표준편차 0.9)보다 더 많았다.

〈표 Ⅲ-2-7〉 돌봄지원제도 사용 시 직장 내 문화: 1) 제도 신청사용 시 동료의 눈치가 보인다

단위: %(명), 점

구분	전혀 그렇지 않다	그렇지 않다	그렇다	매우 그렇다	계 (수)	4점 척도	
						평균	표준편차
전체	20.6	26.5	36.5	16.3	100.0 (490)	2.49	1.0
응답자 성별							
남자	23.4	24.4	37.6	14.6	100.0 (205)	2.43	1.0
여자	18.6	28.1	35.8	17.5	100.0 (285)	2.52	1.0
$x^2(df)/t$	2.672(3)					−1.0	
응답자 연령							
30세 이하	15.8	26.3	36.8	21.1	100.0 (19)	2.63	1.0

구분	전혀 그렇지 않다	그렇지 않다	그렇다	매우 그렇다	계 (수)	4점 척도 평균	표준편차
31~40세 이하	21.3	26.6	36.0	16.0	100.0 (394)	2.47	1.0
41세 이상	17.4	23.2	43.5	15.9	100.0 (69)	2.58	1.0
$x^2(df)/F$		n.a.				0.6	
고용보험 가입여부							
가입	19.8	25.8	37.2	17.2	100.0 (454)	2.52	1.0
미가입	30.6	36.1	27.8	5.6	100.0 (36)	2.08	0.9
$x^2(df)/t$		6.784(3)				2.5*	
직장 규모							
1~4명	27.3	9.1	36.4	27.3	100.0 (22)	2.64	1.1
5~29명	11.8	22.6	51.6	14.0	100.0 (93)	2.68	0.9
30~99명	25.2	34.0	23.3	17.5	100.0 (103)	2.33	1.0
100~299명	20.5	23.3	27.4	28.8	100.0 (73)	2.64	1.1
300~499명	16.7	26.2	45.2	11.9	100.0 (42)	2.52	0.9
500명 이상	22.9	28.0	38.2	10.8	100.0 (157)	2.37	1.0
$x^2(df)/F$		37.129(15)**				2.1(a)	

주: 1) '한국 영유아 교육·보육 패널 가구' 대상 2024년도 조사 결과임.
2) 기대빈도가 5보다 작은 셀의 수가 20% 이상인 경우, 카이제곱 검정이 성립되지 않아 n.a.로 표기함.
3) 4점 척도임(1. 전혀 그렇지 않다 ~ 4. 매우 그렇다).
* $p < .05$, ** $p < .01$.

둘째, 제도의 신청사용 시 직장상사의 눈치가 보이는지에 대해 4점 척도 기준으로 평균 2.59점(표준편차 1.0점)의 값을 보였다. 이는 동료의 눈치를 본다는 응답(평균 2.49점, 표준편차 1.0)보다 높았으며 고용보험 가입(평균 2.63점, 표준편차 1.0)한 경우가 미가입(평균 2.19점, 표준편차 1.0)보다 더 많았다. 직장 규모와 평균 점수 간의 선형성은 보이지 않았지만 직장의 규모에 따라 직장상사의 눈치를 보는 정도는 다른 것으로 나타났다.

〈표 Ⅲ-2-8〉 돌봄지원제도 사용 시 직장 내 문화: 2) 제도 신청사용 시 직장상사의 눈치가 보인다

단위: %(명), 점

구분	전혀 그렇지 않다	그렇지 않다	그렇다	매우 그렇다	계 (수)	4점 척도 평균	표준편차
전체	17.3	26.3	35.9	20.4	100.0 (490)	2.59	1.0
응답자 성별							
남자	21.0	26.3	34.6	18.0	100.0 (205)	2.50	1.0
여자	14.7	26.3	36.8	22.1	100.0 (285)	2.66	1.0
$x^2(df)/t$		3.799(3)				−1.8	
응답자 연령							
30세 이하	10.5	31.6	36.8	21.1	100.0 (19)	2.68	1.0
31~40세 이하	18.3	25.1	36.3	20.3	100.0 (394)	2.59	1.0

III. 영아 부모의 근무환경 실태

구분	전혀 그렇지 않다	그렇지 않다	그렇다	매우 그렇다	계 (수)	4점 척도 평균	표준편차
41세 이상	13.0	29.0	37.7	20.3	100.0 (69)	2.65	1.0
$x^2(df)/F$		n.a.				0.2	
고용보험 가입여부							
가입	16.3	26.2	36.1	21.4	100.0 (454)	2.63	1.0
미가입	30.6	27.8	33.3	8.3	100.0 (36)	2.19	1.0
$x^2(df)/t$		6.787(3)				2.5**	
직장 규모							
1~4명	27.3	18.2	27.3	27.3	100.0 (22)	2.55ª	1.2
5~29명	7.5	22.6	47.3	22.6	100.0 (93)	2.85ª	0.9
30~99명	21.4	34.0	25.2	19.4	100.0 (103)	2.43ª	1.0
100~299명	16.4	24.7	30.1	28.8	100.0 (73)	2.71ª	1.1
300~499명	16.7	16.7	50.0	16.7	100.0 (42)	2.67ª	1.0
500명 이상	19.7	28.0	36.3	15.9	100.0 (157)	2.48ª	1.0
$x^2(df)/F$		28.221(15)*				2.5*(a)	

주: 1) '한국 영유아 교육·보육 패널 가구' 대상 2024년도 조사 결과임.
2) 기대빈도가 5보다 작은 셀의 수가 20% 이상인 경우, 카이제곱 검정이 성립되지 않아 n.a.로 표기함.
3) 4점 척도임(1. 전혀 그렇지 않다 ~ 4. 매우 그렇다).
* $p < .05$, ** $p < .01$.

셋째, 제도의 신청사용 시 퇴사의 압박이 있는지에 대해 4점 척도 기준으로 평균 1.69점(표준편차 0.8)의 값을 보였다. 이는 제도사용 시에 동료(평균 2.49점, 표준편차 1.0)나 직장상사(평균 2.59점, 표준편차 1.0)의 눈치를 보는 것보다 낮은 점수를 보였다. 퇴사에 대한 압박은 고용보험 가입(평균 1.71점, 표준편차 0.8)한 경우가 미가입(평균 1.44점, 표준편차 0.7)보다 더 많이 받는 것으로 나타났다. 직장 규모와 평균 점수 간의 선형성은 보이지 않았지만 직장의 규모에 따라 퇴사의 압박을 받는 정도는 다른 것으로 나타났다.

〈표 III-2-9〉 돌봄지원제도 사용 시 직장 내 문화: 3) 제도 신청사용 시 퇴사의 압박이 있다

단위: %(명), 점

구분	전혀 그렇지 않다	그렇지 않다	그렇다	매우 그렇다	계 (수)	4점 척도 평균	표준편차
전체	48.6	37.8	9.6	4.1	100.0 (490)	1.69	0.8
응답자 성별							
남자	47.8	39.5	11.2	1.5	100.0 (205)	1.66	0.7
여자	49.1	36.5	8.4	6.0	100.0 (285)	1.71	0.9
$x^2(df)/t$		7.224(3)				−0.7	
응답자 연령							
30세 이하	36.8	52.6	10.5	0.0	100.0 (19)	1.74	0.7
31~40세 이하	50.5	35.3	9.9	4.3	100.0 (394)	1.68	0.8

구분	전혀 그렇지 않다	그렇지 않다	그렇다	매우 그렇다	계 (수)	4점 척도 평균	표준편차
41세 이상	43.5	44.9	8.7	2.9	100.0 (69)	1.71	0.8
$x^2(df)/F$		n.a.				0.1	
고용보험 가입여부							
가입	47.6	37.9	10.4	4.2	100.0 (454)	1.71	0.8
미가입	61.1	36.1	0.0	2.8	100.0 (36)	1.44	0.7
$x^2(df)/t$		n.a.				1.9	
직장 규모							
1~4명	40.9	36.4	13.6	9.1	100.0 (22)	1.91^a	1.0
5~29명	31.2	53.8	12.9	2.2	100.0 (93)	1.86^a	0.7
30~99명	57.3	32.0	6.8	3.9	100.0 (103)	1.57^a	0.8
100~299명	42.5	38.4	11.0	8.2	100.0 (73)	1.85^a	0.9
300~499명	40.5	40.5	14.3	4.8	100.0 (42)	1.83^a	0.9
500명 이상	59.2	31.2	7.0	2.5	100.0 (157)	1.53^a	0.7
$x^2(df)/F$		n.a.				3.8**	

주: 1) '한국 영유아 교육·보육 패널 가구' 대상 2024년도 조사 결과임.
2) 기대빈도가 5보다 작은 셀의 수가 20% 이상인 경우, 카이제곱 검정이 성립되지 않아 n.a.로 표기함.
3) 4점 척도임(1. 전혀 그렇지 않다 ~ 4. 매우 그렇다).
** $p < .01$.

넷째, 제도의 신청사용 시 제도를 사용하면 좋은 평가(인사고과)나 승진을 기대하기 어려운지에 대해 4점 척도 기준으로 평균 2.39점(표준편차 1.0)의 값을 보였다. 인사고과나 승진을 기대하기 어렵다는 응답은 고용보험 가입(평균 2.40점, 표준편차 1.0)한 경우가 미가입(평균 2.25점, 표준편차 1.1)보다 더 많았다. 인사고과나 승진을 기대하기 어렵다는 결과는 직장 규모가 커질수록 더 늘어나는 경향을 보였다. 100명 이하의 직장 규모에서는 대체로 2점대 초반의 값을 보인 반면 100~299명(평균 2.56점, 표준편차 1.1), 300~499명(평균 2.60점, 표준편차 0.9), 500명 이상(평균 2.55점, 표준편차 0.9)의 점수를 보였다.

〈표 Ⅲ-2-10〉 돌봄지원제도 사용 시 직장 내 문화: 4) 제도를 사용하면 좋은 평가나 승진을 기대하기 어렵다

단위: %(명), 점

구분	전혀 그렇지 않다	그렇지 않다	그렇다	매우 그렇다	계 (수)	4점 척도 평균	표준편차
전체	21.6	32.2	32.0	14.1	100.0 (490)	2.39	1.0
응답자 성별							
남자	21.0	32.7	30.7	15.6	100.0 (205)	2.41	1.0
여자	22.1	31.9	33.0	13.0	100.0 (285)	2.37	1.0
$x^2(df)/t$		0.864(3)				0.5	
응답자 연령							

III. 영아 부모의 근무환경 실태

구분	전혀 그렇지 않다	그렇지 않다	그렇다	매우 그렇다	계 (수)	4점 척도 평균	표준편차
30세 이하	15.8	42.1	36.8	5.3	100.0 (19)	2.32	0.8
31~40세 이하	22.3	31.5	32.0	14.2	100.0 (394)	2.38	1.0
41세 이상	18.8	33.3	31.9	15.9	100.0 (69)	2.45	1.0
$x^2(df)/F$		2.668(6)				0.2	
고용보험 가입여부							
가입	20.9	32.4	32.8	13.9	100.0 (454)	2.40	1.0
미가입	30.6	30.6	22.2	16.7	100.0 (36)	2.25	1.1
$x^2(df)/t$		2.818(3)				0.9	
직장 규모							
1~4명	31.8	36.4	27.3	4.5	100.0 (22)	2.05[a]	0.9
5~29명	21.5	44.1	25.8	8.6	100.0 (93)	2.22[a]	0.9
30~99명	31.1	32.0	28.2	8.7	100.0 (103)	2.15[a]	1.0
100~299명	21.9	26.0	26.0	26.0	100.0 (73)	2.56[a]	1.1
300~499명	14.3	28.6	40.5	16.7	100.0 (42)	2.60[a]	0.9
500명 이상	15.9	28.7	39.5	15.9	100.0 (157)	2.55[a]	0.9
$x^2(df)/F$		34.261(15)**				4.3**(a)	

주: 1) '한국 영유아 교육·보육 패널 가구' 대상 2024년도 조사 결과임.
　2) 4점 척도임(1. 전혀 그렇지 않다 ~ 4. 매우 그렇다).
** $p < .01$.

다섯째, 육아휴직의 신청사용 시 퇴사를 염두에 두고 신청하는지에 대한 응답은 4점 척도 기준으로 평균 1.74점(표준편차 0.9)의 값을 보였다. 퇴사를 염두에 두고 육아휴직을 신청하는 경우는 고용보험 가입(평균 1.77점, 표준편차 0.9)한 경우가 미가입(평균 1.31점, 표준편차 0.6)보다 더 많았다. 직장 규모와 평균 점수 간의 선형성은 보이지 않았지만 직장의 규모에 따라 육아휴직 신청 시에 퇴사를 염두에 두는 정도는 차이가 있었다.

〈표 Ⅲ-2-11〉 돌봄지원제도 사용 시 직장 내 문화: 5) 퇴사를 염두에 두고 육아휴직을 신청한다

단위: %(명), 점

구분	전혀 그렇지 않다	그렇지 않다	그렇다	매우 그렇다	계 (수)	4점 척도 평균	표준편차
전체	50.2	31.4	12.6	5.9	100.0 (478)	1.74	0.9
응답자 성별							
남자	46.2	37.7	10.1	6.0	100.0 (199)	1.76	0.9
여자	53.0	26.9	14.3	5.7	100.0 (279)	1.73	0.9
$x^2(df)/t$		7.115(3)				0.4	
응답자 연령							
30세 이하	47.4	36.8	10.5	5.3	100.0 (19)	1.74	0.9
31~40세 이하	52.2	29.5	12.5	5.7	100.0 (383)	1.72	0.9
41세 이상	42.6	36.8	14.7	5.9	100.0 (68)	1.84	0.9

구분	전혀 그렇지 않다	그렇지 않다	그렇다	매우 그렇다	계 (수)	4점 척도	
						평균	표준편차
$x^2(df)/F$	n.a.					0.5	
고용보험 가입여부							
가입	48.4	32.3	13.0	6.3	100.0 (446)	1.77	0.9
미가입	75.0	18.8	6.3	0.0	100.0 (32)	1.31	0.6
$x^2(df)/t$	n.a.					4.1***	
직장 규모							
1~4명	27.8	44.4	22.2	5.6	100.0 (18)	2.06[a]	0.9
5~29명	30.3	42.7	20.2	6.7	100.0 (89)	2.03[a]	0.9
30~99명	64.7	20.6	10.8	3.9	100.0 (102)	1.54[a]	0.8
100~299명	41.7	34.7	13.9	9.7	100.0 (72)	1.92[a]	1.0
300~499명	42.9	31.0	16.7	9.5	100.0 (42)	1.93[a]	1.0
500명 이상	60.6	29.0	6.5	3.9	100.0 (155)	1.54[a]	0.8
$x^2(df)/F$	42.513(15)***					6.3***	

주: 1) '한국 영유아 교육·보육 패널 가구' 대상 2024년도 조사 결과임.
2) 기대빈도가 5보다 작은 셀의 수가 20% 이상인 경우, 카이제곱 검정이 성립되지 않아 n.a.로 표기함.
3) 4점 척도임(1. 전혀 그렇지 않다 ~ 4. 매우 그렇다).
*** $p < .001$.

여섯째, 출산휴가나 육아휴직 후 복귀는 가능하나 복귀 후 그만 두는 게 관행화 되어 있는지에 대한 응답은 4점 척도 기준으로 평균 1.56점(표준편차 0.7점)의 값을 보였다. 퇴사를 염두에 두고 육아휴직을 신청하는 경우는 고용보험 가입(평균 1.59점, 표준편차 0.8)한 경우가 미가입(평균 1.16점, 표준편차 0.4)보다 더 많았다. 직장의 규모에 따라 출산휴가나 육아휴직 후 퇴사하는 관행은 뚜렷한 선형성은 보이지 않았지만 직장의 규모가 커질수록 낮아지는 경향을 보여준다.

〈표 Ⅲ-2-12〉 돌봄지원제도 사용 시 직장 내 문화: 6) 출산휴가나 육아휴직 후 복귀는 가능하나 복귀 후 그만두는 게 관행화 되어 있다

단위: %(명), 점

구분	전혀 그렇지 않다	그렇지 않다	그렇다	매우 그렇다	계 (수)	4점 척도	
						평균	표준편차
전체	56.9	32.8	7.7	2.5	100.0 (478)	1.56	0.7
응답자 성별							
남자	54.3	36.2	7.5	2.0	100.0 (199)	1.57	0.7
여자	58.8	30.5	7.9	2.9	100.0 (279)	1.55	0.8
$x^2(df)/t$	2.094(3)					0.4	
응답자 연령							
30세 이하	52.6	36.8	5.3	5.3	100.0 (19)	1.63	0.8
31~40세 이하	59.8	29.5	7.8	2.9	100.0 (383)	1.54	0.8
41세 이상	45.6	47.1	7.4	0.0	100.0 (68)	1.62	0.6

구분	전혀 그렇지 않다	그렇지 않다	그렇다	매우 그렇다	계 (수)	4점 척도 평균	4점 척도 표준편차
$x^2(df)/F$		n.a.				0.4	
고용보험 가입여부							
가입	54.9	34.1	8.3	2.7	100.0 (446)	1.59	0.8
미가입	84.4	15.6	0.0	0.0	100.0 (32)	1.16	0.4
$x^2(df)/t$		n.a.				5.8***	
직장 규모							
1~4명	38.9	44.4	11.1	5.6	100.0 (18)	1.83[b]	0.9
5~29명	37.1	48.3	11.2	3.4	100.0 (89)	1.81[ab]	0.8
30~99명	67.6	25.5	3.9	2.9	100.0 (102)	1.42[ab]	0.7
100~299명	43.1	40.3	11.1	5.6	100.0 (72)	1.79[ab]	0.9
300~499명	52.4	31.0	16.7	0.0	100.0 (42)	1.64[ab]	0.8
500명 이상	71.0	24.5	3.9	0.6	100.0 (155)	1.34[a]	0.6
$x^2(df)/F$		n.a.				7.9***(a)	

주: 1) '한국 영유아 교육·보육 패널 가구' 대상 2024년도 조사 결과임.
2) 기대빈도가 5보다 작은 셀의 수가 20% 이상인 경우, 카이제곱 검정이 성립되지 않아 n.a.로 표기함.
3) 4점 척도임(1. 전혀 그렇지 않다 ~ 4. 매우 그렇다).
*** $p < .001$.

나. 유연근무제도 이용 경험 및 환경

조사 대상자들의 직장 내 유연근무제 도입여부, 본인 이용 경험과 활용 가능 여부에 대해서 살펴보았다. 유연근무제는 크게 근로시간과 근로 장소로 나뉠 수 있고 근로시간의 경우 시간(선택)제, 시차출퇴근제, 선택근무제, 재량근무제로 구분된다. 한편 유연근무제에서 근로장소에 대한 제도는 재택근무제와 원격근무제가 있다.

먼저 종합적으로 응답 비율을 살펴보면, 직장 내 유연근무제 도입으로 근로시간에 대한 유연근무는 시간(선택)제(31.0%)가 가장 높게 나타났으며 근로 장소에 대한 유연근무는 재택근무제(20.4%)로 나타났다. 각 세부 제도의 본인 이용 경험은 근로시간의 경우 시차출퇴근제(46.8%)가 가장 높았으며, 근로 장소의 경우 재택근무제(56.5%)가 높게 나타났다. 유연근무제의 자유로운 활용은 근로시간의 경우 시차출퇴근제(44.4%)가 가장 높았으며 근로 장소의 경우 원격근무제(38.2%)가 재택근무제(34.8%)보다 다소 높게 나타났다.

〈표 Ⅲ-2-13〉 유연근무제 도입여부, 본인 이용 경험 및 활용 가능 여부: 전체

단위: %(명)

구분		1-1. 직장 도입여부			계(수)	1-2. 본인 이용 경험		계(수)	1-3. 제도 활용 가능 여부			계(수)
		있음	없음	모름		있음	없음		활용하기 어려움	가능하나 자유로운 활용 어려움	자유로운 활용 가능	
근로 시간	시간(선택)제	31.0	52.2	16.8	100.0(678)	33.8	66.2	100.0(210)	35.7	31.0	33.3	100.0(210)
	시차출퇴근제	30.2	54.1	15.6	100.0(678)	46.8	53.2	100.0(205)	27.8	27.8	44.4	100.0(205)
	선택근무제	18.7	62.2	19.0	100.0(678)	36.2	63.8	100.0(127)	32.3	29.1	38.6	100.0(127)
	재량근무제	12.7	66.5	20.8	100.0(678)	26.7	73.3	100.0(86)	31.4	34.9	33.7	100.0(86)
근로 장소	재택근무제	20.4	67.1	12.5	100.0(678)	56.5	43.5	100.0(138)	26.8	38.4	34.8	100.0(138)
	원격근무제	11.2	73.0	15.8	100.0(678)	38.2	61.8	100.0(76)	27.6	34.2	38.2	100.0(76)

주: '한국 영유아 교육·보육 패널 가구' 대상 2024년도 조사 결과임.

첫째, 응답자의 직장 내 유연근무제 도입 중에 근로시간에 해당하는 시간(선택)제의 도입은 31.0%였으며 이 가운데 자유롭게 활용 가능한 정도는 33.3%로 나타났다. 시간(선택)제의 직장 도입은 고용보험 가입(32.6%)이 된 직장이 미가입(22.4%) 직장보다 높았으며 직장 규모가 클수록 직장 내 시간(선택)제 도입 비율도 증가하는 경향을 보였다. 시간(선택)제의 자유로운 활용은 여성(25.4%)이 남성(45.2%)보다 낮은 비율을 보였으며 연령이 증가할수록 자유롭게 활용할 수 있는 가능성이 더 높아지는 경향을 보였다.

〈표 Ⅲ-2-14〉 유연근무제(시간) 도입 및 활용 가능 여부: 시간(선택)제

단위: %(명)

구분	1-1. 직장 도입여부			계(수)	1-3. 제도 활용 가능 여부			계(수)
	있음	없음	모름		활용하기 어려움	가능하나 자유로운 활용 어려움	자유로운 활용 가능	
전체	31.0	52.2	16.8	100.0 (678)	35.7	31.0	33.3	100.0 (210)
응답자 성별								
남자	31.0	48.7	20.3	100.0 (271)	28.6	26.2	45.2	100.0 (84)
여자	31.0	54.5	14.5	100.0 (407)	40.5	34.1	25.4	100.0 (126)
$x^2(df)$	4.315(2)				8.978(2)*			
응답자 연령								
30세 이하	15.2	52.2	32.6	100.0 (46)	57.1	14.3	28.6	100.0 (7)
31~40세 이하	33.7	51.6	14.7	100.0 (523)	36.4	33.0	30.7	100.0 (176)
41세 이상	25.0	54.2	20.8	100.0 (96)	29.2	20.8	50.0	100.0 (24)
$x^2(df)$	15.163(4)**				n.a.			
고용보험 가입여부								
가입	32.6	51.0	16.5	100.0 (571)	35.5	32.3	32.3	100.0 (186)
미가입	22.4	58.9	18.7	100.0 (107)	37.5	20.8	41.7	100.0 (24)

Ⅲ. 영아 부모의 근무환경 실태

구분	1-1. 직장 도입여부			계(수)	1-3. 제도 활용 가능 여부			계(수)
	있음	없음	모름		활용하기 어려움	가능하나 자유로운 활용 어려움	자유로운 활용 가능	
$x^2(df)$	4.342(2)				1.485(2)			
직장 규모								
1~4명	18.7	67.3	14.0	100.0 (107)	30.0	30.0	40.0	100.0 (20)
5~29명	25.3	58.6	16.0	100.0 (162)	39.0	29.3	31.7	100.0 (41)
30~99명	25.0	54.2	20.8	100.0 (120)	40.0	43.3	16.7	100.0 (30)
100~299명	35.0	46.3	18.8	100.0 (80)	50.0	28.6	21.4	100.0 (28)
300~499명	37.0	47.8	15.2	100.0 (46)	29.4	23.5	47.1	100.0 (17)
500명 이상	45.4	38.7	16.0	100.0 (163)	29.7	29.7	40.5	100.0 (74)
$x^2(df)$	34.685(10)***				11.016(10)			
근로소득								
300만원 이하	27.7	54.4	17.9	100.0 (397)	36.4	36.4	27.3	100.0 (110)
301~500만원	37.5	47.8	14.7	100.0 (232)	34.5	24.1	41.4	100.0 (87)
501만원 이상	26.5	55.1	18.4	100.0 (49)	38.5	30.8	30.8	100.0 (13)
$x^2(df)$	7.146(4)				n.a.			

주: 1) '한국 영유아 교육·보육 패널 가구' 대상 2024년도 조사 결과임.
    2) 기대빈도가 5보다 작은 셀의 수가 20% 이상인 경우, 카이제곱 검정이 성립되지 않아 n.a.로 표기함.
* $p < .05$, ** $p < .01$, *** $p < .001$.

둘째, 응답자의 직장 내 유연근무제 도입 중에 근로시간에 해당하는 시차출퇴근제의 도입은 30.2%였으며 이 가운데 자유롭게 활용 가능한 정도는 44.4%로 나타났다. 시차출퇴근제 직장 도입은 남성(32.5%)이 여성(28.7%)보다 높았으며 고용보험 가입(32.0%)이 된 직장이 미가입(20.6%) 직장보다 높았으며 직장 규모가 클수록 시차출퇴근제 도입 비율도 증가하는 경향을 보였다. 시차출퇴근제의 자유로운 활용은 여성(38.5%)이 남성(52.3%)보다 낮은 비율을 보였으며 연령이 증가할수록 자유롭게 활용할 수 있는 가능성이 더 높아지는 경향을 보였다.

〈표 Ⅲ-2-15〉 유연근무제(시간) 도입 및 활용 가능 여부: 시차출퇴근제

단위: %(명)

구분	1-1. 직장 도입여부			계(수)	1-3. 제도 활용 가능 여부			계(수)
	있음	없음	모름		활용하기 어려움	가능하나 자유로운 활용 어려움	자유로운 활용 가능	
전체	30.2	54.1	15.6	100.0 (678)	27.8	27.8	44.4	100.0 (205)
응답자 성별								
남자	32.5	48.0	19.6	100.0 (271)	22.7	25.0	52.3	100.0 (88)
여자	28.7	58.2	13.0	100.0 (407)	31.6	29.9	38.5	100.0 (117)
$x^2(df)$	8.355(2)*				4.024(2)			
응답자 연령								

구분	1-1. 직장 도입여부			계(수)	1-3. 제도 활용 가능 여부			계(수)
	있음	없음	모름		활용하기 어려움	가능하나 자유로운 활용 어려움	자유로운 활용 가능	
30세 이하	30.4	54.3	15.2	100.0 (46)	42.9	35.7	21.4	100.0 (14)
31~40세 이하	30.8	53.9	15.3	100.0 (523)	28.6	28.0	43.5	100.0 (161)
41세 이상	27.1	54.2	18.8	100.0 (96)	19.2	26.9	53.8	100.0 (26)
$x^2(df)$	0.993(4)				n.a.			
고용보험 가입여부								
가입	32.0	52.7	15.2	100.0 (571)	26.8	28.4	44.8	100.0 (183)
미가입	20.6	61.7	17.8	100.0 (107)	36.4	22.7	40.9	100.0 (22)
$x^2(df)$	5.638(2)				0.945(2)			
직장 규모								
1~4명	9.3	77.6	13.1	100.0 (107)	30.0	10.0	60.0	100.0 (10)
5~29명	20.4	64.2	15.4	100.0 (162)	27.3	39.4	33.3	100.0 (33)
30~99명	25.0	58.3	16.7	100.0 (120)	26.7	40.0	33.3	100.0 (30)
100~299명	38.8	43.8	17.5	100.0 (80)	38.7	32.3	29.0	100.0 (31)
300~499명	45.7	41.3	13.0	100.0 (46)	19.0	19.0	61.9	100.0 (21)
500명 이상	49.1	34.4	16.6	100.0 (163)	26.3	21.3	52.5	100.0 (80)
$x^2(df)$	76.470(10)***				14.952(10)			
근로소득								
300만원 이하	23.9	59.4	16.6	100.0 (397)	29.5	36.8	33.7	100.0 (95)
301~500만원	40.1	45.3	14.7	100.0 (232)	23.7	20.4	55.9	100.0 (93)
501만원 이상	34.7	53.1	12.2	100.0 (49)	41.2	17.6	41.2	100.0 (17)
$x^2(df)$	19.196(4)**				n.a.			

주: 1) '한국 영유아 교육·보육 패널 가구' 대상 2024년도 조사 결과임.
　　2) 기대빈도가 5보다 작은 셀의 수가 20% 이상인 경우, 카이제곱 검정이 성립되지 않아 n.a.로 표기함.
* $p < .05$, ** $p < .01$, *** $p < .001$.

셋째, 응답자의 직장 내 유연근무제 도입 중에 근로시간에 해당하는 선택근무제의 도입은 18.7%였으며 이 가운데 자유롭게 활용 가능한 정도는 38.6%로 나타났다. 선택근무제 직장 도입은 남성(20.7%)이 여성(17.4%)보다 높았으며 고용보험 가입(19.1%)이 된 직장이 미가입(16.8%)직장보다 높았으며 직장 규모가 클수록 선택근무제 도입 비율도 증가하는 경향을 보였다. 선택근무제의 자유로운 활용은 여성(31.0%)이 남성(48.2%)보다 낮은 비율을 보였으며 연령이 증가할수록 자유롭게 활용할 수 있는 가능성이 더 높아지는 경향을 보였다.

〈표 Ⅲ-2-16〉 유연근무제(시간) 도입 및 활용 가능 여부: 선택근무제

단위: %(명)

구분	1-1. 직장 도입여부			계(수)	1-3. 제도 활용 가능 여부			계(수)
	있음	없음	모름		활용하기 어려움	가능하나 자유로운 활용 어려움	자유로운 활용 가능	
전체	18.7	62.2	19.0	100.0 (678)	32.3	29.1	38.6	100.0 (127)
응답자 성별								
남자	20.7	56.1	23.2	100.0 (271)	25.0	26.8	48.2	100.0 (56)
여자	17.4	66.3	16.2	100.0 (407)	38.0	31.0	31.0	100.0 (71)
$x^2(df)$	7.873(2)*				4.244(2)			
응답자 연령								
30세 이하	8.7	58.7	32.6	100.0 (46)	75.0	25.0	0.0	100.0 (4)
31~40세 이하	20.5	62.1	17.4	100.0 (523)	33.6	29.0	37.4	100.0 (107)
41세 이상	14.6	63.5	21.9	100.0 (96)	14.3	35.7	50.0	100.0 (14)
$x^2(df)$	9.865(4)*				n.a.			
고용보험 가입여부								
가입	19.1	61.6	19.3	100.0 (571)	29.4	29.4	41.3	100.0 (109)
미가입	16.8	65.4	17.8	100.0 (107)	50.0	27.8	22.2	100.0 (18)
$x^2(df)$	0.561(2)				3.507(2)			
직장 규모								
1~4명	10.3	76.6	13.1	100.0 (107)	36.4	27.3	36.4	100.0 (11)
5~29명	11.7	69.8	18.5	100.0 (162)	26.3	36.8	36.8	100.0 (19)
30~99명	10.8	65.8	23.3	100.0 (120)	46.2	30.8	23.1	100.0 (13)
100~299명	26.3	56.3	17.5	100.0 (80)	47.6	38.1	14.3	100.0 (21)
300~499명	32.6	47.8	19.6	100.0 (46)	20.0	20.0	60.0	100.0 (15)
500명 이상	29.4	49.7	20.9	100.0 (163)	27.1	25.0	47.9	100.0 (48)
$x^2(df)$	44.424(10)***				n.a.			
근로소득								
300만원 이하	13.9	65.2	20.9	100.0 (397)	40.0	34.5	25.5	100.0 (55)
301~500만원	26.3	56.5	17.2	100.0 (232)	27.9	24.6	47.5	100.0 (61)
501만원 이상	22.4	65.3	12.2	100.0 (49)	18.2	27.3	54.5	100.0 (11)
$x^2(df)$	16.687(4)**				n.a.			

주: 1) '한국 영유아 교육·보육 패널 가구' 대상 2024년도 조사 결과임.
2) 기대빈도가 5보다 작은 셀의 수가 20% 이상인 경우, 카이제곱 검정이 성립되지 않아 n.a.로 표기함.
* $p < .05$, ** $p < .01$, *** $p < .001$.

넷째, 응답자의 직장 내 유연근무제 도입 중에 근로시간에 해당하는 재량근무제의 도입은 12.7%였으며 이 가운데 자유롭게 활용 가능한 정도는 33.7%로 나타났다. 재량근무제 직장 도입은 남성(15.5%)이 여성(10.8%)보다 높았으며 고용보험 가입(11.0%)이 된 직장이 미가입(21.5%)직장보다 낮았다. 재량근무제의 자유로운 활용은 여성(15.9%)이 남성(52.4%)보다 낮은 비율을 보였으며 연령이 증가할수록 자유롭게 활용할 수 있는 가능성이 더 높아지는 경향을 보였다.

〈표 Ⅲ-2-17〉 유연근무제(시간) 도입 및 활용 가능 여부: 재량근무제

단위: %(명)

구분	1-1. 직장 도입여부			계(수)	1-3. 제도 활용 가능 여부			계(수)
	있음	없음	모름		활용하기 어려움	가능하나 자유로운 활용 어려움	자유로운 활용 가능	
전체	12.7	66.5	20.8	100.0 (678)	31.4	34.9	33.7	100.0 (86)
응답자 성별								
남자	15.5	59.8	24.7	100.0 (271)	14.3	33.3	52.4	100.0 (42)
여자	10.8	71.0	18.2	100.0 (407)	47.7	36.4	15.9	100.0 (44)
$x^2(df)$	9.249(2)*				16.188(2)***			
응답자 연령								
30세 이하	10.9	60.9	28.3	100.0 (46)	40.0	60.0	0.0	100.0 (5)
31~40세 이하	12.6	67.3	20.1	100.0 (523)	33.3	36.4	30.3	100.0 (66)
41세 이상	12.5	66.7	20.8	100.0 (96)	25.0	16.7	58.3	100.0 (12)
$x^2(df)$	1.731(4)				n.a.			
고용보험 가입여부								
가입	11.0	67.3	21.7	100.0 (571)	27.0	38.1	34.9	100.0 (63)
미가입	21.5	62.6	15.9	100.0 (107)	43.5	26.1	30.4	100.0 (23)
$x^2(df)$	9.539(2)**				2.257(2)			
직장 규모								
1~4명	17.8	69.2	13.1	100.0 (107)	31.6	31.6	36.8	100.0 (19)
5~29명	9.3	71.6	19.1	100.0 (162)	26.7	40.0	33.3	100.0 (15)
30~99명	9.2	68.3	22.5	100.0 (120)	36.4	36.4	27.3	100.0 (11)
100~299명	15.0	62.5	22.5	100.0 (80)	50.0	33.3	16.7	100.0 (12)
300~499명	17.4	65.2	17.4	100.0 (46)	12.5	12.5	75.0	100.0 (8)
500명 이상	12.9	60.7	26.4	100.0 (163)	28.6	42.9	28.6	100.0 (21)
$x^2(df)$	14.068(10)				n.a.			
근로소득								
300만원 이하	11.3	67.0	21.7	100.0 (397)	37.8	40.0	22.2	100.0 (45)
301~500만원	14.2	64.7	21.1	100.0 (232)	24.2	33.3	42.4	100.0 (33)
501만원 이상	16.3	71.4	12.2	100.0 (49)	25.0	12.5	62.5	100.0 (8)
$x^2(df)$	3.707(4)				n.a.			

주: 1) '한국 영유아 교육·보육 패널 가구' 대상 2024년도 조사 결과임.
  2) 기대빈도가 5보다 작은 셀의 수가 20% 이상인 경우, 카이제곱 검정이 성립되지 않아 n.a.로 표기함.
* $p < .05$, ** $p < .01$, *** $p < .001$.

응답자의 직장 내 유연근무제 도입 중에 근로시간에 대한 시간(선택)제, 시차출퇴근제, 선택근무제, 재량근무제 이용경험을 살펴보았다. 직장 내 제도가 도입된 응답자를 대상으로 각 제도별 이용 경험은 시간(선택)제(33.8%), 시차출퇴근제(46.8%), 선택근부제(36.2%), 재량근무제(26.7%)로 시차출퇴근제를 가장 많이 활용하고 있었다. 시간(선택)제의 경우 전반적으로 직장 규모가 클수록 이용 경험이 낮아지는 경향을 보였으나 500명 이상(32.4%)의 직장 규모를 가진 경우 오히려 직장 규모 30~499명보다 높은 이용 경험을 보였다.

III. 영아 부모의 근무환경 실태

〈표 III-2-18〉 유연근무제도(시간) 이용 여부

단위: %(명)

구분	1) 시간(선택)제			2) 시차출퇴근제			3) 선택근무제			4) 재량근무제		
	이용 경험 있음	이용 경험 없음	계(수)	이용 경험 있음	이용 경험 없음	계(수)	이용 경험 있음	이용 경험 없음	계(수)	이용 경험 있음	이용 경험 없음	계(수)
전체	33.8	66.2	100.0 (210)	46.8	53.2	100.0 (205)	36.2	63.8	100.0 (127)	26.7	73.3	100.0 (86)
응답자 성별												
남자	29.8	70.2	100.0 (84)	45.5	54.5	100.0 (88)	37.5	62.5	100.0 (56)	28.6	71.4	100.0 (42)
여자	36.5	63.5	100.0 (126)	47.9	52.1	100.0 (117)	35.2	64.8	100.0 (71)	25.0	75.0	100.0 (44)
$x^2(df)$	1.025(1)			0.117(1)			0.071(1)			0.140(1)		
응답자 연령												
30세 이하	42.9	57.1	100.0 (7)	35.7	64.3	100.0 (14)	0.0	100.0	100.0 (4)	20.0	80.0	100.0 (5)
31~40세 이하	32.4	67.6	100.0 (176)	44.1	55.9	100.0 (161)	36.4	63.6	100.0 (107)	27.3	72.7	100.0 (66)
41세 이상	37.5	62.5	100.0 (24)	61.5	38.5	100.0 (26)	35.7	64.3	100.0 (14)	16.7	83.3	100.0 (12)
$x^2(df)$	n.a.			3.356(2)			n.a.			n.a.		
자녀 수												
1명	25.9	74.1	100.0 (116)	43.0	57.0	100.0 (114)	35.5	64.5	100.0 (76)	22.4	77.6	100.0 (49)
2명	42.7	57.3	100.0 (82)	48.8	51.2	100.0 (82)	37.2	62.8	100.0 (43)	33.3	66.7	100.0 (27)
3명 이상	50.0	50.0	100.0 (10)	66.7	33.3	100.0 (6)	16.7	83.3	100.0 (6)	14.3	85.7	100.0 (7)
$x^2(df)$	7.345(2)*			1.704(2)(b)			n.a.			1.582(2)		
맞벌이 여부												
맞벌이	34.0	66.0	100.0 (191)	46.7	53.3	100.0 (180)	36.0	64.0	100.0 (111)	28.0	72.0	100.0 (75)
맞벌이 아님	31.6	68.4	100.0 (19)	48.0	52.0	100.0 (25)	37.5	62.5	100.0 (16)	18.2	81.8	100.0 (11)
$x^2(df)$	0.046(1)			0.016(1)			0.013(1)			0.472(1)		

영아 부모의 육아기 근무환경 조사: 한국 영유아 교육·보육 패널 가구를 대상으로

구분	1) 시간(선택)제 이용 경험 있음	1) 시간(선택)제 이용 경험 없음	계(수)	2) 시차출퇴근제 이용 경험 있음	2) 시차출퇴근제 이용 경험 없음	계(수)	3) 선택근무제 이용 경험 있음	3) 선택근무제 이용 경험 없음	계(수)	4) 재량근무제 이용 경험 있음	4) 재량근무제 이용 경험 없음	계(수)
고용보험 가입여부												
가입	32.8	67.2	100.0 (186)	47.0	53.0	100.0 (183)	35.8	64.2	100.0 (109)	25.4	74.6	100.0 (63)
미가입	41.7	58.3	100.0 (24)	45.5	54.5	100.0 (22)	38.9	61.1	100.0 (18)	30.4	69.6	100.0 (23)
$x^2(df)$	0.748(1)			0.019(1)			0.065(1)			0.218(1)		
직장 규모												
1~4명	55.0	45.0	100.0 (20)	50.0	50.0	100.0 (10)	36.4	63.6	100.0 (11)	31.6	68.4	100.0 (19)
5~29명	51.2	48.8	100.0 (41)	57.6	42.4	100.0 (33)	42.1	57.9	100.0 (19)	40.0	60.0	100.0 (15)
30~99명	26.7	73.3	100.0 (30)	50.0	50.0	100.0 (30)	46.2	53.8	100.0 (13)	36.4	63.6	100.0 (11)
100~299명	17.9	82.1	100.0 (28)	41.9	58.1	100.0 (31)	23.8	76.2	100.0 (21)	16.7	83.3	100.0 (12)
300~499명	11.8	88.2	100.0 (17)	38.1	61.9	100.0 (21)	33.3	66.7	100.0 (15)	0.0	100.0	100.0 (8)
500명 이상	32.4	67.6	100.0 (74)	45.0	55.0	100.0 (80)	37.5	62.5	100.0 (48)	23.8	76.2	100.0 (21)
$x^2(df)$	17.189(5)**			2.741(5)			2.329(5)			n.a.		
근로소득												
300만원 이하	36.4	63.6	100.0 (110)	42.1	57.9	100.0 (95)	34.5	65.5	100.0 (55)	28.9	71.1	100.0 (45)
301~500만원	32.2	67.8	100.0 (87)	51.6	48.4	100.0 (93)	36.1	63.9	100.0 (61)	24.2	75.8	100.0 (33)
501만원 이상	23.1	76.9	100.0 (13)	47.1	52.9	100.0 (17)	45.5	54.5	100.0 (11)	25.0	75.0	100.0 (8)
$x^2(df)$	1.093(2)			1.706(2)			0.473(2)			0.223(2)		

주: 1) '한국 영유아 교육보육 패널 가구' 대상 2024년도 조사 결과임.
2) 기대빈도가 5보다 작은 셀의 수가 20% 이상인 경우, 카이제곱 검정이 성립되지 않아 n.a.로 표기함.
* $p < .05$, ** $p < .01$.

Ⅲ. 영아 부모의 근무환경 실태

다음으로 유연근무제에서 근로 장소에 대한 제도에 대해 조사한 결과이다. 첫째, 재택근무제의 직장도입은 20.4%로 이 가운데 자유롭게 활용이 가능한 경우는 34.8%였다. 응답자의 직장 내 도입은 남성(21.0%)과 여성(19.9%)이 비슷한 분포를 보였으나 남성(42.1%)이 여성(29.6%)보다 자유롭게 활용할 수 있는 가능성이 더 컸다. 재택근무제 도입 비율은 직장 규모에 따라 500명 이상(30.7%)에서 가장 높았다. 응답자의 근로소득과 직장 내 재택근무제 도입은 근로소득이 높을수록 재택근무제가 도입된 직장에 근무하는 비율이 높았다.

〈표 Ⅲ-2-19〉 유연근무제(장소) 도입 및 활용 가능 여부: 재택근무제

단위: %(명)

구분	1-1. 직장 도입여부				1-3. 제도 활용 가능 여부			
	있음	없음	모름	계(수)	활용하기 어려움	가능하나 자유로운 활용 어려움	자유로운 활용 가능	계(수)
전체	20.4	67.1	12.5	100.0 (678)	26.8	38.4	34.8	100.0 (138)
응답자 성별								
남자	21.0	63.8	15.1	100.0 (271)	21.1	36.8	42.1	100.0 (57)
여자	19.9	69.3	10.8	100.0 (407)	30.9	39.5	29.6	100.0 (81)
$x^2(df)$	3.242(2)				2.760(2)			
응답자 연령								
30세 이하	8.7	73.9	17.4	100.0 (46)	25.0	50.0	25.0	100.0 (4)
31~40세 이하	22.2	66.0	11.9	100.0 (523)	28.4	38.8	32.8	100.0 (116)
41세 이상	15.6	69.8	14.6	100.0 (96)	20.0	33.3	46.7	100.0 (15)
$x^2(df)$	6.882(4)				n.a.			
고용보험 가입여부								
가입	20.3	67.4	12.3	100.0 (571)	25.0	41.4	33.6	100.0 (116)
미가입	20.6	65.4	14.0	100.0 (107)	36.4	22.7	40.9	100.0 (22)
$x^2(df)$	0.279(2)				2.848(2)			
직장 규모								
1~4명	21.5	68.2	10.3	100.0 (107)	30.4	30.4	39.1	100.0 (23)
5~29명	16.7	74.1	9.3	100.0 (162)	18.5	44.4	37.0	100.0 (27)
30~99명	12.5	70.0	17.5	100.0 (120)	20.0	46.7	33.3	100.0 (15)
100~299명	17.5	67.5	15.0	100.0 (80)	35.7	42.9	21.4	100.0 (14)
300~499명	19.6	65.2	15.2	100.0 (46)	33.3	11.1	55.6	100.0 (9)
500명 이상	30.7	57.7	11.7	100.0 (163)	28.0	40.0	32.0	100.0 (50)
$x^2(df)$	22.115(10)*				n.a.			
근로소득								
300만원 이하	16.9	69.5	13.6	100.0 (397)	29.9	40.3	29.9	100.0 (67)
301~500만원	22.4	65.1	12.5	100.0 (232)	25.0	36.5	38.5	100.0 (52)
501만원 이상	38.8	57.1	4.1	100.0 (49)	21.1	36.8	42.1	100.0 (19)
$x^2(df)$	15.376(4)**				1.615(4)			

주: 1) '한국 영유아 교육·보육 패널 가구' 대상 2024년도 조사 결과임.
  2) 기대빈도가 5보다 작은 셀의 수가 20% 이상인 경우, 카이제곱 검정이 성립되지 않아 n.a.로 표기함.
* $p < .05$, ** $p < .01$.

둘째, 원격근무제의 직장도입은 11.2%로 이 가운데 자유롭게 활용이 가능한 경우는 38.2%였다. 응답자의 직장 내 도입은 남성(14.0%)보다 여성(9.3%)이 높았으며 제도 활용에 있어서도 남성(44.7%)이 여성(31.6%)보다 자유롭게 활용할 수 있는 가능성이 컸다. 원격근무제 도입 비율은 직장 규모에 따라 500명 이상(16.6%)에서 가장 높았다. 응답자의 근로소득과 직장 내 원격근무제 도입은 근로소득이 높을수록 원격근무제가 도입된 직장에 근무하는 비율이 높았다.

〈표 Ⅲ-2-20〉 유연근무제(장소) 도입 및 활용 가능 여부: 원격근무제

단위: %(명)

구분	1-1. 직장 도입여부				1-3. 제도 활용 가능 여부			
	있음	없음	모름	계(수)	활용하기 어려움	가능하나 자유로운 활용 어려움	자유로운 활용 가능	계(수)
전체	11.2	73.0	15.8	100.0 (678)	27.6	34.2	38.2	100.0 (76)
응답자 성별								
남자	14.0	66.8	19.2	100.0 (271)	18.4	36.8	44.7	100.0 (38)
여자	9.3	77.1	13.5	100.0 (407)	36.8	31.6	31.6	100.0 (38)
$x^2(df)$	8.897(2)*				3.349(2)			
응답자 연령								
30세 이하	6.5	78.3	15.2	100.0 (46)	66.7	0.0	33.3	100.0 (3)
31~40세 이하	11.7	73.2	15.1	100.0 (523)	26.2	36.1	37.7	100.0 (61)
41세 이상	9.4	69.8	20.8	100.0 (96)	22.2	44.4	33.3	100.0 (9)
$x^2(df)$	3.279(4)				n.a.			
고용보험 가입여부								
가입	11.7	73.0	15.2	100.0 (571)	25.4	35.8	38.8	100.0 (67)
미가입	8.4	72.9	18.7	100.0 (107)	44.4	22.2	33.3	100.0 (9)
$x^2(df)$	1.569(2)				n.a.			
직장 규모								
1~4명	10.3	78.5	11.2	100.0 (107)	18.2	27.3	54.5	100.0 (11)
5~29명	9.3	79.6	11.1	100.0 (162)	13.3	33.3	53.3	100.0 (15)
30~99명	5.8	75.0	19.2	100.0 (120)	57.1	28.6	14.3	100.0 (7)
100~299명	11.3	68.8	20.0	100.0 (80)	33.3	44.4	22.2	100.0 (9)
300~499명	15.2	67.4	17.4	100.0 (46)	28.6	28.6	42.9	100.0 (7)
500명 이상	16.6	65.0	18.4	100.0 (163)	29.6	37.0	33.3	100.0 (27)
$x^2(df)$	18.067(10)				n.a.			
근로소득								
300만원 이하	8.8	75.8	15.4	100.0 (397)	37.1	34.3	28.6	100.0 (35)
301~500만원	12.1	69.8	18.1	100.0 (232)	21.4	32.1	46.4	100.0 (28)
501만원 이상	26.5	65.3	8.2	100.0 (49)	15.4	38.5	46.2	100.0 (13)
$x^2(df)$	16.230(4)**				n.a.			

주: 1) '한국 영유아 교육·보육 패널 가구' 대상 2024년도 조사 결과임.
    2) 기대빈도가 5보다 작은 셀의 수가 20% 이상인 경우, 카이제곱 검정이 성립되지 않아 n.a.로 표기함.
* $p < .05$, ** $p < .01$.

Ⅲ. 영아 부모의 근무환경 실태

응답자의 직장 내 유연근무제 도입 중에 근로 장소에 대한 재택근무제, 원격근무제 이용경험을 살펴보았다. 직장 내 제도가 도입된 응답자를 대상으로 각 제도별 이용 경험은 재택근무제(56.5%), 원격근무제(38.2%)로 재택근무제를 더 많이 활용하고 있었다. 재택근무제는 자녀수가 많을수록 이용경험도 늘고 있는 경향을 보였으며 맞벌이(56.9%)인 경우가 아닌 경우(53.3%)보다 높았다. 한편 원격근무제의 경우 맞벌이(35.8%)보다 맞벌이가 아닌(55.6%) 경우에 이용 경험이 더 많았다. 두 제도 모두 고용보험 가입(재택근무제 54.3%, 원격근무제 37.3%)보다 미가입(재택근무제 68.2%, 원격근무제 44.4%)일 때 더 이용경험이 많은 것으로 나타났다.

〈표 Ⅲ-2-21〉 돌봄지원제도(장소) 이용 여부

단위: %(명)

구분	1) 재택근무제			2) 원격근무제		
	이용 경험 있음	이용 경험 없음	계(수)	이용 경험 있음	이용 경험 없음	계(수)
전체	56.5	43.5	100.0 (138)	38.2	61.8	100.0 (76)
응답자 성별						
남자	52.6	47.4	100.0 (57)	42.1	57.9	100.0 (38)
여자	59.3	40.7	100.0 (81)	34.2	65.8	100.0 (38)
$x^2(df)$	0.598(1)			0.502(1)		
응답자 연령						
30세 이하	50.0	50.0	100.0 (4)	33.3	66.7	100.0 (3)
31~40세 이하	54.3	45.7	100.0 (116)	36.1	63.9	100.0 (61)
41세 이상	66.7	33.3	100.0 (15)	44.4	55.6	100.0 (9)
$x^2(df)$	n.a.			n.a.		
자녀 수						
1명	52.4	47.6	100.0 (82)	33.3	66.7	100.0 (42)
2명	60.4	39.6	100.0 (48)	41.4	58.6	100.0 (29)
3명 이상	66.7	33.3	100.0 (6)	33.3	66.7	100.0 (3)
$x^2(df)$	n.a.			n.a.		
맞벌이 여부						
맞벌이	56.9	43.1	100.0 (123)	35.8	64.2	100.0 (67)
맞벌이 아님	53.3	46.7	100.0 (15)	55.6	44.4	100.0 (9)
$x^2(df)$	0.070(1)			1.309(1)		
고용보험 가입여부						
가입	54.3	45.7	100.0 (116)	37.3	62.7	100.0 (67)
미가입	68.2	31.8	100.0 (22)	44.4	55.6	100.0 (9)
$x^2(df)$	1.448(1)			0.171(1)		
직장 규모						
1~4명	56.5	43.5	100.0 (23)	54.5	45.5	100.0 (11)
5~29명	74.1	25.9	100.0 (27)	53.3	46.7	100.0 (15)
30~99명	73.3	26.7	100.0 (15)	42.9	57.1	100.0 (7)

구분	1) 재택근무제		계(수)	2) 원격근무제		계(수)
	이용 경험 있음	이용 경험 없음		이용 경험 있음	이용 경험 없음	
100~299명	35.7	64.3	100.0 (14)	22.2	77.8	100.0 (9)
300~499명	22.2	77.8	100.0 (9)	14.3	85.7	100.0 (7)
500명 이상	54.0	46.0	100.0 (50)	33.3	66.7	100.0 (27)
$x^2(df)$	12.014(5)*			n.a.		
근로소득						
300만원 이하	59.7	40.3	100.0 (67)	28.6	71.4	100.0 (35)
301~500만원	53.8	46.2	100.0 (52)	46.4	53.6	100.0 (28)
501만원 이상	52.6	47.4	100.0 (19)	46.2	53.8	100.0 (13)
$x^2(df)$	0.544(2)			2.527(2)		

주: 1) '한국 영유아 교육·보육 패널 가구' 대상 2024년도 조사 결과임.
    2) 기대빈도가 5보다 작은 셀의 수가 20% 이상인 경우, 카이제곱 검정이 성립되지 않아 n.a.로 표기함.
* $p < .05$.

3. 육아에 대한 직장 문화

가. 직장 내 육아지원 분위기

1) 직장의 전반적인 문화

직장의 전반적인 업무 문화가 어떠한지를 알아보기 위해 다섯 가지 문항에 대해 4점 척도로 조사하였다.

[그림 III-3-1] 직장의 전반적인 문화

단위: 점

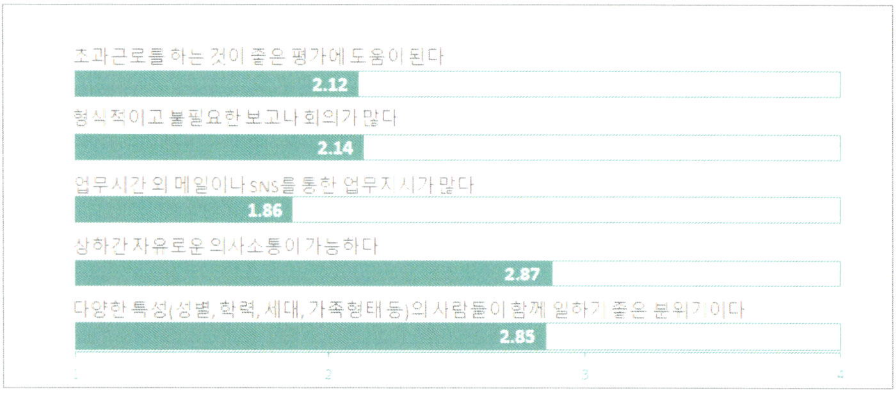

- 초과근로를 하는 것이 좋은 평가에 도움이 된다: 2.12
- 형식적이고 불필요한 보고나 회의가 많다: 2.14
- 업무시간 외 메일이나 SNS를 통한 업무지시가 많다: 1.86
- 상하간 자유로운 의사소통이 가능하다: 2.87
- 다양한 특성(성별, 학력, 세대, 가족형태 등)의 사람들이 함께 일하기 좋은 분위기이다: 2.85

주: '한국 영유아 교육·보육 패널 가구' 대상 2024년도 조사 결과임.

첫째, 초과근로를 하는 것이 좋은 평가에 도움이 되는가에 대해서는 그렇다

26.0%, 매우 그렇다 5.9%의 응답을 보였으며, 4점 척도 기준으로 평균 2.12점(표준편차 0.9)이었다. 응답자 성별에 따라 차이가 있었는데, 남성은 평균 2.26점으로 여성(2.03점)보다 더 직장에서 초과근로가 좋은 평가에 도움이 된다고 보고하였다. 근로소득에 따라서도 다소 차이를 보였다.

〈표 Ⅲ-3-1〉 직장의 전반적인 문화: 1) 초과근로를 하는 것이 좋은 평가에 도움이 된다

단위: %(명), 점

구분	전혀 그렇지 않다	그렇지 않다	그렇다	매우 그렇다	계 (수)	4점 척도	
						평균	표준편차
전체	25.8	42.3	26.0	5.9	100.0 (678)	2.12	0.9
응답자 성별							
남자	22.1	39.1	29.5	9.2	100.0 (271)	2.26	0.9
여자	28.3	44.5	23.6	3.7	100.0 (407)	2.03	0.8
$x^2(df)/t$		14.128(3)**				3.4**	
응답자 연령							
30세 이하	23.9	45.7	28.3	2.2	100.0 (46)	2.09	0.8
31~40세 이하	27.5	40.2	26.4	5.9	100.0 (523)	2.11	0.9
41세 이상	18.8	51.0	21.9	8.3	100.0 (96)	2.20	0.8
$x^2(df)/F$		7.662(6)				0.5	
고용보험 가입여부							
가입	24.2	43.3	26.4	6.1	100.0 (571)	2.15	0.9
미가입	34.6	37.4	23.4	4.7	100.0 (107)	1.98	0.9
$x^2(df)/t$		5.172(3)				1.8	
직장 규모							
1~4명	34.6	38.3	21.5	5.6	100.0 (107)	1.98	0.9
5~29명	25.9	43.8	24.7	5.6	100.0 (162)	2.10	0.9
30~99명	29.2	42.5	22.5	5.8	100.0 (120)	2.05	0.9
100~299명	28.8	41.3	21.3	8.8	100.0 (80)	2.10	0.9
300~499명	21.7	47.8	28.3	2.2	100.0 (46)	2.11	0.8
500명 이상	17.2	42.3	34.4	6.1	100.0 (163)	2.29	0.8
$x^2(df)/F$		8.753(15)				2.1	
근로소득							
300만원 이하	29.5	42.6	23.2	4.8	100.0 (397)	2.03[a]	0.9
301~500만원	19.8	41.8	30.6	7.8	100.0 (232)	2.26[a]	0.9
501만원 이상	24.5	42.9	26.5	6.1	100.0 (49)	2.14[a]	0.9
$x^2(df)/F$		10.653(6)				5.3**	

주: '한국 영유아 교육·보육 패널 가구' 대상 2024년도 조사 결과임.
** $p < .01$.

둘째, 형식적이고 불필요한 보고나 회의가 많은지에 대해서는 4점 척도 기준 평균 2.14점(표준편차 0.9)으로 나타났으며, 그렇다 24.0%, 매우 그렇다 7.4%의 응답을 보였다. 고용보험 가입(2.19점)한 경우 미가입(1.88점)한 경우보다, 그리고

직장 규모가 클수록 다소 점수가 높아지는 경향을 보였다.

〈표 Ⅲ-3-2〉 직장의 전반적인 문화: 2) 형식적이고 불필요한 보고나 회의가 많다

단위: %(명), 점

구분	전혀 그렇지 않다	그렇지 않다	그렇다	매우 그렇다	계 (수)	4점 척도 평균	4점 척도 표준편차
전체	25.1	43.5	24.0	7.4	100.0 (678)	2.14	0.9
응답자 성별							
남자	21.4	43.5	26.9	8.1	100.0 (271)	2.22	0.9
여자	27.5	43.5	22.1	6.9	100.0 (407)	2.08	0.9
$x^2(df)/t$		4.340(3)				2.0	
응답자 연령							
30세 이하	37.0	45.7	10.9	6.5	100.0 (46)	1.87	0.9
31~40세 이하	24.9	41.9	25.8	7.5	100.0 (523)	2.16	0.9
41세 이상	19.8	50.0	22.9	7.3	100.0 (96)	2.18	0.8
$x^2(df)/F$		9.004(6)				2.4	
고용보험 가입여부							
가입	22.9	43.8	25.0	8.2	100.0 (571)	2.19	0.9
미가입	36.4	42.1	18.7	2.8	100.0 (107)	1.88	0.8
$x^2(df)/t$		11.730(3)**				3.4**	
직장 규모							
1~4명	46.7	43.0	6.5	3.7	100.0 (107)	1.67[a]	0.8
5~29명	34.0	43.2	18.5	4.3	100.0 (162)	1.93[ab]	0.8
30~99명	14.2	46.7	31.7	7.5	100.0 (120)	2.33[bc]	0.8
100~299명	22.5	41.3	22.5	13.8	100.0 (80)	2.28[bc]	1.0
300~499명	6.5	63.0	26.1	4.3	100.0 (46)	2.28[bc]	0.7
500명 이상	16.6	37.4	35.6	10.4	100.0 (163)	2.40[c]	0.9
$x^2(df)/F$		86.620(15)***				13.6***(a)	
근로소득							
300만원 이하	26.7	44.6	21.9	6.8	100.0 (397)	2.09	0.9
301~500만원	22.8	41.4	27.2	8.6	100.0 (232)	2.22	0.9
501만원 이상	22.4	44.9	26.5	6.1	100.0 (49)	2.16	0.9
$x^2(df)/F$		3.961(6)				1.6	

주: '한국 영유아 교육·보육 패널 가구' 대상 2024년도 조사 결과임.
** $p < .01$, *** $p < .001$.

셋째, 업무시간 외 메일이나 SNS를 통한 업무지시가 많은지에 대해 조사한 결과 4점 척도 기준 평균 1.86점(표준편차 0.8)으로 다른 문항에 비해서는 낮은 편이었다. 그렇다 14.5%, 매우 그렇다 3.4%로 응답을 보였다. 고용보험 가입(1.89점)한 경우 미가입(1.72점)한 경우보다 좀 더 높은 점수를 보였다.

〈표 Ⅲ-3-3〉 직장의 전반적인 문화: 3) 업무시간 외 메일이나 SNS를 통한 업무지시가 많다

단위: %(명), 점

구분	전혀 그렇지 않다	그렇지 않다	그렇다	매우 그렇다	계 (수)	4점 척도 평균	표준편차
전체	34.8	47.3	14.5	3.4	100.0 (678)	1.86	0.8
응답자 성별							
남자	31.7	51.3	13.3	3.7	100.0 (271)	1.89	0.8
여자	36.9	44.7	15.2	3.2	100.0 (407)	1.85	0.8
$x^2(df)/t$		3.256(3)				0.7	
응답자 연령							
30세 이하	41.3	45.7	10.9	2.2	100.0 (46)	1.74	0.7
31~40세 이하	36.1	46.3	14.0	3.6	100.0 (523)	1.85	0.8
41세 이상	24.0	53.1	19.8	3.1	100.0 (96)	2.02	0.8
$x^2(df)/F$		7.567(6)				2.6	
고용보험 가입여부							
가입	33.1	48.3	14.9	3.7	100.0 (571)	1.89	0.8
미가입	43.9	42.1	12.1	1.9	100.0 (107)	1.72	0.8
$x^2(df)/t$		5.120(3)				2.1*	
직장 규모							
1~4명	45.8	37.4	15.0	1.9	100.0 (107)	1.73	0.8
5~29명	38.3	42.6	15.4	3.7	100.0 (162)	1.85	0.8
30~99명	36.7	47.5	10.8	5.0	100.0 (120)	1.84	0.8
100~299명	27.5	51.3	15.0	6.3	100.0 (80)	2.00	0.8
300~499명	17.4	65.3	17.4	0.0	100.0 (46)	2.00	0.6
500명 이상	31.3	51.5	14.7	2.5	100.0 (163)	1.88	0.7
$x^2(df)/F$		24.300(15)				1.5(a)	
근로소득							
300만원 이하	34.8	47.4	13.9	4.0	100.0 (397)	1.87	0.8
301~500만원	35.8	47.4	14.2	2.6	100.0 (232)	1.84	0.8
501만원 이상	30.6	46.9	20.4	2.0	100.0 (49)	1.94	0.8
$x^2(df)/F$		2.806(6)				0.4	

주: '한국 영유아 교육·보육 패널 가구' 대상 2024년도 조사 결과임.
* $p < .05$.

넷째, 직장 내에서 상하 간 자유로운 의사소통이 가능한지에 대해서는 4점 척도 기준 평균 2.87점(표준편차 0.7)으로 보고되었다. 그렇다 60.5%, 매우 그렇다 15.3%의 응답이 나타났다.

〈표 Ⅲ-3-4〉 직장의 전반적인 문화: 4) 상하간 자유로운 의사소통이 가능하다

단위: %(명), 점

구분	전혀 그렇지 않다	그렇지 않다	그렇다	매우 그렇다	계 (수)	4점 척도 평균	표준편차
전체	4.0	20.2	60.5	15.3	100.0 (678)	2.87	0.7
응답자 성별							

구분	전혀 그렇지 않다	그렇지 않다	그렇다	매우 그렇다	계 (수)	4점 척도 평균	4점 척도 표준편차
남자	3.7	19.9	59.8	16.6	100.0 (271)	2.89	0.7
여자	4.2	20.4	60.9	14.5	100.0 (407)	2.86	0.7
$x^2(df)/t$		0.622(3)				0.6	
응답자 연령							
30세 이하	6.5	21.7	56.5	15.2	100.0 (46)	2.80	0.8
31~40세 이하	4.2	19.9	60.0	15.9	100.0 (523)	2.88	0.7
41세 이상	2.1	22.9	61.5	13.5	100.0 (96)	2.86	0.7
$x^2(df)/F$		2.456(6)				0.2	
고용보험 가입여부							
가입	3.9	21.4	60.8	14.0	100.0 (571)	2.85	0.7
미가입	4.7	14.0	58.9	22.4	100.0 (107)	2.99	0.8
$x^2(df)/t$		6.777(3)				−1.9	
직장 규모							
1~4명	4.7	14.0	57.9	23.4	100.0 (107)	3.00	0.8
5~29명	4.3	14.2	64.8	16.7	100.0 (162)	2.94	0.7
30~99명	4.2	21.7	62.5	11.7	100.0 (120)	2.82	0.7
100~299명	5.0	22.5	57.5	15.0	100.0 (80)	2.83	0.7
300~499명	2.2	32.6	54.3	10.9	100.0 (46)	2.74	0.7
500명 이상	3.1	24.5	59.5	12.9	100.0 (163)	2.82	0.7
$x^2(df)/F$		19.494(15)				1.7	
근로소득							
300만원 이하	4.8	21.4	58.2	15.6	100.0 (397)	2.85	0.7
301~500만원	3.0	18.1	65.5	13.4	100.0 (232)	2.89	0.7
501만원 이상	2.0	20.4	55.1	22.4	100.0 (49)	2.98	0.7
$x^2(df)/F$		6.223(6)				0.9(a)	

주: '한국 영유아 교육·보육 패널 가구' 대상 2024년도 조사 결과임.

다섯째, 성별, 학력, 세대, 가족형태 등의 다양한 특성을 가진 사람들이 함께 일하기 좋은 분위기인지에 대해서는 4점 척도 기준 평균 2.85점(표준편차 0.7)이었다. 그렇다 62.1%, 매우 그렇다 13.4%로 응답이 나타났다.

〈표 Ⅲ-3-5〉 직장의 전반적인 문화: 5) 다양한 특성의 사람들이 함께 일하기 좋은 분위기이다

단위: %(명), 점

구분	전혀 그렇지 않다	그렇지 않다	그렇다	매우 그렇다	계 (수)	4점 척도 평균	4점 척도 표준편차
전체	4.0	20.5	62.1	13.4	100.0 (678)	2.85	0.7
응답자 성별							
남자	4.1	21.8	60.1	14.0	100.0 (271)	2.84	0.7
여자	3.9	19.7	63.4	13.0	100.0 (407)	2.86	0.7
$x^2(df)/t$		0.758(3)				−0.3	
응답자 연령							

Ⅲ. 영아 부모의 근무환경 실태

구분	전혀 그렇지 않다	그렇지 않다	그렇다	매우 그렇다	계 (수)	4점 척도	
						평균	표준편차
30세 이하	4.3	17.4	65.2	13.0	100.0 (46)	2.87	0.7
31~40세 이하	4.4	19.1	62.1	14.3	100.0 (523)	2.86	0.7
41세 이상	1.0	30.2	59.4	9.4	100.0 (96)	2.77	0.6
$x^2(df)/F$	9.120(6)					0.8	
고용보험 가입여부							
가입	4.0	20.7	62.5	12.8	100.0 (571)	2.84	0.7
미가입	3.7	19.6	59.8	16.8	100.0 (107)	2.90	0.7
$x^2(df)/t$	1.268(3)					−0.8	
직장 규모							
1~4명	3.7	25.2	59.8	11.2	100.0 (107)	2.79	0.7
5~29명	3.7	21.6	60.5	14.2	100.0 (162)	2.85	0.7
30~99명	5.0	15.8	66.7	12.5	100.0 (120)	2.87	0.7
100~299명	5.0	16.3	66.3	12.5	100.0 (80)	2.86	0.7
300~499명	4.3	17.4	67.4	10.9	100.0 (46)	2.85	0.7
500명 이상	3.1	22.7	58.3	16.0	100.0 (163)	2.87	0.7
$x^2(df)/F$	7.733(15)					0.2	
근로소득							
300만원 이하	3.8	18.9	64.5	12.8	100.0 (397)	2.86	0.7
301~500만원	4.3	22.4	58.6	14.7	100.0 (232)	2.84	0.7
501만원 이상	4.1	24.5	59.2	12.2	100.0 (49)	2.80	0.7
$x^2(df)/F$	2.695(6)					0.3	

주: '한국 영유아 교육·보육 패널 가구' 대상 2024년도 조사 결과임.

2) 직장 내 육아지원 분위기

직장 내 육아지원 분위기는 어떠한지를 살펴보기 위해 다섯 가지 문항에 대해 4점 척도로 응답하도록 하였다.

[그림 Ⅲ-3-2] 직장 내 육아지원 정도 및 분위기

단위: 점

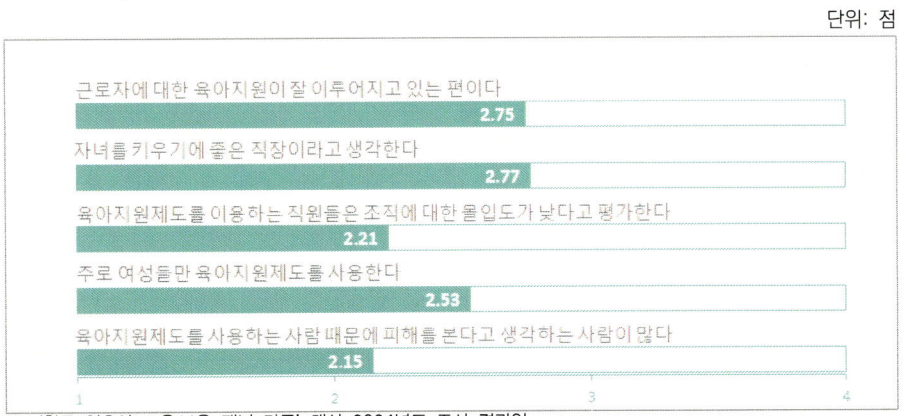

주: '한국 영유아 교육·보육 패널 가구' 대상 2024년도 조사 결과임.

첫째, 근로자에 대한 육아지원이 잘 이루어지고 있는 편인지에 대해서는 4점 척도 기준 평균 2.75점(표준편차 0.8)으로 보통 수준에서 약간 높은 수준으로 보고되었다. 그렇다 52.8%, 매우 그렇다 14.0%의 응답을 보였다. 성별에 따른 차이가 있었는데, 여성(2.80점)이 남성(2.66점)보다 육아지원이 잘 이루어지고 있다고 응답하였다. 뚜렷한 경향성은 나타나지 않으나 직장 규모에 따라 육아지원 정도에 대한 평가는 다르게 나타났다.

〈표 Ⅲ-3-6〉 직장 내 육아지원 정도 및 분위기: 1) 근로자에 대한 육아지원이 잘 이루어지고 있는 편이다

단위: %(명), 점

구분	전혀 그렇지 않다	그렇지 않다	그렇다	매우 그렇다	계 (수)	4점 척도 평균	표준편차
전체	6.2	27.0	52.8	14.0	100.0 (678)	2.75	0.8
응답자 성별							
남자	7.4	33.2	45.0	14.4	100.0 (271)	2.66	0.8
여자	5.4	22.9	58.0	13.8	100.0 (407)	2.80	0.7
$x^2(df)/t$		12.720(3)**				-2.2*	
응답자 연령							
30세 이하	6.5	30.4	54.3	8.7	100.0 (46)	2.65	0.7
31~40세 이하	6.1	26.8	51.8	15.3	100.0 (523)	2.76	0.8
41세 이상	7.3	26.0	57.3	9.4	100.0 (96)	2.69	0.7
$x^2(df)/F$		3.929(6)				0.7	
고용보험 가입여부							
가입	5.4	27.3	52.9	14.4	100.0 (571)	2.76	0.8
미가입	10.3	25.2	52.3	12.1	100.0 (107)	2.66	0.8
$x^2(df)/t$		3.889(3)				1.2	
직장 규모							
1~4명	13.1	33.6	44.9	8.4	100.0 (107)	2.49[a]	0.8
5~29명	7.4	30.9	53.7	8.0	100.0 (162)	2.62[ab]	0.7
30~99명	4.2	24.2	52.5	19.2	100.0 (120)	2.87[bc]	0.8
100~299명	7.5	31.3	50.0	11.3	100.0 (80)	2.65[ab]	0.8
300~499명	2.2	39.1	52.2	6.5	100.0 (46)	2.63[ab]	0.6
500명 이상	2.5	15.3	58.9	23.3	100.0 (163)	3.03[c]	0.7
$x^2(df)/F$		52.473(15)***				9.3***(a)	
근로소득							
300만원 이하	7.1	27.5	51.6	13.9	100.0 (397)	2.72	0.8
301~500만원	4.7	24.6	54.3	16.4	100.0 (232)	2.82	0.8
501만원 이상	6.1	34.7	55.1	4.1	100.0 (49)	2.57	0.7
$x^2(df)/F$		7.511(6)				2.6	

주: '한국 영유아 교육·보육 패널 가구' 대상 2024년도 조사 결과임.
* $p < .05$, ** $p < .01$, *** $p < .001$.

둘째, 자녀를 키우기에 좋은 직장이라고 생각하는지에 대해서는 4점 척도 기준 평균 2.77점(표준편차 0.8)으로 응답하였다. 그렇다 50.0%, 매우 그렇다 17.1%로 나타났다. 직장 규모에 따라 뚜렷한 선형성은 보이지 않았으나 직장 규모에 따라 자녀를 키우기에 좋은 직장인지에 대한 응답에 차이가 있었다.

〈표 Ⅲ-3-7〉 직장 내 육아지원 정도 및 분위기: 2) 자녀를 키우기에 좋은 직장이라고 생각한다

단위: %(명), 점

구분	전혀 그렇지 않다	그렇지 않다	그렇다	매우 그렇다	계 (수)	4점 척도 평균	4점 척도 표준편차
전체	7.2	25.7	50.0	17.1	100.0 (678)	2.77	0.8
응답자 성별							
남자	9.2	25.5	49.4	15.9	100.0 (271)	2.72	0.8
여자	5.9	25.8	50.4	17.9	100.0 (407)	2.80	0.8
$x^2(df)/t$		2.935(3)				−1.3	
응답자 연령							
30세 이하	15.2	26.1	41.3	17.4	100.0 (46)	2.61	1.0
31~40세 이하	7.3	25.4	49.3	18.0	100.0 (523)	2.78	0.8
41세 이상	4.2	27.1	56.3	12.5	100.0 (96)	2.77	0.7
$x^2(df)/F$		8.190(6)				0.9(a)	
고용보험 가입여부							
가입	6.8	27.0	48.7	17.5	100.0 (571)	2.77	0.8
미가입	9.3	18.7	57.0	15.0	100.0 (107)	2.78	0.8
$x^2(df)/t$		4.789(3)				−0.1	
직장 규모							
1~4명	6.5	29.0	54.2	10.3	100.0 (107)	2.68^a	0.8
5~29명	8.0	33.3	47.5	11.1	100.0 (162)	2.62^a	0.8
30~99명	8.3	22.5	47.5	21.7	100.0 (120)	2.83^a	0.9
100~299명	7.5	20.0	52.5	20.0	100.0 (80)	2.85^a	0.8
300~499명	13.0	26.1	50.0	10.9	100.0 (46)	2.59^a	0.9
500명 이상	4.3	20.9	50.3	24.5	100.0 (163)	2.95^a	0.8
$x^2(df)/F$		26.930(15)*				3.8**	
근로소득							
300만원 이하	7.3	27.2	48.9	16.6	100.0 (397)	2.75	0.8
301~500만원	6.5	22.8	51.3	19.4	100.0 (232)	2.84	0.8
501만원 이상	10.2	26.5	53.1	10.2	100.0 (49)	2.63	0.8
$x^2(df)/F$		4.291(6)				1.6	

주: '한국 영유아 교육·보육 패널 가구' 대상 2024년도 조사 결과임.
* $p < .05$, ** $p < .01$.

셋째, 육아지원제도를 이용하는 직원들은 조직에 대한 몰입도가 낮다고 평가하는지에 대해서는 4점 척도 기준 평균 2.21점(표준편차 0.8)이었다. 그렇다 28.6%, 매우 그렇다 4.6%의 응답을 보였다.

〈표 Ⅲ-3-8〉 직장 내 육아지원 정도 및 분위기: 3) 육아지원제도를 이용하는 직원들은 조직에 대한 몰입도가 낮다고 평가한다

단위: %(명), 점

구분	전혀 그렇지 않다	그렇지 않다	그렇다	매우 그렇다	계 (수)	4점 척도 평균	4점 척도 표준편차
전체	16.7	50.1	28.6	4.6	100.0 (678)	2.21	0.8
응답자 성별							
남자	18.5	49.4	28.4	3.7	100.0 (271)	2.17	0.8
여자	15.5	50.6	28.7	5.2	100.0 (407)	2.24	0.8
$x^2(df)/t$		1.681(3)				−1.0	
응답자 연령							
30세 이하	13.0	58.7	23.9	4.3	100.0 (46)	2.20	0.7
31~40세 이하	17.2	48.9	28.7	5.2	100.0 (523)	2.22	0.8
41세 이상	15.6	52.1	31.3	1.0	100.0 (96)	2.18	0.7
$x^2(df)/F$		5.049(6)				0.1	
고용보험 가입여부							
가입	15.4	51.1	28.9	4.6	100.0 (571)	2.23	0.8
미가입	23.4	44.9	27.1	4.7	100.0 (107)	2.13	0.8
$x^2(df)/t$		4.232(3)				1.2	
직장 규모							
1~4명	21.5	49.5	25.2	3.7	100.0 (107)	2.11	0.8
5~29명	14.8	54.3	26.5	4.3	100.0 (162)	2.20	0.7
30~99명	19.2	50.0	27.5	3.3	100.0 (120)	2.15	0.8
100~299명	15.0	35.0	42.5	7.5	100.0 (80)	2.43	0.8
300~499명	15.2	54.3	23.9	6.5	100.0 (46)	2.22	0.8
500명 이상	14.7	52.8	28.2	4.3	100.0 (163)	2.22	0.8
$x^2(df)/F$		16.431(15)				1.8	
근로소득							
300만원 이하	16.1	50.4	28.0	5.5	100.0 (397)	2.23	0.8
301~500만원	17.7	50.0	29.3	3.0	100.0 (232)	2.18	0.8
501만원 이상	16.3	49.0	30.6	4.1	100.0 (49)	2.22	0.8
$x^2(df)/F$		2.469(6)				0.3	

주: '한국 영유아 교육·보육 패널 가구' 대상 2024년도 조사 결과임.

넷째, 주로 여성들만 육아지원제도를 사용한다는 질문에는 4점 척도 기준 평균 2.53점(표준편차 0.9)으로 응답하였다. 그렇다 39.5%, 매우 그렇다 13.9%이었다. 고용보험에 가입(2.61점)한 경우 미가입(2.09점)한 경우보다 더 높은 점수를 보였다. 직장 규모에 따라 응답에 차이가 있어서 100~299명인 규모에서 가장 점수가 높게 나타났으나 규모에 따른 뚜렷한 경향성을 보이지는 않았다.

〈표 Ⅲ-3-9〉 직장 내 육아지원 정도 및 분위기: 4) 주로 여성들만 육아지원제도를 사용한다

단위: %(명), 점

구분	전혀 그렇지 않다	그렇지 않다	그렇다	매우 그렇다	계 (수)	4점 척도 평균	4점 척도 표준편차
전체	14.7	31.9	39.5	13.9	100.0 (678)	2.53	0.9
응답자 성별							
남자	19.9	31.4	33.6	15.1	100.0 (271)	2.44	1.0
여자	11.3	32.2	43.5	13.0	100.0 (407)	2.58	0.9
$x^2(df)/t$		12.800(3)**				-2.0	
응답자 연령							
30세 이하	8.7	39.1	41.3	10.9	100.0 (46)	2.54	0.8
31~40세 이하	15.7	30.4	38.8	15.1	100.0 (523)	2.53	0.9
41세 이상	12.5	35.4	42.7	9.4	100.0 (96)	2.49	0.8
$x^2(df)/F$		5.873(6)				0.1	
고용보험 가입여부							
가입	12.6	30.1	41.3	15.9	100.0 (571)	2.61	0.9
미가입	26.2	41.1	29.9	2.8	100.0 (107)	2.09	0.8
$x^2(df)/t$		28.840(3)***				5.8***	
직장 규모							
1~4명	22.4	35.5	34.6	7.5	100.0 (107)	2.27ª	0.9
5~29명	11.1	24.1	53.1	11.7	100.0 (162)	2.65ᵃᵇ	0.8
30~99명	18.3	32.5	40.0	9.2	100.0 (120)	2.40ª	0.9
100~299명	8.8	23.8	38.8	28.8	100.0 (80)	2.88ᵇ	0.9
300~499명	6.5	43.5	34.8	15.2	100.0 (46)	2.59ᵃᵇ	0.8
500명 이상	16.0	37.4	30.7	16.0	100.0 (163)	2.47ᵃᵇ	0.9
$x^2(df)/F$		50.393(15)***				5.5***	
근로소득							
300만원 이하	14.6	32.0	40.6	12.8	100.0 (397)	2.52	0.9
301~500만원	15.1	31.9	36.6	16.4	100.0 (232)	2.54	0.9
501만원 이상	14.3	30.6	44.9	10.2	100.0 (49)	2.51	0.9
$x^2(df)/F$		2.839(6)				0.1	

주: '한국 영유아 교육·보육 패널 가구' 대상 2024년도 조사 결과임.
** $p < .01$, *** $p < .001$.

다섯째, 육아지원제도를 사용하는 사람 때문에 피해를 본다고 생각하는 사람이 많은지에 대해서는 4점 척도 기준 평균 2.15점(표준편차 0.8)으로 보고되었다. 그렇다 26.0%, 매우 그렇다 4.3%의 응답을 보였다. 고용보험 가입(2.18점)한 경우 미가입(1.99점)한 경우보다 점수를 높게 응답하였고, 직장 규모의 경우 규모에 따라 점차 점수가 높아지다가 500명 이상일 때 다소 감소하는 경향이 나타났다.

<표 Ⅲ-3-10> 직장 내 육아지원 정도 및 분위기: 5) 육아지원제도를 사용하는 사람 때문에 피해를 본다고 생각하는 사람이 많다

단위: %(명), 점

구분	전혀 그렇지 않다	그렇지 않다	그렇다	매우 그렇다	계 (수)	4점 척도 평균	4점 척도 표준편차
전체	19.6	50.1	26.0	4.3	100.0 (678)	2.15	0.8
응답자 성별							
남자	20.3	50.2	24.4	5.2	100.0 (271)	2.14	0.8
여자	19.2	50.1	27.0	3.7	100.0 (407)	2.15	0.8
$x^2(df)/t$	1.388(3)					−0.1	
응답자 연령							
30세 이하	21.7	58.7	17.4	2.2	100.0 (46)	2.00	0.7
31~40세 이하	21.2	48.0	25.8	5.0	100.0 (523)	2.15	0.8
41세 이상	10.4	55.2	32.3	2.1	100.0 (96)	2.26	0.7
$x^2(df)/F$	11.401(6)					1.8(a)	
고용보험 가입여부							
가입	18.2	50.8	25.9	5.1	100.0 (571)	2.18	0.8
미가입	27.1	46.7	26.2	0.0	100.0 (107)	1.99	0.7
$x^2(df)/t$	9.362(3)*					2.3*	
직장 규모							
1~4명	24.3	51.4	22.4	1.9	100.0 (107)	2.02[a]	0.7
5~29명	20.4	53.1	24.7	1.9	100.0 (162)	2.08[ab]	0.7
30~99명	19.2	55.8	20.8	4.2	100.0 (120)	2.10[ab]	0.8
100~299명	17.5	37.5	33.8	11.3	100.0 (80)	2.39[ab]	0.9
300~499명	6.5	47.8	41.3	4.3	100.0 (46)	2.43[b]	0.7
500명 이상	20.9	49.1	25.2	4.9	100.0 (163)	2.14[ab]	0.8
$x^2(df)/F$	30.152(15)*					3.8**(a)	
근로소득							
300만원 이하	21.2	46.9	28.5	3.5	100.0 (397)	2.14	0.8
301~500만원	17.2	55.2	22.4	5.2	100.0 (232)	2.16	0.8
501만원 이상	18.4	53.1	22.4	6.1	100.0 (49)	2.16	0.8
$x^2(df)/F$	6.962(6)					0.0	

주: '한국 영유아 교육·보육 패널 가구' 대상 2024년도 조사 결과임.
* $p < .05$, ** $p < .01$.

다음으로 직장 상사나 동료의 육아지원 분위기는 어떠한지를 알아보기 위해 4점 척도로 응답하는 두 문항으로 조사하였다.

[그림 Ⅲ-3-3] 직장상사나 동료의 육아지원 분위기

단위: 점

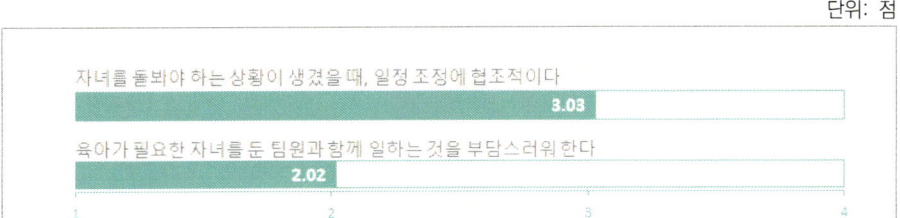

주: '한국 영유아 교육·보육 패널 가구' 대상 2024년도 조사 결과임.

첫째, 자녀를 돌봐야 하는 상황이 생겼을 때 일정조정에 협조적인지에 대한 질문에 4점 척도 기준 3.03점(표준편차 0.7)으로 다소 높은 수준의 응답을 보였다. 그렇다 61.9%, 매우 그렇다 21.8%이었다. 근로소득에 따라 다소 응답에 차이가 있었다.

〈표 Ⅲ-3-11〉 상사나 동료들의 육아지원 정도 및 분위기: 1) 자녀를 돌봐야 하는 상황이 생겼을 때, 일정 조정에 협조적이다

단위: %(명), 점

구분	전혀 그렇지 않다	그렇지 않다	그렇다	매우 그렇다	계 (수)	4점 척도 평균	표준편차
전체	2.7	13.6	61.9	21.8	100.0 (678)	3.03	0.7
응답자 성별							
남자	2.6	11.4	62.0	24.0	100.0 (271)	3.07	0.7
여자	2.7	15.0	61.9	20.4	100.0 (407)	3.00	0.7
$x^2(df)/t$		2.480(3)				1.4	
응답자 연령							
30세 이하	6.5	15.2	50.0	28.3	100.0 (46)	3.00	0.8
31~40세 이하	2.9	13.4	61.2	22.6	100.0 (523)	3.03	0.7
41세 이상	0.0	14.6	70.8	14.6	100.0 (96)	3.00	0.5
$x^2(df)/F$		10.941(6)				0.1(a)	
고용보험 가입여부							
가입	2.1	13.1	63.4	21.4	100.0 (571)	3.04	0.7
미가입	5.6	15.9	54.2	24.3	100.0 (107)	2.97	0.8
$x^2(df)/t$		6.260(3)				0.8	
직장 규모							
1~4명	2.8	18.7	51.4	27.1	100.0 (107)	3.03	0.8
5~29명	1.9	14.2	61.7	22.2	100.0 (162)	3.04	0.7
30~99명	2.5	10.8	65.0	21.7	100.0 (120)	3.06	0.7
100~299명	3.8	11.3	65.0	20.0	100.0 (80)	3.01	0.7
300~499명	2.2	10.9	71.7	15.2	100.0 (46)	3.00	0.6
500명 이상	3.1	13.5	62.6	20.9	100.0 (163)	3.01	0.7
$x^2(df)/F$		9.698(15)				0.1	

구분	전혀 그렇지 않다	그렇지 않다	그렇다	매우 그렇다	계 (수)	4점 척도 평균	4점 척도 표준편차
근로소득							
300만원 이하	3.5	16.1	59.7	20.7	100.0 (397)	2.97ª	0.7
301~500만원	0.4	9.9	65.1	24.6	100.0 (232)	3.14ª	0.6
501만원 이상	6.1	10.2	65.3	18.4	100.0 (49)	2.96ª	0.7
$x^2(df)/F$		14.375(6)*				4.6*	

주: '한국 영유아 교육·보육 패널 가구' 대상 2024년도 조사 결과임.
* $p < .05$.

둘째, 육아가 필요한 자녀를 둔 팀원과 함께 일하는 것을 부담스러워 하는지에 대해서는 4점 척도 기준 평균 2.02점(표준편차 0.7)으로 나타났다. 그렇다 20.1%, 매우 그렇다 2.5%의 응답을 보였다. 성별에 따라 차이가 있었는데 여성의 경우 2.09점으로 남성(1.92점)보다 높은 수준으로 보고하였다.

〈표 Ⅲ-3-12〉 상사나 동료들의 육아지원 정도 및 분위기: 2) 육아가 필요한 자녀를 둔 팀원과 함께 일하는 것을 부담스러워 한다

단위: %(명), 점

구분	전혀 그렇지 않다	그렇지 않다	그렇다	매우 그렇다	계 (수)	4점 척도 평균	4점 척도 표준편차
전체	22.9	54.6	20.1	2.5	100.0 (678)	2.02	0.7
응답자 성별							
남자	26.2	57.2	14.8	1.8	100.0 (271)	1.92	0.7
여자	20.6	52.8	23.6	2.9	100.0 (407)	2.09	0.7
$x^2(df)/t$		9.878(3)*				-2.9**	
응답자 연령							
30세 이하	26.1	50.0	19.6	4.3	100.0 (46)	2.02	0.8
31~40세 이하	24.1	53.9	19.5	2.5	100.0 (523)	2.00	0.7
41세 이상	15.6	59.4	22.9	2.1	100.0 (96)	2.11	0.7
$x^2(df)/F$		4.502(6)				0.9	
고용보험 가입여부							
가입	22.2	55.7	19.3	2.8	100.0 (571)	2.03	0.7
미가입	26.2	48.6	24.3	0.9	100.0 (107)	2.00	0.7
$x^2(df)/t$		3.831(3)				0.3	
직장 규모							
1~4명	30.8	50.5	17.8	0.9	100.0 (107)	1.89	0.7
5~29명	21.6	54.9	21.6	1.9	100.0 (162)	2.04	0.7
30~99명	22.5	55.8	18.3	3.3	100.0 (120)	2.03	0.7
100~299명	18.8	53.8	23.8	3.8	100.0 (80)	2.13	0.8
300~499명	15.2	60.9	23.9	0.0	100.0 (46)	2.09	0.6
500명 이상	23.3	54.6	18.4	3.7	100.0 (163)	2.02	0.8

Ⅲ. 영아 부모의 근무환경 실태

구분	전혀 그렇지 않다	그렇지 않다	그렇다	매우 그렇다	계 (수)	4점 척도	
						평균	표준편차
$x^2(df)/F$	11.556(15)					1.1	
근로소득							
300만원 이하	22.7	50.4	23.4	3.5	100.0 (397)	2.08	0.8
301~500만원	23.3	60.3	15.5	0.9	100.0 (232)	1.94	0.7
501만원 이상	22.4	61.2	14.3	2.0	100.0 (49)	1.96	0.7
$x^2(df)/F$	12.756(6)*					2.9(a)	

주: '한국 영유아 교육·보육 패널 가구' 대상 2024년도 조사 결과임.
* $p < .05$, ** $p < .01$.

나. 육아친화적 문화 조성을 위한 노력

육아친화적 문화 조성을 위해 필요한 노력을 직장과 정부에서의 노력으로 구분하여 우선순위 2가지를 조사하였다. 결과를 살펴보면, 먼저 육아친화적 문화 조성을 위해 필요한 직장에서의 노력은 무엇이라고 생각하는지에 대해 1순위 응답으로 가장 높은 비율을 보인 직장에서의 노력은 '육아지원제도/유연근무제 도입 및 확대'(41.4%)이었다. 이 외에는 '육아지원 제도 활용을 위한 조직관리 및 지원' 15.0%, '상사와 동료의 이해와 협조' 13.4%, '경영진의 가족친화적 경영에 대한 인식 개선' 12.4% 등의 순으로 응답하였다.

〈표 Ⅲ-3-13〉 육아친화적 문화 조성을 위해 필요한 직장에서의 노력(1순위)

단위: %(명)

구분	육아지원제도/유연근무제 도입 및 확대	육아지원 제도 활용을 위한 조직관리 및 지원(대체인력관리 등)	상사와 동료의 이해와 협조(지지)	경영진의 가족(육아)친화적 경영에 대한 인식개선	육아지원 제도 이용 시 불이익 해소	평등하고 유연한 조직문화	관련 정보 제공, 상담 등 육아지원 제도 활용도를 높이기 위한 지원	기타	계 (수)
전체	41.4	15.0	13.4	12.4	9.3	4.7	3.5	0.1	100.0 (678)
응답자 성별									
남자	37.3	14.4	14.0	12.9	11.8	4.4	5.2	0.0	100.0 (271)
여자	44.2	15.5	13.0	12.0	7.6	4.9	2.5	0.2	100.0 (407)
$x^2(df)$	9.445(7)								
응답자 연령									
30세 이하	52.2	13.0	13.0	4.3	8.7	4.3	4.3	0.0	100.0 (46)
31~40세 이하	42.3	14.3	12.2	13.4	9.4	4.8	3.4	0.2	100.0 (523)
41세 이상	33.3	19.8	19.8	10.4	8.3	4.2	4.2	0.0	100.0 (96)

영아 부모의 육아기 근무환경 조사: 한국 영유아 교육·보육 패널 가구를 대상으로

구분	육아지원 제도/ 유연 근무제 도입 및 확대	육아지원 제도 활용을 위한 조직관리 및 지원 (대체 인력관리 등)	상사와 동료의 이해와 협조 (지지)	경영진의 가족 (육아) 친화적 경영에 대한 인식개선	육아지원 제도 이용 시 불이익 해소	평등하고 유연한 조직문화	관련 정보 제공, 상담 등 육아지원 제도 활용도를 높이기 위한 지원	기타	계 (수)
$x^2(df)$				n.a.					
고용보험 가입여부									
가입	41.9	14.4	13.1	13.1	9.3	4.4	3.7	0.2	100.0 (571)
미가입	39.3	18.7	15.0	8.4	9.3	6.5	2.8	0.0	100.0 (107)
$x^2(df)$				4.392(7)					
직장 규모									
1~4명	48.6	9.3	17.8	8.4	6.5	4.7	4.7	0.0	100.0 (107)
5~29명	42.0	17.9	14.8	7.4	8.0	6.2	3.7	0.0	100.0 (162)
30~99명	43.3	18.3	11.7	10.8	7.5	2.5	5.8	0.0	100.0 (120)
100~299명	36.3	15.0	11.3	21.3	8.8	5.0	1.3	1.3	100.0 (80)
300~499명	45.7	15.2	13.0	15.2	0.0	4.3	6.5	0.0	100.0 (46)
500명 이상	36.2	13.5	11.7	16.0	16.6	4.9	1.2	0.0	100.0 (163)
$x^2(df)$				n.a.					
근로소득									
300만원 이하	44.3	15.6	11.8	10.1	10.1	5.0	2.8	0.3	100.0 (397)
301~500만원	38.4	12.9	15.5	16.4	7.8	4.7	4.3	0.0	100.0 (232)
501만원 이상	32.7	20.4	16.3	12.2	10.2	2.0	6.1	0.0	100.0 (49)
$x^2(df)$				n.a.					

주: 1) '한국 영유아 교육·보육 패널 가구' 대상 2024년도 조사 결과임.
    2) 기대빈도가 5보다 작은 셀의 수가 20% 이상인 경우, 카이제곱 검정이 성립되지 않아 n.a.로 표기함.

〈표 Ⅲ-3-14〉 육아친화적 문화 조성을 위해 필요한 직장에서의 노력(1+2순위)

단위: %(명)

구분	육아지원 제도/ 유연 근무제 도입 및 확대	육아지원 제도 활용을 위한 조직관리 및 지원 (대체 인력관리 등)	상사와 동료의 이해와 협조 (지지)	경영진의 가족 (육아) 친화적 경영에 대한 인식개선	육아지원 제도 이용 시 불이익 해소	평등하고 유연한 조직문화	관련 정보 제공, 상담 등 육아지원 제도 활용도를 높이기 위한 지원	기타	(수)
전체	56.8	40.9	28.9	27.0	23.0	11.4	11.2	0.9	(678)

주: '한국 영유아 교육·보육 패널 가구' 대상 2024년도 조사 결과임.

[그림 Ⅲ-3-4] 육아친화적 문화 조성을 위해 필요한 직장에서의 노력(1+2순위)

단위: %

주: '한국 영유아 교육·보육 패널 가구' 대상 2024년도 조사 결과임.

육아친화적 문화 조성을 위해 필요한 정부에서의 노력이 무엇인지에 대해 우선순위 2가지를 조사한 결과, 1순위로 '육아친화적인 직장에 대한 인센티브 강화'를 가장 많이 응답하였다(33.0%). '육아지원제도 이용이 용이하도록 법적 절차 간소화 또는 의무 추진' 24.6%, '일·생활 균형을 위한 노동문화 개선' 16.7% 등의 순으로 나타났다.

〈표 Ⅲ-3-15〉 육아친화적 문화 조성을 위해 필요한 정부에서의 노력(1순위)

단위: %(명)

구분	육아친화적인 직장에 대한 인센티브 강화	육아지원제도 이용이 용이하도록 법적 절차 간소화 또는 의무 이용 추진	일·생활 균형을 위한 노동문화 개선(유연근무제 확대, 장시간 노동 근절 등)	육아지원제도 미이용 사업장에 대한 제재 강화	사회 전반적인 가족(육아) 친화적 인식 함양을 위한 언론 홍보	성별 임금격차, 유리천장 등 노동시장성 차별 해소	기타	계 (수)
전체	33.0	24.6	16.7	11.5	11.1	2.8	0.3	100.0 (678)
응답자 성별								
남자	38.7	21.4	17.0	10.7	10.7	1.1	0.4	100.0 (271)
여자	29.2	26.8	16.5	12.0	11.3	3.9	0.2	100.0 (407)
$x^2(df)$			11.408(6)					
응답자 연령								
30세 이하	39.1	28.3	8.7	13.0	8.7	2.2	0.0	100.0 (46)
31~40세 이하	31.4	24.5	17.2	11.5	12.0	3.1	0.4	100.0 (523)

구분	육아 친화적인 직장에 대한 인센티브 강화	육아 지원제도 이용이 용이하도록 법적 절차 간소화 또는 의무 이용 추진	일·생활 균형을 위한 노동문화 개선(유연근무제 확대, 장시간 노동 근절 등)	육아지원제도 미이용 사업장에 대한 제재 강화	사회 전반적인 가족(육아)친화적 인식 함양을 위한 언론 홍보	성별 임금격차, 유리천장 등 노동시장성 차별 해소	기타	계 (수)
41세 이상	37.5	25.0	16.7	12.5	7.3	1.0	0.0	100.0 (96)
$x^2(df)$				n.a.				
고용보험 가입여부								
가입	34.5	24.9	16.5	11.9	9.5	2.6	0.2	100.0 (571)
미가입	25.2	23.4	17.8	9.3	19.6	3.7	0.9	100.0 (107)
$x^2(df)$				n.a.				
직장 규모								
1~4명	30.8	19.6	14.0	8.4	21.5	4.7	0.9	100.0 (107)
5~29명	38.3	23.5	12.3	11.7	10.5	3.7	0.0	100.0 (162)
30~99명	30.0	25.8	19.2	14.2	9.2	1.7	0.0	100.0 (120)
100~299명	35.0	26.3	15.0	13.8	7.5	2.5	0.0	100.0 (80)
300~499명	41.3	15.2	17.4	10.9	13.0	2.2	0.0	100.0 (46)
500명 이상	28.2	30.1	21.5	10.4	7.4	1.8	0.6	100.0 (163)
$x^2(df)$				n.a.				
근로소득								
300만원 이하	29.7	25.9	18.1	10.6	11.6	3.8	0.3	100.0 (397)
301~500만원	36.6	26.3	14.2	12.9	8.2	1.7	0.0	100.0 (232)
501만원 이상	42.9	6.1	16.3	12.2	20.4	0.0	2.0	100.0 (49)
$x^2(df)$			28.247(12)**					

주: 1) '한국 영유아 교육·보육 패널 가구' 대상 2024년도 조사 결과임.
   2) 기대빈도가 5보다 작은 셀의 수가 20% 이상인 경우, 카이제곱 검정이 성립되지 않아 n.a.로 표기함.
** $p < .01$.

〈표 Ⅲ-3-16〉 육아친화적 문화 조성을 위해 필요한 정부에서의 노력(1+2순위)

단위: %(명)

구분	육아 친화적인 직장에 대한 인센티브 강화	육아 지원제도 이용이 용이하도록 법적 절차 간소화 또는 의무 이용 추진	일·생활 균형을 위한 노동문화 개선(유연근무제 확대, 장시간 노동 근절 등)	육아지원제도 미이용 사업장에 대한 제재 강화	사회 전반적인 가족(육아)친화적 인식 함양을 위한 언론 홍보	성별 임금격차, 유리천장 등 노동시장성 차별 해소	기타	(수)
전체	52.1	49.0	44.8	27.4	19.6	5.9	1.2	(678)

주: '한국 영유아 교육·보육 패널 가구' 대상 2024년도 조사 결과임.

[그림 Ⅲ-3-5] 육아친화적 문화 조성을 위해 필요한 정부에서의 노력(1+2순위)

단위: %

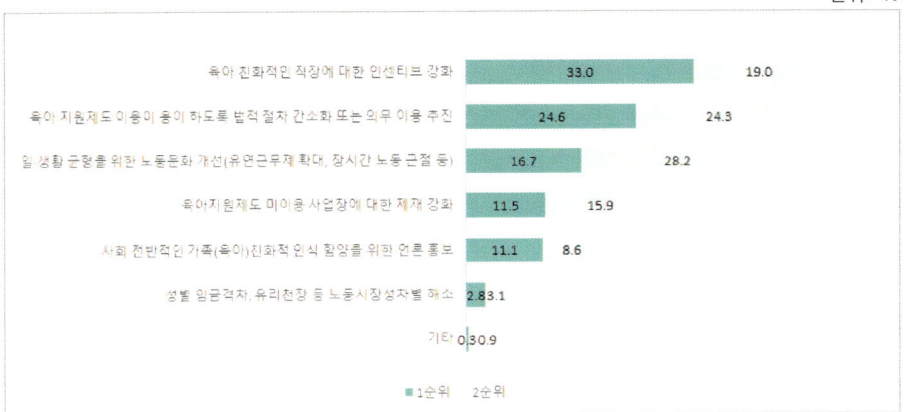

주: '한국 영유아 교육·보육 패널 가구' 대상 2024년도 조사 결과임.

다음으로 현재 재직 중인 직장의 육아친화적 제도 및 문화에 대해 10점 만점으로 평가하도록 한 결과 평균 6.92점(표준편차 2.2)으로 나타났다.

〈표 Ⅲ-3-17〉 육아친화적 제도 및 문화에 대한 평가: 현재 직장

단위: 점(명)

구분	1	2	3	4	5	6	7	8	9	10	계 (수)	평가 평균	평가 표준편차
전체	2.5	2.8	3.4	2.9	13.6	9.6	18.3	22.4	15.3	9.1	100.0 (678)	6.92	2.2
응답자 성별													
남자	3.0	2.6	4.8	2.6	14.0	9.2	18.1	23.6	13.3	8.9	100.0 (271)	6.82	2.2
여자	2.2	2.9	2.5	3.2	13.3	9.8	18.4	21.6	16.7	9.3	100.0 (407)	6.99	2.1
$x^2(df)/t$					4.979(9)							−1.0	

주: '한국 영유아 교육·보육 패널 가구' 대상 2024년도 조사 결과임.

한편 우리 사회의 육아친화적 제도 및 문화에 대해 10점 만점으로 평가하도록 한 결과 평균 4.67점(표준편차 2.1)으로 응답하여 직장에 대한 평가보다는 다소 낮게 보고되었다. 또한 남성은 평균 4.96점, 여성은 평균 4.49점으로 응답하여 여성이 남성보다 낮게 평가하였다.

〈표 Ⅲ-3-18〉 육아친화적 제도 및 문화에 대한 평가: 우리 사회

단위: 점(명)

구분		1	2	3	4	5	6	7	8	9	10	계 (수)	평가	
													평균	표준편차
전체		9.1	8.6	13.7	10.2	24.5	14.7	9.7	6.5	1.2	1.8	100.0 (678)	4.67	2.1
응답자 성별														
	남자	6.6	9.2	11.1	7.7	25.8	16.2	11.8	8.1	1.1	2.2	100.0 (271)	4.96	2.1
	여자	10.8	8.1	15.5	11.8	23.6	13.8	8.4	5.4	1.2	1.5	100.0 (407)	4.49	2.1
$x^2(df)/t$						13.622(9)							2.8**	

주: '한국 영유아 교육·보육 패널 가구' 대상 2024년도 조사 결과임.
** $p < .01$.

[그림 Ⅲ-3-6] 육아친화적 제도 및 문화에 대한 평가

주: '한국 영유아 교육·보육 패널 가구' 대상 2024년도 조사 결과임.

4. 자녀양육 및 일·생활 균형

가. 자녀양육 특성

자녀양육 특성으로는 시간대별 주양육자, 자녀양육에 할애하기 원하는 시간과 실제 할애하는 시간을 조사하였다.

자녀의 밤잠 시간을 제외한 오전 7시부터 밤 11시까지의 시간동안 시간대별로 주로 자녀를 양육하는 사람이 누구인지 아니면 기관을 이용하는지에 대해 조사한 결과 〈표 Ⅲ-4-1〉, [그림 Ⅲ-4-1]과 같이 보고하였다.

III. 영아 부모의 근무환경 실태

어린이집 등원 전인 오전 7~9시 사이에는 주양육자가 어머니인 경우가 다수이다. 부모의 일반적인 출근시간이면서 어린이집 등원 시간인 8~9시에는 조부모가 양육을 담당하는 비율이 10.2%로 증가하며, 비혈연 육아인력의 사용 비율도 나타난다. 오전 9시부터 오후 4시까지는 대부분 어린이집을 이용하고 있었으며, 하원 시간이라 볼 수 있는 오후 3시부터는 다시 조부모의 비율이 높아지고, 비혈연 육아인력의 사용 비율이 다시 높아진다. 아버지의 경우 오후 5시부터 육아를 담당하는 비율이 조금씩 증가하여 31.7%까지 이르지만 아버지에 비해서 어머니가 양육을 담당하는 비율이 더 높았다.

〈표 Ⅲ-4-1〉 시간대별 주양육자

단위: %(명)

구분	아이의 어머니	아이의 아버지	어린이집	조부모	비혈연 육아인력 (공공 육아 도우미-아이 돌보미 등)	비혈연 육아 인력 (사설 육아 도우미-베이비시터 등)	시간제 보육 (육아종합지원센터 또는 어린이집)	사설 기관 (문화센터, 놀이학교, 영어학원 등)	기타 친인척	기타	계(수)
07:00~08:00	79.1	15.2	0.3	4.1	0.8	0.0	0.2	0.0	0.0	0.5	100.0(666)
08:00~09:00	58.0	11.0	18.0	10.2	1.2	0.6	0.8	0.0	0.0	0.3	100.0(666)
09:00~10:00	11.6	0.2	82.0	2.6	0.0	0.0	3.6	0.0	0.0	0.2	100.0(666)
10:00~11:00	3.0	0.2	92.2	0.9	0.0	0.0	3.6	0.2	0.0	0.0	100.0(666)
11:00~12:00	2.7	0.2	92.3	0.9	0.0	0.0	3.6	0.3	0.0	0.0	100.0(666)
12:00~13:00	3.0	0.2	92.3	0.9	0.0	0.0	3.6	0.2	0.0	0.0	100.0(666)
13:00~14:00	3.8	0.0	91.9	0.8	0.0	0.0	3.6	0.0	0.0	0.0	100.0(666)
14:00~15:00	3.6	0.2	91.9	0.8	0.0	0.0	3.6	0.0	0.0	0.0	100.0(666)
15:00~16:00	7.1	0.3	85.0	3.6	0.3	0.2	3.3	0.0	0.3	0.0	100.0(666)
16:00~17:00	36.2	5.9	38.6	13.2	2.0	0.6	2.7	0.2	0.5	0.3	100.0(666)
17:00~18:00	55.1	11.1	14.7	13.5	2.1	0.9	1.5	0.0	0.3	0.8	100.0(666)
18:00~19:00	63.1	24.6	2.1	6.0	1.7	0.9	0.8	0.0	0.2	0.8	100.0(666)
19:00~20:00	64.1	31.2	0.5	2.1	0.3	0.6	0.3	0.0	0.0	0.9	100.0(666)
20:00~21:00	65.6	31.7	0.0	1.4	0.0	0.0	0.3	0.0	0.0	1.1	100.0(666)
21:00~22:00	73.7	23.4	0.0	1.2	0.0	0.0	0.0	0.0	0.0	1.7	100.0(666)
22:00~23:00	79.9	17.1	0.0	1.4	0.0	0.0	0.0	0.0	0.0	1.7	100.0(666)

주: '한국 영유아 교육·보육 패널 가구' 대상 2024년도 조사 결과임.

[그림 Ⅲ-4-1] 시간대별 주양육자

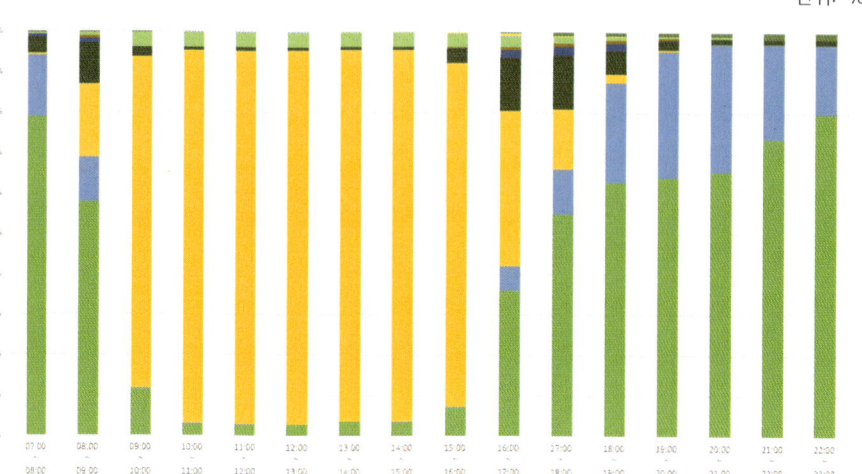

주: '한국 영유아 교육·보육 패널 가구' 대상 2024년도 조사 결과임.

하루 중 자녀양육에 할애하는 실제 시간과 희망 시간을 물었다(취침시간 제외). 먼저 주중 평일 기준으로 하루 중 자녀양육을 위해 평균 4.31시간을 할애하고 있다고 응답하였으며, 최대 15시간까지 할애하고 있었다. 희망 시간은 평균 4.89시간이었으며, 최대 15시간까지 양육을 희망한다고 응답하였다.

성별에 따라 차이가 있었는데 남성은 실제 3.28시간을 할애하고 있으며 4.00시간을 양육에 할애하기를 희망한 반면, 여성은 이보다 좀 더 많은 5.00시간을 실제 할애하고 있었고, 5.48시간을 희망한다고 응답하였다. 또한 맞벌이 여부에 따라서도 차이가 있었는데 맞벌이인 경우 실제 4.42시간을 할애하고 있었고 4.98시간을 희망한다고 응답하여 맞벌이가 아닌 경우보다 실제 시간과 희망 시간 모두 더 길게 보고하였다. 이는 맞벌이가 아닌 경우 취업부모(응답자)가 아닌 양육을 담당하는 부모가 있기 때문으로 여겨진다.

〈표 Ⅲ-4-2〉 하루 중 자녀양육에 할애하는 실제 시간 및 희망 시간: 평일

단위: 시간(명)

구분	실제 시간				희망 시간				(수)
	평균	표준편차	최솟값	최댓값	평균	표준편차	최솟값	최댓값	
전체	4.31	2.2	0.0	15.0	4.89	2.2	0.0	15.0	(678)

구분	실제 시간				희망 시간				(수)
	평균	표준편차	최솟값	최댓값	평균	표준편차	최솟값	최댓값	
응답자 성별									
남자	3.28	1.9	0.0	12.0	4.00	2.1	0.0	15.0	(271)
여자	5.00	2.2	0.0	15.0	5.48	2.1	1.0	15.0	(407)
t	-10.5***				-9.0***				
응답자 연령									
30세 이하	4.63	1.9	1.0	9.0	5.15[a]	2.4	1.0	15.0	(46)
31~40세 이하	4.36	2.3	0.0	15.0	4.98[a]	2.2	0.0	15.0	(523)
41세 이상	3.95	2.2	0.0	12.0	4.34[a]	2.1	1.0	12.0	(96)
F	1.8				3.6*				
자녀 수									
1명	4.23	2.1	0.0	15.0	4.92	2.2	0.0	15.0	(343)
2명	4.40	2.4	0.0	15.0	4.82	2.3	1.0	15.0	(282)
3명 이상	4.59	2.6	0.0	12.0	5.27	2.3	1.0	12.0	(41)
F	0.7				0.8				
맞벌이 여부									
맞벌이	4.42	2.2	0.0	15.0	4.98	2.2	0.0	15.0	(592)
맞벌이 아님	3.59	2.2	0.0	10.0	4.28	2.4	1.0	15.0	(86)
t	3.2**				2.7**				
근로소득									
300만원 이하	4.81[b]	2.3	0.0	15.0	5.39[b]	2.3	1.00	15.0	(397)
301~500만원	3.65[a]	2.1	0.0	14.0	4.26[a]	2.0	0.00	14.0	(232)
501만원 이상	3.43[a]	1.4	0.0	6.0	3.86[a]	1.4	1.00	6.0	(49)
F	25.2***(a)				26.4***(a)				

주: '한국 영유아 교육보육 패널 가구' 대상 2024년도 조사 결과임.
* $p < .05$, ** $p < .01$, *** $p < .001$.

한편 주말 기준으로 하루 중 자녀양육을 위해 10.58시간을 할애하고 있다고 응답하였으며, 최대 15시간까지 할애하고 있었다. 주말의 자녀양육 희망 시간은 평균 9.65시간이었으며, 최소 1시간에서 최대 15시간까지 양육을 희망한다고 응답하였다. 주말에도 성별에 따른 차이가 있어서 남자보다 여자가 실제 양육에 할애하는 시간도 더 길고 희망하는 시간도 더 길게 응답하였다. 맞벌이인 경우 실제 할애하는 시간은 10.71시간으로 맞벌이가 아닌 경우(9.65시간)보다 더 긴 시간을 양육에 참여하고 있었다.

〈표 Ⅲ-4-3〉 하루 중 자녀양육에 할애하는 실제 시간 및 희망 시간: 주말

단위: 시간(명)

구분	실제 시간				희망 시간				(수)
	평균	표준편차	최솟값	최댓값	평균	표준편차	최솟값	최댓값	
전체	10.58	3.4	0.0	15.0	9.65	3.2	1.0	15.0	(678)

구분	실제 시간				희망 시간				(수)
	평균	표준편차	최솟값	최댓값	평균	표준편차	최솟값	최댓값	
응답자 성별									
남자	9.42	3.7	0.0	15.0	8.97	3.4	1.0	15.0	(271)
여자	11.34	3.0	0.0	15.0	10.10	3.0	1.0	15.0	(407)
t	−7.2***				−4.4***				
응답자 연령									
30세 이하	10.70	3.5	2.0	15.0	9.70	3.5	1.0	15.0	(46)
31~40세 이하	10.59	3.4	0.0	15.0	9.73	3.2	1.0	15.0	(523)
41세 이상	10.51	3.3	3.0	15.0	9.28	3.0	3.0	15.0	(96)
F	0.0				0.8				
자녀 수									
1명	10.52	3.2	0.0	15.0	9.76	3.2	1.0	15.0	(343)
2명	10.67	3.5	0.0	15.0	9.59	3.2	1.0	15.0	(282)
3명 이상	10.54	4.2	1.0	15.0	9.39	3.7	1.0	15.0	(41)
F	0.2(a)				0.4				
맞벌이 여부									
맞벌이	10.71	3.4	0.0	15.0	9.70	3.2	1.0	15.0	(592)
맞벌이 아님	9.65	3.4	0.0	15.0	9.29	3.3	3.0	15.0	(86)
t	2.7**				1.1				
근로소득									
300만원 이하	10.82[a]	3.2	0.0	15.0	9.81	3.1	1.0	15.0	(397)
301~500만원	10.06[a]	3.7	0.0	15.0	9.26	3.4	1.0	15.0	(232)
501만원 이상	11.04[a]	3.3	3.0	15.0	10.10	3.3	1.0	15.0	(49)
F	4.2*(a)				2.7				

주: '한국 영유아 교육·보육 패널 가구' 대상 2024년도 조사 결과임.
* $p < .05$, ** $p < .01$, *** $p < .001$.

나. 일·생활 균형 특성

응답자의 일·생활 균형의 정도를 파악하기 위해 출산/양육으로 인한 이직/사직 고려 여부, 일-가정 양립의 만족도 등을 조사하였다.

먼저, 자녀양육과 직장생활 간의 일·생활 균형의 정도를 파악하기 위해 이직 여부를 자녀의 출산 전후로 살펴보았다. 자녀양육을 위해 출산 전·후에 이직한 경우는 22.4%로 여성(27.8%)이 남성(14.4%)보다 많았다. 응답자의 연령에 따라서는 뚜렷한 경향이 파악되지 않았으나 자녀수가 많을수록 이직하는 비율이 느는 경향을 보였으며 이직 비율은 맞벌이 가구(23.3%)가 맞벌이 아닌 가구(16.3%)에 비해 더 많았다.

<표 Ⅲ-4-4> 자녀양육을 위한 출산 전/후의 이직 여부

단위: %(명)

구분	예	아니오	계 (수)
전체	22.4	77.6	100.0 (678)
응답자 성별			
남자	14.4	85.6	100.0 (271)
여자	27.8	72.2	100.0 (407)
$x^2(df)$	16.727(1)***		
응답자 연령			
30세 이하	28.3	71.7	100.0 (46)
31~40세 이하	22.4	77.6	100.0 (523)
41세 이상	21.9	78.1	100.0 (96)
$x^2(df)$	0.880(2)		
자녀 수			
1명	20.7	79.3	100.0 (343)
2명	24.1	75.9	100.0 (282)
3명 이상	29.3	70.7	100.0 (41)
$x^2(df)$	2.113(2)		
맞벌이 여부			
맞벌이	23.3	76.7	100.0 (592)
맞벌이 아님	16.3	83.7	100.0 (86)
$x^2(df)$	2.135(1)		

주: '한국 영유아 교육·보육 패널 가구' 대상 2024년도 조사 결과임.
*** $p < .001$.

자녀양육을 목적으로 현재의 직장에서 퇴직을 고려하고 있는 경우는 11.9%, 이직을 고려하는 경우는 13.0%로 전체 24.9%가 퇴직 또는 이직을 고려하고 있는 것으로 나타났다. 퇴직을 고려하는 경우는 남성(3.0%)에 비해 여성(17.9%)이 높았으며 이직의 경우 남성(14.0%)이 여성(12.3%)보다 높았다. 맞벌이 여부에 따른 퇴직 또는 이직도 차이를 보였는데 맞벌이(퇴직 13.3%, 이직 12.8%)가구가 맞벌이가 아닌 가구(퇴직 2.3%, 이직 14.0%)에 비해 퇴직 비율은 높았지만 이직 비율은 낮은 것으로 나타났다. 근로소득의 경우 소득이 높을수록 퇴직과 이직 의사가 낮아지는 경향을 보였다. 이러한 경향은 근로소득이 300만원 이하(퇴직 17.1%, 이직 13.6%), 501만원 이상(퇴직 2.0%, 이직 6.1%)으로 이직보다 퇴직 의사에서 더 뚜렷하였다.

<표 Ⅲ-4-5> 자녀양육을 위해 현재 직장 퇴직/이직 고려 여부

단위: %(명)

구분	그만 두는 것을 고려하고 있음	이직을 고려하고 있음	해당 사항 없음 (그만두는 것이나 이직을 고려하고 있지 않음)	계 (수)
전체	11.9	13.0	75.1	100.0 (678)
응답자 성별				
남자	3.0	14.0	83.0	100.0 (271)
여자	17.9	12.3	69.8	100.0 (407)
$x^2(df)$		34.754(2)***		
응답자 연령				
30세 이하	17.4	6.5	76.1	100.0 (46)
31~40세 이하	12.6	13.4	74.0	100.0 (523)
41세 이상	7.3	12.5	80.2	100.0 (96)
$x^2(df)$		4.981(4)		
자녀 수				
1명	12.8	14.3	72.9	100.0 (343)
2명	12.4	10.6	77.0	100.0 (282)
3명 이상	4.9	14.6	80.5	100.0 (41)
$x^2(df)$		4.172(4)		
맞벌이 여부				
맞벌이	13.3	12.8	73.8	100.0 (592)
맞벌이 아님	2.3	14.0	83.7	100.0 (86)
$x^2(df)$		8.685(2)*		
고용보험 가입여부				
가입	11.7	13.3	75.0	100.0 (571)
미가입	13.1	11.2	75.7	100.0 (117)
$x^2(df)$		0.449(2)		
근로소득				
300만원 이하	17.1	13.6	69.3	100.0 (397)
301~500만원	5.2	13.4	81.5	100.0 (232)
501만원 이상	2.0	6.1	91.8	100.0 (49)
$x^2(df)$		28.657(4)***		

주: '한국 영유아 교육·보육 패널 가구' 대상 2024년도 조사 결과임.
* $p < .05$, *** $p < .001$.

일·생활 균형측면에서 '일→가족 갈등(WIF)[20]'에 대한 척도는 평균 16.44(표준편차 6.0)으로 '가족→일 갈등(FIW)[21]'의 평균 14.65(표준편차 5.5)보다 높았다. 일→가족 갈등(WIF)과 가족→일 갈등(FIW)은 남성보다 여성에서 높은 점수 분포

---

20) 일→가족 갈등(WIF)은 '직장생활이 가정생활에 미치는 부정적인 영향'을 의미
21) 가족→일 갈등(FIW)은 '가정생활이 직장생활에 미치는 부정적인 영향'을 의미

III. 영아 부모의 근무환경 실태

를 보였으며 응답자의 연령이 늘수록, 자녀수가 많을수록 증가하는 경향을 보였다. 일-가정 갈등(WFC)[22] 또한 남성(평균 28.77, 표준편차 10.0)보다 여성(평균 32.63, 표준편차 11.3)에서 높은 분포를 보여 일·생활 균형은 남성보다 여성이 더 어려움을 경험하고 있음을 알 수 있다.

〈표 Ⅲ-4-6〉 일-가족 갈등 척도 응답 결과

단위: 점(명)

구분	일→가족 갈등(WIF)				가족→일 갈등(FIW)				일-가정 갈등(WFC)				(수)
	평균	표준편차	최솟값	최댓값	평균	표준편차	최솟값	최댓값	평균	표준편차	최솟값	최댓값	
전체	16.44	6.0	7.0	35.0	14.65	5.5	7.0	35.0	31.09	11.0	14.0	68.0	(678)
응답자 성별													
남자	15.35	5.9	7.0	34.0	13.43	4.8	7.0	28.0	28.77	10.0	14.0	58.0	(271)
여자	17.16	6.0	7.0	35.0	15.47	5.8	7.0	35.0	32.63	11.3	14.0	68.0	(407)
t	-3.9***				-5.0***				-4.7***				
응답자 연령													
30세 이하	15.52	6.7	7.0	33.0	14.11	6.4	7.0	35.0	29.63	12.7	14.0	68.0	(46)
31~40세 이하	16.43	6.0	7.0	35.0	14.65	5.5	7.0	32.0	31.09	10.9	14.0	67.0	(523)
41세 이상	16.78	5.9	7.0	35.0	14.70	5.4	7.0	28.0	31.48	10.9	14.0	61.0	(96)
F	0.7				0.2				0.5				
자녀 수													
1명	16.34	5.9	7.0	35.0	14.52	5.3	7.0	32.0	30.87	10.7	14.0	67.0	(343)
2명	16.31	6.2	7.0	35.0	14.61	5.6	7.0	32.0	30.93	11.4	14.0	66.0	(282)
3명 이상	18.00	6.0	7.0	33.0	15.66	6.2	7.0	35.0	33.66	11.5	14.0	68.0	(41)
F	1.5				0.8				1.2				
지역 규모													
대도시(광역시/동)	16.67	6.3	7.0	35.0	14.71	5.7	7.0	32.0	31.38	11.4	14.0	66.0	(276)
중소도시(비광역시/동)	16.25	5.9	7.0	31.0	14.70	5.5	7.0	28.0	30.95	10.8	14.0	58.0	(307)
읍·면	16.35	5.8	7.0	35.0	14.33	5.1	7.0	35.0	30.67	10.3	14.0	68.0	(95)
F	0.4				0.2(a)				0.2				
맞벌이 여부													
맞벌이	16.57	6.1	7.0	35.0	14.88	5.6	7.0	35.0	31.44	11.2	14.0	68.0	(592)
맞벌이 아님	15.53	5.6	7.0	28.0	13.12	4.3	7.0	25.0	28.65	9.2	14.0	53.0	(86)
t	1.5				3.4**				2.5*				
고용보험 가입여부													
가입	16.51	6.0	7.0	35.0	14.60	5.4	7.0	32.0	31.11	10.8	14.0	66.0	(571)
미가입	16.05	6.4	7.0	35.0	14.92	6.0	7.0	35.0	30.96	12.0	14.0	68.0	(107)
t	0.7				-0.5				0.1				
직장 규모													
1~4명	17.14	6.2	7.0	35.0	15.64	5.8	7.0	35.0	32.78	11.4	14.0	68.0	(107)
5~29명	15.67	5.7	7.0	31.0	14.18	5.4	7.0	30.0	29.85	10.7	14.0	61.0	(162)

---

22) 일-가정 갈등(WFC) 점수는 '일→가족 갈등(WIF)'과 '가족→일 갈등(FIW)'을 합산한 값임.

구분	일→가족 갈등(WIF)				가족→일 갈등(FIW)				일-가정 갈등(WFC)				(수)
	평균	표준편차	최솟값	최댓값	평균	표준편차	최솟값	최댓값	평균	표준편차	최솟값	최댓값	
30~99명	16.91	6.4	7.0	35.0	14.88	5.7	7.0	32.0	31.79	11.6	14.0	66.0	(120)
100~299명	16.34	5.9	7.0	28.0	14.59	5.4	7.0	30.0	30.93	10.9	14.0	58.0	(80)
300~499명	16.11	5.1	7.0	29.0	14.30	5.6	7.0	28.0	30.41	9.9	16.0	54.0	(46)
500명 이상	16.53	6.2	7.0	35.0	14.44	5.2	7.0	30.0	30.96	10.9	14.0	65.0	(163)
F	1.0				1.1				1.1				
근로소득													
300만원 이하	16.28	6.0	7.0	35.0	14.77	5.6	7.0	35.0	31.05	11.2	14.0	68.0	(383)
301~500만원	16.62	5.9	7.0	35.0	14.50	5.3	7.0	32.0	31.12	10.5	14.0	67.0	(228)
501만원 이상	16.84	6.7	7.0	30.0	14.43	5.6	7.0	28.0	31.27	11.6	15.0	58.0	(52)
F	0.3				0.2				0.0				

주: 1) '한국 영유아 교육·보육 패널 가구' 대상 2024년도 조사 결과임.
   2) 5점 척도임(1. 매우 불만족 ~ 5. 매우 만족).
$^{*} p < .05$, $^{**} p < .01$, $^{***} p < .001$.

마지막으로 일과 생활의 균형을 5점 척도를 활용하여 살펴본 결과 평균 3.31점 (표준편차 0.9점)으로 나타났으며 남성(평균 3.44점, 표준편차 0.9)이 여성(평균 3.23점, 표준편차 0.9)보다 높았다. 일 생활 균형 만족도는 맞벌이(평균 3.30점, 표준편차 0.9)가구보다 아닌 가구(평균 3.41점, 표준편차 0.9)에서 더 높았으며 근로소득 300만원 이하(평균 3.22점, 표준편차 0.9), 301~500만원(평균 3.40점, 표준편차 0.9), 501만원 이상(평균 3.63점, 표준편차 1.0)으로 나타나 근로소득이 증가할수록 만족도도 늘어나는 경향을 보였다.

〈표 Ⅲ-4-7〉 일과 생활의 균형 정도 만족도

단위: %(명), 점

구분	매우 불만족	불만족	보통	만족	매우 만족	계 (수)	5점 척도	
							평균	표준편차
전체	1.9	15.6	40.6	33.0	8.8	100.0 (678)	3.31	0.9
응답자 성별								
남자	2.2	12.5	36.5	36.5	12.2	100.0 (271)	3.44	0.9
여자	1.7	17.7	43.2	30.7	6.6	100.0 (407)	3.23	0.9
$x^2(df)/t$			12.083(4)*				2.9**	
응답자 연령								
30세 이하	0.0	10.9	47.8	34.8	6.5	100.0 (46)	3.37	0.8
31~40세 이하	1.9	16.6	38.8	33.3	9.4	100.0 (523)	3.32	0.9
41세 이상	3.1	12.5	45.8	31.3	7.3	100.0 (96)	3.27	0.9
$x^2(df)/F$			5.680(8)				0.2	
자녀 수								
1명	0.6	15.2	42.9	32.7	8.7	100.0 (343)	3.34	0.9
2명	3.5	17.7	36.2	34.4	8.2	100.0 (282)	3.26	1.0

구분	매우 불만족	불만족	보통	만족	매우 만족	계 (수)	평균	표준편차
3명 이상	2.4	4.9	51.2	26.8	14.6	100.0 (41)	3.46	0.9
$x^2(df)/F$			16.188(8)*				1.2	
지역 규모								
대도시(광역시/동)	3.3	14.9	39.9	33.3	8.7	100.0 (276)	3.29	0.9
중소도시(비광역시/동)	0.3	16.9	40.1	32.2	10.4	100.0 (307)	3.36	0.9
읍·면	3.2	13.7	44.2	34.7	4.2	100.0 (95)	3.23	0.9
$x^2(df)/F$			11.779(8)				0.8	
맞벌이 여부								
맞벌이	2.0	15.5	41.9	31.6	9.0	100.0 (592)	3.30	0.9
맞벌이 아님	1.2	16.3	31.4	43.0	8.1	100.0 (86)	3.41	0.9
$x^2(df)/t$			5.387(4)				-1.0	
고용보험 가입여부								
가입	1.9	15.6	40.1	34.5	7.9	100.0 (571)	3.31	0.9
미가입	1.9	15.9	43.0	25.2	14.0	100.0 (107)	3.34	1.0
$x^2(df)/t$			6.370(4)				-0.3	
직장 규모								
1~4명	1.9	15.0	45.8	28.0	9.3	100.0 (107)	3.28	0.9
5~29명	2.5	15.4	48.8	26.5	6.8	100.0 (162)	3.20	0.9
30~99명	2.5	15.8	35.0	33.3	13.3	100.0 (120)	3.39	1.0
100~299명	0.0	21.3	30.0	45.0	3.8	100.0 (80)	3.31	0.9
300~499명	2.2	13.0	43.5	39.1	2.2	100.0 (46)	3.26	0.8
500명 이상	1.8	14.1	37.4	35.0	11.7	100.0 (163)	3.40	0.9
$x^2(df)/F$			27.834(2)				1.1	
근로소득								
300만원 이하	1.8	17.6	44.6	28.5	7.6	100.0 (383)	3.22[a]	0.9
301~500만원	2.2	13.4	36.2	39.2	9.1	100.0 (228)	3.40[ab]	0.9
501만원 이상	2.0	10.2	28.6	40.8	18.4	100.0 (52)	3.63[b]	1.0
$x^2(df)/F$			19.106(8)*				6.0**	

주: 1) '한국 영유아 교육·보육 패널 가구' 대상 2024년도 조사 결과임.
2) 5점 척도임(1. 매우 불만족 ~ 5. 매우 만족).
* $p < .05$, ** $p < .01$.

5. 소결

가. 육아지원제도 이용 경험 및 환경

직장 내 지원 제도에 대해 육아휴직, 육아기 근로시간 단축제도, 육아시간, 가족(자녀) 돌봄 휴가와 같이 시간지원제도와 직장 내 유연근무제 도입 여부, 제도 활용 가능 여부와 해당 제도를 활용할 때의 직장문화에 대해서 살펴보았다. 시간지원제도의 직장 도입은 육아휴직이 가장 많이 도입되어 있으며 실제 활용 비율도 가장 높았다. 해당 제도를 활용함에 있어 여전히 상사나 직장동료의 눈치를 많이 보는 편이며 좋은 평가나 승진을 기대하기 어려운 문화가 남아 있었다. 그러나 상대적으로 퇴사의 압박이나 복귀 후 그만두는 관행은 다른 직장문화에 비해 덜 부담스러운 결과를 보인다. 조사 대상자들의 직장 내 유연근무제 도입은 근로시간의 경우 시간(선택)제, 근로 장소의 경우 재택근무제 도입이 많았다. 그러나 실제적인 활용에 있어서는 시차출퇴근제와 원격근무제가 더 높은 것으로 나타났다.

직장 내 지원 제도 중 육아기 근로시간 단축제도의 활용이 상대적으로 낮은 비율을 보인 이유는 육아기 근로시간 단축제도를 활용함에 있어 소득이 줄어드는 상황을 하나의 이유로 고려해 보아야 한다. 또한 당사자의 근로시간 단축이 동료의 업무 부담을 늘릴 수 있는 상황을 야기할 수 있다는 점도 제도의 활용을 어렵게 만들 수 있다. 더 나아가 근로시간 단축으로 소득감소까지 이어진다면 업무의 절대적인 양이 축소되어야 하나 업무의 특성으로 인해 이를 축소하기에 구조적인 어려움이 따를 수 있다. 이에 지원 제도의 안정적인 안착과 활성화를 위해서는 소득과 인력대체에 대한 지원이 마련되어야 한다.

조사결과를 통해 직장 내 유연근무제도는 직장 규모에 따라 차이가 있음을 확인하였다. 직장 내에서 관련한 제도적 마련이 가능하기 위해서는 직장의 규모가 어느 정도 커 이용자의 규모가 어느 정도 있으며 재택이나 원격근무가 가능하기 위해서는 내부적으로 시스템이 갖추어져 있어야 한다. 따라서 소규모 기업의 경우 이에 따른 비용과 업무 효율성 등을 고려하였을 때 도입과 활용에 제약이 있을 수 있다. 이에 기업의 규모와 근로자 수를 고려하여 제도를 활용할 수 있는 기반을 갖출 수 있도록 기업에 대한 체계적인 지원 또한 필요하다.

나. 육아에 대한 직장 내 문화

직장 내 문화적인 근무환경을 살펴보기 위해 직장 내 전반적인 업무 문화가 어떠한지 그리고 육아와 관련하여 분위기가 어떠한지를 조사하였다. 먼저 직장 내 전문적인 업무 문화에 대해서 초과근로를 지향하거나 형식적인 회의가 많거나 업무시간 외에 지시하거나 소통이 잘 되지 않는 등의 개선해야 할 문화에 대해서 현재 그러하다는 정도는 중간정도로 나타났다. 즉, 업무 중심의 분위기인 직장도 여전히 존재하나 그렇지 않은 곳도 있었다. 초과근로에 대해서는 남성이 여성보다 자신의 직장에서 초과근로를 긍정적으로 평가한다는 응답이 많은 특징을 보였으며, 대부분 고용보험 가입여부나 직장 규모에 따라 차이가 있었다. 하지만 뚜렷한 경향성은 확인할 수 없어서 좀 더 세밀한 분석이 요구된다.

다음으로 직장 내 육아지원 분위기는 어떠한지, 특히 함께 일하는 상사나 동료들은 어떠한 태도를 가지는지 조사하였다. 이 또한 중간 정도의 응답을 보였는데, 자녀를 돌봐야 하는 상황이 생겼을 때 상사나 동료들이 일정 조정에 협조적이라는 응답이 다소 높게 나타나서 자녀양육에 협조적인 동료가 있기에 영아 자녀를 양육하면서도 취업상태를 유지할 수 있는 것인지에 대해 고찰할 필요성이 있다고 여겨진다.

한편 육아친화적 문화조성을 위해 필요한 직장에서의 노력으로는 '육아지원제도/유연근무제 도입 및 확대'를, 정부에서의 노력으로는 '육아친화적인 직장에 대한 인센티브 강화'를 가장 1순위로 꼽았다. 또한 흥미로운 결과는 자신의 현재 직장에서의 육아친화적 제도 및 문화를 10점 만점에 평균 6.92점으로 평가한 반면, 우리 사회에 대해서는 10점 만점에 평균 4.67점으로 평가하였다. 이러한 결과는 영아기 자녀를 양육 중인 부모들이 전반적인 우리 사회의 육아친화적 제도나 문화에 대해 낮게 평가하고 있음을 보여주는 결과이다.

다. 자녀양육

본 연구의 조사 대상은 취업 중인 아버지와 어머니임에도 불구하고, 자녀가 기관을 이용하지 않는 시간대에 자녀 양육을 주로 맡는 사람은 어머니였다. 추후 전체 패널 가구 대상 조사결과와 비교하여서 어머니가 취업중인 가구와 그렇지 않은 가구, 맞벌이인 가구와 맞벌이가 아닌 가구 간에 차이가 있는지를 파악해볼 필요가 있겠다. 또한 통상 알려져 있는 자녀 등하원 시간대와 부모의 출퇴근 시간대 사이에 조부모나 비혈연 육아인력이 자녀 양육을 맡는 비율이 높아짐을 확인할 수 있었다. 이는 취업중인 부모가 타인의 도움 없이 자녀양육을 도맡는 것이 힘든 상황임을 보여주는 것이라 여겨진다.

하루 중 자녀양육에 할애하는 실제 시간과 희망 시간을 물었을 때 어머니가 아버지보다 실제 더 많은 시간을 자녀양육에 할애하고 있음에도 불구하고, 희망 시간에서도 아버지보다 더 많은 시간 할애할 수 있기를 희망하고 있었다. 또한 근로소득이 적을수록 소득이 높은 집단에 비해 더 많은 시간을 할애하고 더 많은 시간을 자녀양육에 할애하고자 하는 경향을 보였다. 하지만 자녀수에 의한 차이는 없었는데, 자녀수가 많다고 통계적으로 유의미하게 더 많은 시간을 자녀양육에 할애해야 하는 것은 아님을 보여준다. 혹은 취업중인 부모이므로 자녀양육에 시간을 할애하는 데 한계가 있음을 보여주는 결과일수도 있겠다.

라. 일·생활 균형

자녀양육과 직장생활 간 일·생활 균형의 균형에 대해 출산 전후의 이직 여부, 현재 직장의 퇴직 또는 이직 여부, 현재 직장에서의 일 생활 균형에 대한 만족도 결과를 통해 자녀양육을 위해 출산 전·후에 이직을 하거나 퇴직 또는 이직을 고려하는 경우는 남성보다는 여성에서 그리고 맞벌이 가구에서 높게 나타났다. 특히 자녀양육을 위해 퇴직과 이직을 고려하고 있다는 응답에서 퇴직의사는 가구 소득이 높을수록 낮은 반면, 이직 의사는 높아지는 결과를 보였다. 이와 함께 일·생활 균형 측면에서 남성보다 여성이 일과 가정 사이에서 더 큰 어려움을 경험하고 있는 것으로 나타났다.

이러한 결과를 통해 우리나라의 출산 및 자녀 양육 4가구 중에 1가구 이상이 출산과 자녀양육으로 인해 퇴직 또는 이직을 고려하고 있음을 알 수 있었다. 그리고 일·생활 균형의 만족도 수준이 맞벌이가 아닌 가구와 가구소득이 높은 가구에서 높게 나타나 맞벌이가 아닌 경우 자녀 양육에 따른 돌봄 시간 확보에는 여성이 많은 역할을 하고 있으며, 가구소득을 고려하여 소득 수준이 낮은 여성이 퇴직이나 이직의 우선 고려 대상이 되고 있음을 추측할 수 있다.

Ⅳ

영아 부모의 육아지원 경험 및 개선 요구

01 FGI 참여자 특성
02 자녀양육 및 지원제도 이용
03 육아에 대한 직장 문화
04 일·생활 균형
05 소결

Ⅳ. 영아 부모의 육아지원 경험 및 개선 요구

1. FGI 참여자 특성

　FGI에 참여한 부모의 인구학적 특성과 근무 관련 특성은 〈표 Ⅳ-1-1〉에서 제시하였다. 총 14명 중에 아버지 5명, 어머니 9명이었으며, 연령은 30~40대에 속하였다. 자녀수는 1명인 경우가 7명이고, 자녀수가 2명인 경우는 5명, 그리고 1명은 자녀수가 4명이어서 다양하게 살펴볼 수 있었다. 이들 중 3사례만이 배우자가 미취업 중으로 맞벌이가 아니었다.

　종사상 지위로는 상용근로자(11명)와 자영업자(3명)가 속하며, 대부분 전일제 근로 중이었고 시간제 근로가 2명, 특수형태 근로종사자가 1명이 있었다. 이 외에 직종, 회사/조직의 형태, 직장 규모 등의 특성들은 서로 유사하기도 하나 다르게 나타나서 다양한 근무환경에서의 사례를 수집할 수 있었다.

　FGI는 한 집단에 3~5명씩 참여하여 면담을 진행하였으며, 설문조사 내용과 유사하게 자녀양육 및 지원제도 이용 실태, 일·생활 균형, 육아에 대한 직장 문화를 주제로 다루었다.

영아 부모의 육아기 근무환경 조사: 한국 영유아 교육·보육 패널 가구를 대상으로

〈표 IV-1-1〉 FGI 참여자 특성

구분	응답자 개인 특성						응답자 근무 관련 세부 특성						
	연령	성별	거주지	자녀 수	영아 자녀 월령	취업 여부 본인	취업 여부 배우자	종사상 지위	근무형태	직종	근무 회사/조직형태	직장 규모	1일 근로시간	통근시간
1	40대	여	인천	1명	13개월	취업중	미취업	상용근로자	전일제	전문가 및 관련종사자	정부기관 및 공공기관	50~99명	8시간	30분
2	30대	여	서울	1명	31개월	취업중	취업중	상용근로자	전일제	사무종사자	비영리단체, 비정부기관	10~29명	8시간	30분
3	40대	여	경기	4명	27개월	취업중	취업중	고용원이 있는 자영업자(사업주)	시간제	서비스종사자	민간회사	5~9명	4시간	5분
4	30대	남	서울	1명	31개월	취업중	취업중	상용근로자	전일제	전문가 및 관련종사자	민간회사	100~249명	8시간	1시간
5	30대	남	경기	2명	17개월	취업중	미취업	상용근로자	전일제	사무종사자	민간회사	2000명 이상	10시간	40분
6	30대	남	인천	2명	31개월	취업중	취업중	상용근로자	전일제	전문가 및 관련종사자	민간회사	2000명 이상	8시간	2시간
7	30대	남	경기	2명	17개월 미만	취업중	미취업	상용근로자	전일제	사무종사자	민간회사	300~499명	8~9시간	1시간
8	30대	여	경기	1명	32개월	취업중	취업중	상용근로자	전일제	사무종사자	민간회사	500~999명	9시간	30분
9	30대	여	경기	1명	27개월	취업중	취업중	상용근로자	시간제	전문가 및 관련종사자	민간회사	5~9명	8.5시간	40분
10	30대	남	서울	2명	27개월	취업중	취업중	상용근로자	전일제	사무종사자	민간회사	100~249명	8시간	1.5시간
11	30대	여	서울	2명	12개월	취업중	취업중	고용원이 있는 자영업자(사업주)	전일제	관리자	민간회사	2~4명	5시간	재택근무
12	40대	여	경기	1명	32개월	취업중	취업중	상용근로자	전일제	전문가 및 관련종사자	민간회사	250~299명	8시간	1시간
13	30대	여	인천	2명	31개월	취업중	취업중	상용근로자	전일제	전문가 및 관련종사자	정부기관 및 공공기관	30~49명	7시간	10분
14	30대	여	서울	1명	4개월	취업중	취업중	고용원이 없는 자영업자	특수형태 근로종사자	서비스종사자	민간회사	1명 (혼자 일함)	4시간	40분

2. 자녀양육 및 지원제도 이용

본 연구의 대상자는 영아기 자녀를 둔 근로자이며, 영아기의 특성 상 보호자의 돌봄이 필요한 시기이다. FGI에 참여한 면담자 중 맞벌이가 아닌 경우에는 취업하지 않은 부모(대부분 어머니에 해당)가 양육을 담당하였으며, 맞벌이 중에서는 부모 중 한 명이 육아지원제도를 이용하여 양육에 좀 더 참여하거나, (혈연/비혈연) 육아지원인력이나 어린이집을 이용함으로써 자녀를 돌보고 있었다.

육아지원제도를 이용하였거나 현재 이용한 경우, 여성의 경우 대부분 출산휴가는 이용하였으나 육아휴직의 경우 직장 환경에 따라 다르게 선택하였다. 남성의 경우 육아휴직을 짧은 기간 이용하거나, 원하였으나 이용이 쉽지 않다고 여겨 포기하는 경우도 있었다.

본 연구에 면담자로 참여한 비임금근로자(자영업자)의 경우 지원제도에 대해 알지 못하고 있었다. 뿐만 아니라 자영업자의 경우 출산 이후에도 충분히 일을 쉬지 못하는 상황을 공통적으로 말하였다. 자신이 일을 쉬면 직장이 멈춰버리기 때문이었다.

> 저 같은 경우에는 육아휴직이라는 게 따로 없고 (중략) 육아지원제도는 자영업자는 받을 수 없는 것으로 알고 있어요. 그래서 여기에서는 완전히 사각지대에 있는 것 같고요. (면담자 11)

> 첫째도 백일 채 못 돼서 수업했고, 둘째 때도 한 달 쉬고 나갔고, 셋째 때는 작정하고 쉬었어요. 마지막 아기라고 생각하고, 3개월을 작정하고 쉬었고. (면담자 3)

> 저는 출산, 임신 막달에 한 달 쉬고 그 다음에 아기 낳고 한 달 정도 쉬었어요. (중략) 제가 일을 쉬면 그 ○○ 문을 닫고 이제 수입이 없는 상황이라서 그런 거에 대한 부담이 좀 있더라고요. 그래서 더 빨리 복직을 한 것도 있어요. (면담자 14)

또한 자영업자가 아니더라도 일부 전문직의 경우 육아지원제도가 전혀 기능하지 못하고 있으며, 협의에 의해 짧은 기간 일을 쉬거나 그렇지 않으면 그만두어야 하는 상황이었다. 혹여 제도가 아주 잘 마련된 직장이라 할지라도 대체인력을 구하지 못하면 편히 이용할 수가 없어서 어려움을 겪기도 하였다.

> 저는 아기 출산하고 3개월 정도 출산휴가 쓰고 바로 복직을 했고요. (중략) 임신 때부터 쭉 일을 하고 있는 직장에서 3개월 휴가를 받았던 거고, 이번에 이직한 직장에서 둘째를 계획

하면서는 두 달 정도 휴가를 줄 수 있다고 약속을 받은 상황입니다. 구두상으로. (면담자 9)

육아지원제도 이용 시 눈치를 보아야 하는 직장의 분위기를 말하는 면담자가 많이 있었다. 특히 남성의 경우 직장 내에서 육아지원제도를 처음 이용한 사례에 해당하거나, 주변 사람들에게 설명과 양해를 구하여야만 하는 상황을 겪기도 하였다. 재택근무나 자녀양육 시 필요한 이유로 연차휴가를 자유롭게 사용할 수 있는 경우에는 부담이 덜하였으나, 그렇지 않은 경우에는 상사의 눈치를 보거나 자녀 돌봄이 필요한 상황에서도 휴가를 내지 못해서 부모 중 한 사람이 양육에 너무나 많은 시간과 에너지를 쏟고 있는 등의 불균형적인 생활을 하고 있었다.

신랑이 육아휴직을 2개월 정도 써본 적도 있어요. 배우자 출산휴가 외에. 근데 이제 신랑도 육아휴직 2개월을 들어가기 전에 되게 걱정을 많이 했거든요. (면담자 13)

지나치게 눈치를 주고 싫어하시기 때문에, (중략) 제가 원하는 대로 육아휴직 기간을 쓸 수가 없어요. 원하는 기간까지. (면담자 1)

한편 육아휴직, 육아기 근로시간 단축 등의 육아지원제도 이외에도 유연근무제가 자녀양육에 도움이 되는 사례들을 다수 발견할 수 있었다. 출퇴근 시간 조정으로 자녀의 등·하원 시간을 확보한다거나, 자녀가 아파서 기관 이용을 할 수 없을 때 재택근무나 자녀돌봄휴가를 통해 자녀 양육이 가능하였다.

만약에 일이 있으면 아기가 아프거나 하면은 재택을 이번 주에 재택을 하겠다 이런 식으로 서로 그냥 양해를 구하면서 업무를 하고 있어서. (면담자 8)

저희 신랑은 이제 가능한 좀 저녁에 아이들 돌봄을 같이 하기 위해서 새벽 첫차 시간에 나가서 좀 일찍 근무를 시작하고 이제 일찍 퇴근을 하려고 하는 편이고요. (면담자 13)

하지만 주어진 제도를 사용하여 일과 육아를 병행하려는 노력에도 불구하고 오히려 직장에서 더 어려운 일이 주어진다거나 일의 양이 늘어나는 어려움이 있기도 하였다. 일의 효율성이나 개인의 삶의 질을 고려하지 않는 경직된 직장 내 문화를 보여주는 사례라고 볼 수 있겠다. 또한 육아지원제도와 동일하게 유연근무제도 이용 시에도 상사가 눈치를 주거나 남성에게는 허용하지 않는 분위기가 존재하였다.

최대한 일찍 퇴근하면서 빨리 일을 제 할 일을 끝마치고 이제 빨리 집에 가고 그런 식으로

Ⅳ. 영아 부모의 육아지원 경험 및 개선 요구

해봤는데 일이 점점 늘어나더라고요. 저한테 일을 더 던지는 약간 그런 보복성으로 약간 일을 준다고 해야 되나요? 얘 봐라? 약간 이렇게. (면담자 5)

분위기가 아직도 이제 좀 남성한테는 보수적으로 이제 보는 경향이 좀 있고. (중략) 재택근무는 그냥 윗사람들이 되게 싫어해가지고 거의 못씁니다. (면담자 7)

3. 육아에 대한 직장 문화

가. 직장 내 육아지원 분위기

직장 내에서의 분위기에 대해 조사한 결과, 출산과 육아를 최근에 경험하고 있는 상사나 동료의 경우 육아에 대한 이야기를 할 수 있고 어려움을 이해하고 있지만, 그렇지 않은 경우에는 공감대가 형성되지 못하고 있었다. 즉, 영아 부모들은 육아에 참여하지 않았던 남성들이나 출산육아를 경험하지 않은 여성들의 경우 일과 육아를 병행하는 상황에 대해 이해도가 낮다는 평가를 하였다. 이로 인해 직장 내에서는 육아 경험의 여부, 남자와 여자 간, 혹은 상사와 평직원 간에 통합되지 않는 분위기가 조성되기도 하였다.

동료 분들 중에 저랑 비슷한 연령대 육아를 하시는 분이 계시고 그리고 상사 분 중에서도 좀 나이 차이는 저랑 많이 나시지만 결혼을 꽤 늦게 하셔 가지고 비슷한 애기 연령대 키우고 계시는 분도 계셔서 이야기를 나눌 수 있는 분들은 좀 있는 것 같아요. (중략) 그 분들 외에는 아기 관련된 이야기를 하면 아무래도 공감대를 많이 얻지 못해서 보통 그 두 분과 이야기를 하고 다른 분들한테 이야기는 잘 못하고 있어요. (면담자 4)

제가 속한 팀의 팀장님도 비슷한 시기에 임신을 해서 출산해서 현재 7월까지 단축 근무를 했고 이제 이번 달부터 다시 풀 근무로 복직을 하시다 보니까 아무래도 제 직속 상사가 이런 갑작스럽게 일어나는 아이가 수족구가 걸렸다거나 뭔가 갑자기 열이 난다거나 했을 때 오후 근무는 재택근무로 이렇게 유연하게 대처를 해 주시는 편이고, 저희가 속한 부서장님도 아이를 키우시는 여성분이다 보니 그런 거에 있어서 굉장히 관대하게 잘 이해해 주시고 많이 지원해 주시려고 노력해 주시는 편입니다. (면담자 2)

(임신 중) 아이 때문에 어쩔 수 없이 병가를 써야 한다 말씀드릴 때 (중략) 그런 경험을 안 해보신 남자 관리자분들께서는 '그렇게까지 해야 될 일이야'라고 반응을 하셨고 여자 관리자 분께서는 '그래 몸은 괜찮아?'라고 질문을 하셨어요. 경험을 어떻게 했느냐에 따라서 반응이 다르더라고요. (중략) 그리고 여자 관리자분들 중에서도 출산 경험이 없으신 분도 계시더라고요. 그런 분들도 남자 관리자분이랑 똑같은 반응을 하셨어요. 그래서 이것은 남녀의 차이가 아니라 경험의 차이구나 해서 그 경험을 해보지 않은 전과 후는 너무 너무 다르다는 생각이

들었고, 그 경험을 해보라고 할 수는 없는데 어떻게 공유하면 관리자분들께서 그걸 간접적으로 느낄 수 있는 연수나 뭐 이런 게 없을까 이런 생각까지 한 적이 있어요. (면담자 1)

여성보다는 남성에게 좀 더 보수적인 태도를 보이는 문화가 여전히 남아 있다.

제가 이직을 하게 되면서 여기는 제가 옮긴 곳은 더 약간 그런 남성이 육아휴직을 쓴다는 것에 대해서는 그런 케이스도 없고, 그런 문화 자체가 없는 곳이더라고요 (면담자 5)

남성의 육아휴직이나 그런 거에 아직도 보수적이에요. 일례로 썼던[육아휴직 했던] 분이 한 분 계시는데 그냥 안 좋게 소문난 건 아닌데 '걔 대단하다', '그걸 진짜 쓰네' 이런 느낌 있어가지고. (면담자 7)

개인의 가정일 중에서도 특히 아이와 관련된 일이라면 직장에서도 흔쾌히 시간을 내어주는 외국 문화와 비교하여 우리나라의 눈치 문화에 대해 안타까움을 표현하기도 하였다.

미국에서 생활을 오래 했어요. 근데 미국 사람들은 정말 아이 일, 가정 일이라면 다 놓고 가도 아무도 눈치를 안 주거든요. 근데 한국은 너무 눈치 주고 그래서, 내가 나라도 이 맞벌이 엄마들이 이렇게 믿고 맡길 수 있는 곳을 만들자. 그래서 저희는 대부분 맞벌이 가정의 학생들이고 선생님들은 다 연세 있는 경단녀거나 자식 웬만큼 키우고 나오신 분들. 그리고 제가 수업 시간도 짧게 하는 이유가 일과 삶의 균형을 맞추는 게 중요하다고 생각하기 때문에 그렇게 운영하고 있습니다. (면담자 3)

나. 육아친화적 문화 조성을 위한 노력

가장 많은 의견은 전반적으로 근로시간이 줄어들어야 하는 것과 육아기에는 특히 퇴근시각이 앞당겨져야 한다는 것이었다. 실제 자녀양육이 가능하도록 하는 물리적 환경이 만들어져야 육아를 위해 시간을 할애하는 근로자에 대한 시각이 긍정적으로 바뀌고, 육아기 근로자들도 보다 편안하게 일과 육아를 병행할 수 있을 것이라는 의견이었다.

절대적인 근무시간이 하루에 8시간이 되어 있잖아요. 이 8시간을 줄이는 것도 하나의 힘들게 하는 요소를 줄일 수 있는 방법이 되지 않을까라는 생각을 했습니다. (면담자 10)

저도 근데 회사를 다녀보기도 했고 이제 운영도 해보고 해보니까, 자녀가 있는 사람들을 모두 오후 3시에 퇴근을 하게 해주면 정말 많은 사람들이 행복해질 것 같다는 생각을 했습니

Ⅳ. 영아 부모의 육아지원 경험 및 개선 요구

다. 왜냐면 그때면 기관에서 한 4시 정도에 거의 하원을 하게 되니까, 3시에 끝나고 4시 정도에 아기들을 받아가지고 뭔가를 할 수 있으면 가정이랑 일을 모두 다 병행할 수 있기 때문에 집중근로시간만 빼고 나머지를 약 3시부터 유연하게 퇴근할 수 있게 해주는 게 너무 좋은 것 같아요. (면담자 11)

그런데 육아기 근로시간 단축제도의 경우 급여가 그만큼 줄어들기 때문에 경제적 어려움이 발생할 것에 대한 부담이 있어서 선뜻 선택하기가 어렵다는 반응이었다. 그래서 육아기 근로시간 단축제도에서 급여 보전율을 높여주는 방안을 제시하기도 하였고, 그 제도 대신 육아시간이나 자녀돌봄휴가처럼 급여 수준에는 변동이 없이 자녀돌봄이 필요한 때에 부모가 자녀를 돌볼 수 있는 시간을 확보할 수 있다면 더 좋겠다는 의견을 제시하기도 하였다.

정부에서 지원을 해서 [아이]돌봄 선생님이 오실 수 있다는 건 알고 있지만 이거는 아이가 생전 처음 본 사람하고, 갑자기 아픈데 그분에게 맡길 수도 없는 일인 부분이 있어서. 부모가 아이를 진짜 돌볼 수 있도록 하는 정책이라든지 그런 제도가 있는 게 저는 가장 중요하다고 생각을 합니다. (중략) 다른 유럽회사에서는 (중략) 아플 때 자녀를 돌봐줄 수 있는 휴가를 1년에 15일씩을 별도로 추가로 지급을 해서 아플 때 그렇게 케어를 한다고 하더라고요. (면담자 8)

또한 새롭게 추진되거나 개선되기를 원하는 육아지원제도 혹은 근로환경은 무엇인지를 물었을 때 이미 만들어진 제도들을 직장에서 잘 사용할 수 있도록 변화하는 것부터 시작되어야 함을 지적하였다. 더불어 육아기 근로자에게뿐만 아니라 기혼자/미혼자, 자녀유무, 성별에 상관없이 주어진 제도를 자유롭게 이용하는 문화의 확산이 필요함을 제시하였다.

사실 계속 더 좋은 제도들도 나와야 하겠지만 이미 나와 있는 것들이 더 가깝게 다가올 수만 있어도 사람들한테 더 인식이 높아지고 실제로 사용 가능한 보편적인 제도가 되면 그것도 정말 좋을 수 있겠다 이런 생각도 드는 것 같아요. (면담자 4)

저희 부서의 부서장과 저의 직속 윗분들이 그런 걸 안 쓰는 분위기여서 지금 못 쓰는 그런 형태여서 사실은 원하는 제도가 있다기보다는 지금 현재 제도라도 잘 쓰고 싶은 마음이 있고요. (면담자 5)

홍보의 필요성도 제기되었다. 제도의 존재를 알리는 홍보뿐만 아니라 이러한 제도가 왜 필요한지를 알려서 자유롭게 이용 가능한 분위기를 만들 필요가 있다는 의견이 있었다. 제도의 홍보뿐만 아니라 육아에 대한 인식이 바뀌어야 하는 점도 이야기 나누었는데, 육아를 하는 부모의 인식과 우리 사회의 인식이 좀 더 긍정적으로 바꾸어질 필요가 있겠다.

> 더 홍보를 많이 해서 이걸 많이 쓸 수 있는 분위기를 만들어 가면 좋을 것 같다고 생각합니다. (면담자 11)

> 이런 인식에 대한 교육들이 필수적으로 같이 이루어지면 제가 생각할 때는 이게 당연한 거구나 [하고 받아들이게 되고] (중략) 육아와 같은 이 부분도 필수 법정교육으로 같이 들어가서 모든 사람에게 같이 교육을 하면은 좀 좋지 않을까 싶은 생각이 들었습니다. (면담자 8)

> 한국사회에서 아이를 키우는 경험이 이런 [어려운] 경험의 연속으로 느껴지는 거예요. 다 이쁘다 이쁘다 귀하다 애국자다 더 낳아라 그래놓고는 정작 막 새치기해서 가는 거죠. 저는 아이들이 있으니까 천천히 갈 수밖에 없는데. (중략) 기성 세대분들 같은 경우에는 맞벌이를 하면서 아이를 키우는 경험 자체가 좀 더 적지 않았나 하는 생각도 들어요. 주로 어머니들이 많이 전업주부도 하시고 아니면 좀 더 대가족 형태여서 가족끼리 서로 돌봐주는 게 더 어쩌면 일반적이었을 수도 있을 것 같은데. 어쨌건 지금 문화에서는 핵가족이 더 일반적인 가족 형태고. 그래서 가족 안에 가족 공동체 안에서의 그 기능들이 이제 많이 빠져나간 상태가 됐으면 그래서 우리가 제도적 지원이 필요하게 된 거잖아요. 우리 정부가 이걸 정말 진지하게 생각한다면 정말 아이 키우는 사람들의 가족이 되어준다는 마인드로 해줬으면 좋겠지. (면담자 13)

> 육아에 대한 긍정적인 시선이 생겼으면 좋겠다고 생각했어요. 그래서 힘듦이나 이거를 업무로 느끼지 않고, 사실 낳아보면 힘든 것도 있지만 받는 행복감이나 그런 사랑이 훨씬 큰데 이거를 일로 느끼고 업무로 느껴서 (중략) 그래서 좀 그런 인식이나 시선이 개선되면 좋을 것 같아요. (면담자 14)

한편 시간이 지나서 현재 육아를 경험하면서 지원제도의 필요성을 절실히 경험한 세대가 직장 내에 많아지면 분위기가 바뀔 것을 이야기하며 오랜 시간이 걸릴 것이라고 바라보는 시각도 있었다. 직장 내 경영진이나 상사로 인해 육아지원제도를 이용할 수 없거나 이해받을 수 없는 상황에서 적극적으로 대응하지 못하는 경우 제안하는 대안이었다.

또한 육아친화적인 직장이 만들어지기 위한 정부의 노력으로는 앞서 언급하였던 육아기 근로시간 단축제도의 급여 수준이 너무 낮아지지 않도록 하는 것, 출산휴가처럼 육아휴직 등의 제도도 이어서 자연스럽게 이용할 수 있도록 법적인 제도를 강화하는 것, 그리고 육아친화적인 직장에 인센티브를 제공하는 것 등을 제안하였다. 특히 대체인력 채용을 원활하게 하는 방안이나 육아기 근로자의 업무를 대신하는 동료에 대한 인센티브 제공이 필요하다는 의견이 있었다.

> 조직의 배려를 받아서 내가 이걸 쓰게 된다 이렇게 되는 것보다는 그냥 이거는 출산휴가 같이 그냥 쓰는 것이다 이런 인식이 될 수 있도록 먼저 제도가 마련이 되면은 (중략) 개인의 어떤 사적인 부분으로 해결하는 것이 아니라 공적인 제도가 마련돼서 어려움과 위기들을 넘어갈 수 있게 도와주는 그게 저로서는 가장 급선무이지 않을까 생각이 듭니다. (면담자 6)

> 적어도 출산휴가나 육아휴직을 쓰는 여성을 고용했다는 이유로 인센티브를 사업장이 크게 받는 거는 없는 것 같아요. 출산을 하는 여성 그리고 가정에 오히려 현금지급은 점점 늘어나고 있는데 사실 그거보다는 조금 더 사회적인 분위기를 바꾸려면 그런 쪽으로 좀 돈을 바꿔서 써야 되는 게 아닌가라는 생각이 개인적으로는 조금 들었던 것 같습니다. (면담자 9)

4. 일·생활 균형

일·생활 균형의 측면에서 일부 유연근무제를 원활하게 이용하고 있는 경우 현재 생활에 어느 정도 만족한다는 의견을 주었다. 하지만 대부분 여러 가지 어려움을 말하였는데 특히 근로시간이 긴 경우, 현재 일·생활 균형 정도에 만족하지 못하고 있었다. 또한 일을 하면서도 혼자서 육아에 많은 부분을 맡아야 하는 경우 체력적으로 심리적으로 큰 부담을 호소하기도 하였다.

> 퇴근을 하고 나서 돌아오면 거의 저는 돌아와서도 제가 이제 놀고 있을 수 없으니까 최대한 다 같이 하는 식으로 하다 보니까 많이 체력적으로나 정신적으로 좀 번아웃이 오는 것 같더라고요. (면담자 6)

> 대신 남편이 이제 왕복으로 하루에 4시간씩 쓰고 있어요, 출퇴근을. 그러다 보니까 이제 저는 맞벌이를 하면서도 독박육아의 형태로 지금 지내고 있어요. (중략) 아이들의 아침, 깨우고 등원, 그 다음에 하원 후에 이제 재우기 전까지의 일상을 제가 다 하다 보니까 저도 이게 너무 좀 버거워져서 (중략) 제가 느끼는 숫자로는 제 한계치가 10이면은 일 6, 육아 6해서 오버가 돼서 이제 힘든 것 같고요. (면담자 13)

또한 매일의 양육에 많은 시간 참여할 수 없다 해도 퇴근 후 저녁 시간만큼은 자녀들과 함께 시간을 보내고 싶은 바람을 표현하였다. 그리고 자녀양육의 일차적 책임이 부모에게 있고 자녀도 부모를 바라는 만큼, 부모가 직접 양육을 할 수 있는 상황이 만들어지기를 바라는 면담자들의 이야기를 들을 수 있었다.

일하고 가서 같이 저녁에는 같이 시간을 보내고 일단 이런 양육 형태를 가장 이상적으로 생각을 하잖아요. (중략) 일상생활에서 그냥 일상을 보장받고, 그리고 아내가 아침에 등원 준비하고 이런 게 많이 힘들잖아요. 그래서 그거 좀 도와주고 출근하고 정시퇴근해서 와서 같이 저녁 먹고 같이 육아하고 이런 게 보장되기를 생각하고 있습니다. (면담자 5)

기관이나 다른 사람 타인의 도움을 최소한으로 받으면서 부모가 직접 양육을 하는 게 좋을 것 같은데. 부모도 직업을 유지를 하면서 양육도 같이 할 수 있는 형태가 제일 가장 이상적인 형태라고 생각을 합니다. (면담자 10)

남편도 둘 다 근무환경이 좀 더 좀 더 자유로워지면은 둘이서 서로 커버할 수 있지 않을까라는 생각이 좀 들어요. 그리고 재택근무랑 자율근무제를 같이 좀 병행해서 쓸 수 있으면 좀 더 아이 양육하는 데 좀 더 [주변] 도움을 덜 받고 할 수 있지 않을까라는 생각을 하고 있어요. (면담자 12)

일·생활 균형을 통한 삶의 질 향상을 위해 이직을 고려할 때에 대부분 자녀양육을 위한 시간을 가질 수 있는 직장인지를 고려하고 있었다. 예를 들어, 재택근무가 가능한지 알아보거나, 출퇴근시간이 자녀 양육이 가능한 시간대인지를 고려하고, 동료들이 육아 중인 자신을 배려하고 있는지 등에 대해 고민하고 있었다.

저도 이제 한 회사에 좀 오래 다녀서 선배나 후배나 이제 동료들이나 좀 오래 좀 알고 있던 분들이 많아서. 그래도 이제 둘째 태어났을 때도 그래도 되게 많이 어쨌든 배려 좀 해주시고 축하도 되게 많이 해 주시고 그래서. 이제 그런 부분에서 이제 이직까진 고려하지 않고. (면담자 7)

이직을 고려할 때 가장 중요하게 생각했던 포인트는 금액적인 것보다도 재택근무가 가능하다든지. 제 친구 중에 금요일은 아예 주 4일 근무를 하는 친구가 있어서 그 친구의 이야기를 들어보니 그 메리트가 엄청나게 크더라고요. (면담자 10)

한편 자신을 비롯한 육아 중인 근로자들이 육아지원제도를 원활하게 사용하지 못하거나 일·생활에 있어 균형 있지 않은 생활을 지속해나가는 모습이 지금 결혼을 하여 아직 자녀를 낳지 않은 동료들에게 부정적인 영향을 주는 것 같다는 이야기도 나누었다. 즉, 개인의 경험이 개인에 그치지 않고 주변에 전해져서 자녀출산의 결정이나 직장 선택에 영향을 주고 있음을 알 수 있었다.

5. 소결

FGI를 통해 살펴본 주요 내용은 다음과 같다.

첫째, 육아지원제도 이용에 있어 여성과 남성이 다른 경험을 갖는다. 남성의 경우 직장 내에 제도를 이용한 사례가 없거나 눈치가 보여서 아예 시도조차 하지 않은 경우도 있었고, 육아휴직 등을 이용하더라도 아주 짧은 기간만 이용하기도 하여서 여성과 차이가 있었다.

이는 앞서 Ⅱ장에서 살펴본 제도 이용 현황에서도 나타난 성차와 맥락을 같이 한다. 제도 이용 현황에서 남성 이용자에 비해 여성 이용자 수가 훨씬 많았는데, 최근 남성 이용자 수가 점차 증가하고 있었다. FGI를 통해 살펴본 바에 따르면, 현재 육아기에 해당하는 남성 집단에서는 육아지원제도 이용의 필요성이나 일·생활 균형의 중요성에 대한 인식이 높아지고 있었으며 이로 인해 회사 내 다른 집단과의 부조화를 형성하기도 하였다.

둘째, 비임금근로자의 경우 지원제도에 대해 충분히 인지하지 못하고 있으며, 일과 출산·육아의 병행에 어려움이 있었다. 고용보험 미가입자(비임금근로자)를 위한 제도가 마련되었음에도 불구하고 아직 많이 알려지지 않았음을 알 수 있었다.

셋째, 제도적 측면에서 유연근무제도가 다양하게 마련된 직장에 다닐수록 부모의 육아에 대한 부담이 상대적으로 덜하였고 직장 일과 육아를 병행하는 데 있어 발생할 수 있는 어려움이 감소하였다. 즉, 자녀의 긴급돌봄이 필요할 때 재택근무를 하거나 연차휴가·자녀돌봄휴가를 자유롭게 사용할 수 있는 경우, 부모 중 한명이라도 시차출퇴근제를 이용하여 자녀의 기관 등·하원 시간을 확보하는 경우에는 어려움을 해결할 수 있었다.

넷째, 직장 상사나 함께 일하는 동료가 일과 육아를 병행하는 상황에 대한 이해가 부족한 경우가 있었다. 이는 대체로 출산·육아 경험의 여부, 남자와 여자, 상사와 평직원(직급보다는 세대)으로 나누어져서 조화롭지 않거나 눈치를 보게 되는 직장 문화를 형성하였다. 출산·육아 경험에 따라 갑작스럽게 돌봄이 필요한 경우에 대해 이해하지 못한다거나, 남성에게 좀 더 보수적인 태도를 보이기도 하였다.

다섯째, 부모들은 직장 내 육아친화적 문화 조성을 위해 근로시간이 줄어야 한다고 제시하였다. 특히 퇴근시각이 늦은 경우 자녀 돌봄에 참여할 시간을 확보할 수 없고, 일·생활 균형을 이룰 수 없었다. 또한 육아기 근로시간 단축제도나 육아휴직처럼 급여에 변동을 가져오는 경우 가정의 경제적 여건의 변화를 수반하여서 쉽게 선택하지 못하므로, 육아시간이나 자녀돌봄휴가의 사용이 확보되고 자유롭게 사용할 수 있는 분위기가 중요하였다. 더 나아가 육아지원제도에 대한 홍보를 통한 인식 변화의 중요성과 육아 중인 근로자뿐만 아니라 육아를 하지 않은 근로자들도 이용 가능한 유연근무제와 같은 일·생활 균형을 위한 제도가 확산될 필요성이 제기되었다.

여섯째, 부모들은 직장 선택 시 육아가 가능한지를 중요하게 여기고 있었다. 이를 고려하여 이미 이직을 하였고, 사직을 고려하는 경우도 있었다. 그리고 현재 제도 이용이 쉽지 않거나 육아친화적이지 않은 직장에 다니는 경우 자신의 모습이 앞으로 육아를 선택하게 될 동료들에게 부정적인 영향을 끼칠 수 있음을 우려하는 목소리도 있었다. 이는 일·생활 균형 수준이 높은 국가의 출산율도 높다는 보고(김소연, 2024. 10. 20.)와 맥락을 같이 하여, 직장이나 사회에서 보이는 육아기 근로자들이 경험하는 어려움이나 일·생활 균형 정도가 현재 저출생 분위기에 영향을 끼친다는 것을 보여주는 사례였다.

V

결론 및 제언

01 영아 부모의 근무환경 개선 방안

02 추후 연구에 대한 제언

V. 결론 및 제언

1. 영아 부모의 근무환경 개선 방안[23]

본 연구에서는 영아기 자녀를 둔 부모의 육아지원제도 사용과 관련한 근무환경 실태를 파악함으로써 부모의 근무환경 및 육아지원제도의 사용과 아동발달 및 가족 특성 간의 관계를 분석하기 위한 기초 자료를 축적하고자 하였다. 뿐만 아니라 영아기 자녀를 둔 부모의 자녀돌봄 시간 보장과 일-생활(육아) 균형을 위한 근무환경 개선 요구를 파악하고 이에 대한 개선 방안을 도출하고자 하였다.

본 연구에서 도출한 주요 연구결과를 바탕으로 영아기 자녀를 둔 부모를 위한 근무환경(제도적·문화적 환경) 개선 방안을 제시하면 다음과 같다.

〈표 V-1-1〉 주요 연구결과와 개선방안

주요 연구결과	개선방안
육아지원제도 이용을 위한 걸림돌 : 눈치 분위기, 이용자에 대한 차별	가. 제도의 이용 접근성 및 인지도 높이기 나. 육아기 근로자 지원에 대한 이해도 높이기 바. 육아기 근로자의 권리 침해 및 차별 대우에 대한 관리감독 강화
자녀돌봄시간 확보가 필요함에도 불구하고, 육아기 근로시간 단축제도의 활용이 낮음	다. 유연근무제 확대 시행 라. 육아시간 확대 시행 마. 육아친화적인 직장에 대한 정부의 인센티브 강화
유연근무제도의 유용성	
성별에 따른 차별적 접근	사. 인식 개선 및 육아친화적 문화 조성
직장과 우리사회의 육아친화적 문화 조성을 위한 노력 필요	

가. 제도의 이용 접근성 및 인지도 높이기

1) 육아휴직 신청 접근성 높이기(통합신청 → 자동신청)

한 가정에서 자녀가 태어나면 부모는 그 자녀를 돌보아야 한다. 그러기 위해서는

---

[23] 연구 과정에서 자문을 받은 원내·외 전문가의 의견을 포함함.

돌봄 시간을 확보하거나 부모 대신 돌봄을 대체할 인력이나 기관을 구하게 된다. 여성의 경우 출산휴가가 주어지고 이어서 육아휴직을 할 수 있도록 제도가 마련되어 있으며, 남성의 육아휴직 참여율을 높이기 위한 제도 역시 최근에 활발히 제시되고 있다. 하지만 여전히 육아휴직 사용에 있어 직장 내 분위기가 긍정적이지 못하여서 사용하지 못하는 경우가 있다. 이에 대해 정부는 저출생 반전을 위한 대책(저출생고령사회위원회·관계부처 합동 보도자료, 2024. 6. 19.)에서 출산휴가와 육아휴직을 통합신청할 수 있도록 제도를 개선하고, 출산휴가, 육아기 근로시간 단축뿐만 아니라 육아휴직 시에도 대체인력 고용을 위한 지원금을 지원하겠다고 밝힌 바 있다. 이에 빠른 시행이 요구된다.

연구 참여자 중에서는 신청이 의무화되면 좋겠다는 의견이 있을 만큼 육아지원제도 이용이 당연시 되는 제도적 장치가 필요하다. 따라서 출산 여성에게는 출산휴가와 육아휴직이 자동 신청이 되고 그 후 본인이 휴직 여부나 기간을 선택할 수 있는 접근이 필요하다.

2) 육아지원제도 안내 의무화(전담인력 배치)

여성과 남성에게 육아휴직, 육아기 근무시간 단축제도, 가족돌봄휴가 등의 지원제도 안내가 의무화되기를 제안한다. 근무 중인 직장에 해당 제도가 도입이 되어 있는지 모르는 경우가 있으며, 남성의 경우 더욱 그러하였다. 하지만 제도에 대한 인지도나 접근성이 낮은 경우 지원 제도의 이용이 필요한 상황에서도 제도 이용을 하지 못하는 결과로 이어진다. 이는 특히 자녀돌봄시간의 확보가 필수적인 영아기 자녀를 둔 부모의 삶에 큰 영향을 끼친다. 따라서 직장에서 육아기 근로자들에게 지원제도 및 이용방법에 대한 안내를 정기적으로 제공할 필요가 있다.

기업 내에 전담인력(컨설턴트)을 지정하여 육아기 직원의 휴직, 근로시간 단축, 휴가 사용 등을 설계하고 각 직원 개인이 업무를 지속하면서도 육아를 해나갈 수 있도록 도움을 줄 수 있다. 중소기업 등 소규모 직장에서는 전담인력을 배치하기 어려울 수 있으므로 육아종합지원센터나 일생활균형지원센터 등의 공공서비스와 연계하여 직장에 찾아가는 서비스를 제공할 수 있을 것이다.

3) 복직 근로자 적응 지원

자녀가 영아기인 경우 출산휴가나 육아휴직 후 복직을 하는 시기와 맞물려 있다. 이들에게 격려와 환영의 메시지를 전달하여 복직에 대한 심리적 부담감과 일과 육아를 병행하는 상황에 잘 적응할 수 있도록 돕는 방법도 직장 내에서 마련할 수 있겠다. 일례로 모 기업에서는 복직을 앞 둔 사원에게 육아지원제도나 교육·보육서비스에 관한 정보를 제공함으로써 복직을 일과 육아 두 가지 측면을 모두 준비할 수 있도록 돕고 있는데, 이처럼 좋은 사례들이 공유될 필요도 있겠다.

4) 비임금근로자의 인지도 높이기

한편 비임금근로자는 직장을 통해서 정보를 얻을 수 없으므로 다른 접근이 필요하다. 본 연구 조사에서도 비임금근로자의 육아지원정보를 알지 못하는 사례가 있었다. 지금까지 육아지원제도의 사각지대라 불리고 있는 비임금근로자도 포함하여 육아지원을 계획하고 수행하려는 정부의 의지가 있는 만큼, 비임금근로자에게 관련 지원 정책을 어떻게 알리고 또 실제 이용으로 이끌 수 있을지에 대한 심도 있는 논의가 필요한 시점이다.

육아기와 관련된 정책 정보의 경우 출생신고, 그리고 더 이전에 임신확인 시 해당 제도가 있음을 알고 육아기 근로 상황을 계획할 수 있도록 보건소, 산부인과, 주민자치센터 등 다양한 장소에서 적극적으로 홍보할 필요가 있겠다.

나. 육아기 근로자 지원에 대한 이해도 높이기

육아지원제도의 사용자뿐만 아니라 직장 내 누구든지 해당 지원제도의 필요성에 대해 충분히 이해한다면 사내 눈치 문화는 어느 정도 해소될 수 있을 것이다. 육아지원제도는 육아기 근로자들을 위한 차별적인 혜택이 아니며 자녀양육과 직장 일을 병행할 수 있도록 하는 최소한의 장치이다. 이에 대한 이해가 없이는 육아지원제도를 이용하는 근로자에 대한 차별적인 언행이나 처우가 발생할 수 있으므로 개선이 필요하다.

1) 일·생활 균형 인식 제고를 위한 직장인 대상 의무교육 실시

따라서 일·생활 균형의 중요성과 육아지원제도 및 유연근무제도의 필요성 등을 내용으로 담은 직장인 대상 의무교육을 제안한다. 이는 제도 이용 대상만 알아야할 내용이 아니며, 직장의 근로자들 전체가 일·생활 균형에 대한 인식을 제고하고 관련 제도의 목적과 활용 시 이점 등에 대한 이해도를 높일 필요가 있기 때문이다. 현재 직장인들은 직장 유형에 따라 다소 차이가 있겠으나 장애인 인식개선 교육, 아동학대 예방교육, 직장 내 괴롭힘 예방교육, 인권교육, 통일교육 등의 법정의무 교육을 수강하도록 하고 있다. 따라서 의무교육을 통해 일·생활 균형에 대해 알아감으로써 육아기 근로자를 위한 이해도를 높일 수 있는 방안을 제안한다. 다만, 의무교육의 수가 많아서 내용 집중도나 전달 측면에서 효율적이지 않을 수 있으므로 매년 관련 캠페인을 의무적으로 열게 하는 것 또한 대안(병행안)으로 제안한다.

2) 가족행사 등 직장 내 육아친화적 프로그램 실시

또 한 가지는 직장의 가족행사를 통해 직원의 자녀들을 만나고 프로그램에 함께 참여하는 기회를 갖는 것이다. 이를 통해 자녀 양육의 모습을 간접적으로 경험하고 양육과 일을 동시에 수행하고 있는 동료에 대한 이해를 높일 수 있겠다. 일례로 어린이 날 기념행사를 통해 직원의 자녀들을 초대하여 회사를 소개하고 업무를 체험해보도록 한다면 자녀들에게도, 부모인 직원에게도, 그리고 동료들에게도 서로를 이해하고 일에 대한 보람을 느낄 수 있는 기회가 될 것이다.

다. 유연근무제 확대 시행

유연근무제도는 육아 여부와 관계없이 직장인 누구나 일·생활 균형 정도를 높일 수 있는 제도이다. 특히 영아 부모들에게는 유연근무제가 일상에서도 긴급돌봄이 필요한 상황에서도 자녀돌봄의 시간을 확보할 수 있는 중요한 선택지가 되고 있다. 아동 발달 중심의 시각에서 영아기는 특히 주양육자의 돌봄의 필요를 강조하고 있으므로 육아지원정책에서는 이러한 아동의 발달적 필요를 우선 고려하여 정책이 수립되고 강조될 필요가 있다. 따라서 유연근무제 확대 시행이 중요하게 다루어지기를 제안한다.

앞서 Ⅱ장에서 언급하였듯이 정부는 개인이 육아 등의 필요에 따라서 시차출퇴근제, 근무시간선택제, 재택근무 등의 유연근무제를 활용할 수 있도록 제도화하겠다는 방안을 내놓았다(저출생고령사회위원회·관계부처 합동 보도자료, 2024. 6. 19.). 더 나아가 출퇴근 유연근무 자기결재 즉, 사용일 2일 전까지 신청하면 부서장의 결재 없이 자동 승인되는 제도를 확대하겠다고 제안할 정도로(저출생고령사회위원회·관계부처 합동 보도자료, 2024. 6. 19.) 그 사용을 원활하게 하고자 노력하고 있다.

유연근무제는 육아기 근로자뿐만 아니라 전체에 해당하므로 육아지원제도보다는 편견이나 눈치 없이 사용할 수 있는 분위기가 조성될 수 있어서 육아지원제도 이용자와 미이용자 간의 간극을 좁히는데 도움이 된다. 또한 급여 체계와 연동되지 않으므로 선택 시 근로자와 기업의 입장에서 모두 경제적인 부담도 덜하다. 유연근무제 사용은 개인의 일·생활 균형에 직접적인 영향을 주므로 영아 부모들에게도 필요하고 유용한 제도이다. 따라서 유연근무제 활용 제도화가 빠르게 진행되기를 기대한다.

우리나라는 장시간 근로문화가 지배적이어서 이것에서 벗어나는 것이 급선무이다. 육아기 근로자만 근로시간을 단축하거나 특정 휴가를 사용하면서 근로시간을 줄이고 일-생활 균형을 맞추고자 노력하는 것이 아니라, 모두가 건강한 삶을 영위할 수 있는 정도의 근로시간이 주어지고, 유연근무제 등과 같은 제도를 통해 삶의 질을 높여갈 수 있는 사회로 변화되어갈 수 있기를 바란다. 유연근무제 등의 실행으로 육아친화적 직장에 대한 인센티브에 대해서는 이후 '마'항에서 제안하였다.

라. 육아시간 확대 시행

현재 공무원 복무규정에 따르면, 대상 연령의 자녀가 있는 공무원에게 하루 2시간까지 육아시간을 사용할 수 있도록 부여하고 있다. 기존에는 5세 이하 자녀가 있는 경우 24개월 동안 이용할 수 있었으나 '공무원 업무집중 여건 조성방안'의 일환으로 개정하여 현재는 8세 또는 초등학교 2학년 이하 자녀를 대상으로 총 36개월 동안 1일 2시간의 육아시간 사용이 가능하다. 초등학교 저학년 시기에도 학교 입학이라는 환경 변화로 인해 영유아기 못지않게 자녀 돌봄 수요가 높다는 현장의 목소리를 반영하여서 육아시간 사용 대상과 기간을 확대하였다(인사혁신처,

2024. 4. 8.).

  육아시간은 육아기 근로시간 단축제도와는 달리 급여체계와 연동되어 있지 않은 유급휴가의 형태라서 사용자의 경제적 여건에 지장을 주지 않는다. 또한 사용하는 개인에게는 해당시간만큼 업무를 빠르게 처리해야 하거나 다른 날에 업무를 보완해야 하는 부담이 있을 수 있으나 자녀 연령에 따른 정해진 기간 동안에 자유롭게 이용이 가능하므로 다소 쉽게 접근할 수 있다. 무엇보다도 자녀를 기관이나 대체인력에 맡긴다 하여도 직장의 출퇴근시간과 등·하원 시간 간에 발생하는 시간 차이로 인해 돌봄이 필요한 경우 유용하게 사용이 가능하다. 따라서 육아기 근로자에게 일과 육아를 병행할 수 있도록 만들어주는 유용한 제도라 할 수 있다.

마. 육아친화적인 직장에 대한 정부의 인센티브 강화

  본 연구에서 영아 부모들 대상 조사 결과, 직장 내 육아친화문화 조성을 위해서는 정부가 육아친화적인 직장에 대한 인센티브를 강화하여야 한다는 의견이 가장 많았다. 즉, 직장에서 육아친화적으로 결정하고 움직일 수 있도록 정부가 정책으로 뒷받침해주어야 한다는 의미일 것이다.

  정부가 추진하고자 하는 '일·생활 균형 경영 평가지표 마련' 시 유연근무 활용률, 육아휴직 활용률 및 사용 후 고용유지율 등을 지표로 포함할 뿐만 아니라(저출생고령사회위원회·관계부처 합동 보도자료, 2024. 6. 19.) 과정적인 측면이 드러나는 지표가 포함되고, 평가 방법에 있어서 정량과 정성평가를 모두 활용하기를 제안한다. 특히 육아기 근로자에 대한 의견 수렴을 통해 지원제도를 이용하기까지의 과정, 이용 기간, 이용 전후의 변화 등을 살펴보고 판단할 필요가 있겠다. 이러한 평가지표를 통해 우수하다고 평가받은 기업에게는 인센티브 제공을 통해 기업이 일·생활 균형 경영을 중요하게 다룰 수 있는 환경을 마련하여야 하겠다.

  또한 육아지원제도 이용에 따른 대체인력 지원, 유연근무제 도입 장려금 지원 등의 현재 추진하는 정책들이 육아친화적인 직장에 대한 인센티브로 작용하여서 실제적인 제도 이용 측면이나 문화적인 측면의 개선으로 이어지기를 바란다.

바. 육아기 근로자의 권리 침해 및 차별 대우에 대한 관리감독 강화

인센티브와는 달리 감독의 관점에서는 육아지원제도의 도입이나 활용을 넘어서 활용 이후의 평가 제도까지 다루어질 필요가 있다. 특히 육아지원제도 이용자이나 이용하지 못한다면 근로자로서 가질 수 있는 권리를 침해받았다 볼 수 있으며, 제도 이용 이후에 불리한 평가를 받거나 승진에 누락된다면 차별을 경험하는 것이므로 관리감독 또한 필요하다. 따라서 이러한 관점에서 근로감독관의 역할과 직무에 대해 고찰하여 누락된 점이 있다면(예: 육아지원제도 활용에 따른 차별) 보완할 필요가 있겠다.

본 연구의 조사에 따르면, 육아지원제도 이용 이후를 걱정하여 이용을 꺼려하는 경우도 다수 있었다. 대기업의 경우 제도 도입은 되어 있으나 활용 비율이 높지 않았고, 제도 이용에 대한 불이익 해소를 직장에서의 노력으로 꼽은 비율이 다른 직장 규모에 비해 높게 나타났다는 점은 주목할 만하다. 한편 소규모 기업에서는 상대적으로 제도 도입을 더욱 원하고 있었는데 기업 규모에 따른 접근 방식에 차이가 필요함을 보여준다. 즉, 소규모 기업에서는 관리감독 시 제도 도입과 이용이 가능해야 한다는 측면에서, 대규모 기업에서는 그와 더불어 이용 이후 근무조건에 차별이 없어야 한다는 측면에서 접근하여야 하겠다.

사. 인식 개선 및 육아친화적 문화 조성

본 연구를 통해 육아에 대한 성차별적인 인식이 여전히 만연해있음을 확인할 수 있었다. 육아 당사자인 경우 그 편견에서 벗어나 아버지로서 육아에 참여하고자 하는 의지를 가진다하여도 직장 내 문화적으로 조성되어 있지 않은 경우 육아 참여가 어려웠다. 따라서 최근 정부가 추진하고 있는 남성의 육아참여를 위한 제도적 개선과 더불어서 문화적 개선을 위한 노력도 필요하다.

한 가정에서 자발적으로 어머니가 취업 대신 자녀돌봄을 선택하고 아버지는 취업 상황을 선택할 수 있다. 또는 그 반대로 아버지가 자녀돌봄을 선택하고 어머니는 취업을 선택할 수 있으며, 또 다른 상황일수도 있다. 이러한 개인의 선택은 존중받을 수 있어야 한다. 하지만 어머니의 자녀돌봄 선택에 비해 아버지의 자녀돌봄 선택은 특별하다고 여겨지거나, 맞벌이거나 한부모인 경우 어머니가 직장일과 자녀돌봄을 동시에 수행하는 것은 당연하나 아버지가 그러한 경우에는 대단한 일을 하는 것으로 바라보는 시선이 존재한다.

따라서 앞서 제안한 개선방안을 비롯하여 정부가 추진하는 제도적 개선책들이 문화적 개선을 자연스럽게 이끌 수 있도록 유념하며 제도를 추진하기를 바라며, 더불어 인식 개선을 위한 노력도 계속 이어져야 하겠다.

육아친화적 문화 조성은 영유아(아동)를 존중하는 인식에서 비롯될 수 있다. 하지만 우리나라는 노키즈존이 존재할 만큼 어린 아이들을 번거로운 존재로 여기기도 한다. 또한 아이를 데리고 부모가 편하게 외출할 수 있는 공간이 한정되어 있을 정도로 육아가구에 대한 배려 정도가 낮은 편이다. 이러한 사회 전반에서 나타나는 육아친화적이지 못한 인식이 직장 내에서도 연결되어 나타나고 있다. 따라서 직장만을 대상으로 육아친화적인 제도 도입 등을 논하기보다는 이에 앞서 사회 전반에서의 변화를 이끌기 위한 정책 방향이 필요하다. 정부에서는 대중적인 홍보를 통해 육아(돌봄)에 대한 긍정적 인식의 사회문화를 조성하고, 아동뿐만 아니라 아동과 함께하는 양육자에 대한 차별 금지, 편견 개선 등을 위해 노력할 필요가 있다.

인식 개선 중에서는 양육자의 인식 개선 또한 포함된다. 부모들 중 자녀 출산 이후에도 자녀와 함께하는 시간보다는 자신의 일에 더 가치를 두는 경우도 있다. 물론 일-생활 균형에서의 균형 정도는 개인의 선택일 수 있으나 어린 자녀를 양육하는 부모에게 자녀 양육과 일은 어느 한쪽을 선택하는 문제가 아니라 균형을 맞추어 둘 다 해내야하는 일임을 부모도 알아야 한다. 자녀 출산의 책임을 다하고 부모로서의 권리를 누리는 성숙한 모습을 갖출 수 있도록 이에 대한 인식 개선이 필요한 때이다.

〈표 V-1-2〉 개선방안과 직장·정부에서의 역할

주요 연구결과	직장	정부
가. 제도의 이용 접근성 및 인지도 높이기		
1) 육아휴직 신청 접근성 높이기	참여	주도
2) 육아지원제도 안내 의무화	주도	지원
3) 복직 근로자 적응 지원	주도	지원
4) 비임금근로자의 인지도 높이기	-	주도
나. 육아기 근로자 지원에 대한 이해도 높이기		
1) 직장인 대상 의무교육 실시	주도	지원
2) 가족행사 등 직장 내 육아친화적 프로그램 실시	주도	지원

주요 연구결과	직장	정부
다. 유연근무제 확대 시행	주도	적극 지원
라. 육아시간 확대 시행	주도	적극 지원
마. 육아친화적인 직장에 대한 정부의 인센티브 강화	참여	주도
바. 육아기 근로자의 권리 침해 및 차별 대우에 대한 관리감독 강화	참여	주도
사. 인식 개선 및 육아친화적 문화 조성	참여	주도

2. 추후 연구에 대한 제언[24]

본 연구는 어린 자녀를 양육하면서 근무 중인 부모의 근무환경 개선 방안을 마련함과 동시에 한국 영유아 교육·보육 패널 연구의 종단 자료를 확보하여 구체적이고 시사점을 가질 수 있는 다양한 주제의 연구를 생산하는 목적을 지닌다. 따라서 추후 연구를 다음과 같이 제안하고자 한다.

가. 어머니의 출산 이후 직장 복귀 여부, 부/모의 취업상태 변화 파악

한국 영유아 교육·보육 패널 연구에서는 패널아동의 출생 전 즉, 어머니가 임부일 때 패널을 구축하면서 조사를 시작하였으므로(기초조사) 어머니의 출산 전 취업상황과 출산 이후, 그리고 육아를 하면서 취업상태가 어떠한지에 대한 자료가 확보되었다. 따라서 출산 전후의 어머니 취업 상태 변화나 부모의 취업상태에 대한 종단적 분석이 가능하다. 본 연구에서는 패널 연구 데이터의 공개 시점 등으로 인해 종단 데이터 활용에는 제약이 있었다. 하지만 이후에는 근무환경과 더불어 취업과 관련한 여러 변인들에 대해 분석하는 연구가 이루어지기를 제안한다.

나. 부모가 경험하는 근무환경이 아동에게 미치는 영향 분석

본 연구를 통해 데이터를 축적하게 된 배경 중 하나가 바로 부모가 경험하는 근무환경에 아동의 성장·발달에 영향을 끼칠 것이라는 가설 때문이었다. 즉, 데이터 축적을 통해 영아기 자녀를 양육 중인 부모의 근무환경이 어떠한 경로를 따라서 아동의 성장·발달에 얼마나 영향을 끼치는지 분석해볼 수 있다.

---

[24] 연구 과정에서 자문을 받은 원내·외 전문가의 의견을 포함함.

어린 아동에게 가장 큰 영향을 미치는 환경은 바로 부모이다. 따라서 근무환경을 비롯한 부모의 생활양상은 돌봄 시간이나 부모-자녀 관계 등에 영향을 주고, 이는 아동의 발달특성에 영향을 줄 것이다. 패널 연구 데이터를 통하여서 이에 대한 구체적인 분석이 이루어질 수 있겠다.

이와 관련하여 유연근무제의 효과성을 분석하는 연구를 제안한다. 본 연구에서 많은 부모들이 영아기 자녀를 양육하면서 이용하기를 희망하는 제도로 유연근무제를 꼽았으며, 이를 바탕으로 유연근무제 확대 시행을 제안한 바 있다. 따라서 먼저는 유연근무제의 활용이 직장의 업무 효율, 몰입, 충실도 등의 향상에 도움이 되는지를 파악하고, 부모의 일-생활 균형에 영향을 주는지, 더 나아가 가족관계, 부모-자녀 상호작용에 영향을 주어 결국 아동발달에 어떻게 영향을 주는지를 분석할 필요가 있겠다.

다. 부모의 일·생활 균형이 아동에게 미치는 영향 분석

부모의 근무환경은 부모의 일·생활 균형과 연결되어 있다. 특히 패널 연구에서는 일·생활 균형으로 인한 갈등 정도를 척도를 활용하여 측정하고 있으므로 이를 활용한 분석이 가능하다. 부모의 일·생활 균형이 아동에게 미치는 영향을 살펴보는 연구는 부모의 자녀돌봄시간의 확보와 이에 대한 지원의 필요성까지 연결하여 시사점을 도출할 수 있을 것이라 여겨진다.

라. 부모의 심리적·관계적 특성이 일·생활 균형에 미치는 영향 분석

부모의 근무환경뿐만 아니라 개인의 심리적 특성이나 가족관계 특성도 일·생활 균형에 영향을 줄 수 있다. 즉, 부모의 일·생활 균형 정도가 아동의 성장·발달에 영향을 준다면, 부모의 일·생활 균형에 영향을 주는 요인을 발견하는 연구 또한 필요할 것이다. 따라서 부모의 개인 내적 요인, 가정의 요인, 직장과 같은 환경적 요인 등을 포괄하여 살펴보기를 제안한다.

이상에서 제안한 연구들을 종합적으로 살펴보면, 아동을 둘러싼 미시체계에서 넘어서 외체계 및 거시체계까지의 변인을 다루고 있다. 즉, 미시체계(부모-자녀관계), 중간체계(가족관계), 외체계(부모의 근무환경), 거시체계(육아지원정책, 사회문화) 변인들이 아동의 건강한 성장·발달에 어떠한 영향을 끼치는지 종합적으로 분석하는 연구가 수행되기를 기대한다. 또한 한국 영유아 교육·보육 패널 연구를 통해 얻은 결과는 이전에 육아정책연구소에서 수행하였던 한국아동패널(2008년생 아동을 추적)이나 이후 새로운 코호트 혹은 패널연구가 있다면 그 결과와 비교함으로써 정책 요인을 포함한 사회의 변화에 따른 차이까지도 다룰 수 있을 것이다.

마. 육아지원과 관련한 근무환경에 차이를 가져오는 요인 분석

앞서 부모의 근무환경이 부모에게도 그리고 아동에게도 영향을 줄 것이라는 가설을 가지고 여러 연구 수행이 가능함을 제안하였다. 이와 더불어 육아지원제도 등과 관련한 근무환경에 차이를 가져오는 요인은 무엇일지에 대한 분석이 필요하다. 이는 패널 연구 데이터에서 정책에 관한 인식이나 이용 정도를 조사하고 있어서 그 데이터를 활용하거나, 부가조사를 통해 좀 더 상세히 그 요인이 될 만한 변인을 조사하여 알아볼 수도 있을 것이다.

부모의 근무환경에 차이를 가져오는 요인들을 밝혀내는 연구는 정책 방안 도출에 직접 활용될 수 있으므로 수행될 수 있기를 제안한다.

바. 부모의 근무환경에 대한 종단데이터 확보를 위한 유아기, 초등학령기에 근무환경 조사 재실시

본 연구에서는 영아기 자녀를 둔 부모의 근무환경을 살펴보았다. 영유아기는 가장 부모의 돌봄이 필요한 시기이며 그 중에서도 영아기는 특히 양육자의 개입이 많이 필요하여 중요하므로 본 연구에서 다루었다. 근무환경은 지속되기도 하지만 시간이 흐를수록 달라지기도 한다. 따라서 자녀가 유아기가 그리고 초등학령기가 되었을 때 근무환경 조사를 재실시하기를 제안한다. 이를 통해 근무환경의 변화도 살펴볼 뿐만 아니라 부모의 근무환경이 아동에게 미치는 영향에 대한 분석도 그 시기별로 해볼 수 있다.

사. 육아친화적 주요 지표 확보를 위한 지속적 데이터 수집

자녀 연령에 따른 관련 제도 이용률, 제도 이용기간 등의 상세 정보를 포함한 통계자료 확보 및 분석을 통해 가구의 생애주기별(자녀연령 중심) 맞춤형 육아지원 제도 이용 설계가 가능하도록 지속적 데이터 수집이 필요하다.

현재도 제도 이용률은 수집되어 공개되고 있으나 가구의 생애주기나 자녀연령 중심의 자료가 아니어서 분석에 한계가 있다. 또한 근무환경처럼 육아친화적인 요소를 살펴볼 수 있는 지표는 본 연구처럼 단발성으로 자료가 수집되고 그치는 경향이 있어서 이용과 분석에 한계가 있다. 따라서 육아친화적 주요 지표에 해당하는 자료를 확보하고 맞춤형 육아지원방안을 도출하기 위해 지속적 데이터 수집을 제안한다.

물론 이러한 연구에 앞서 육아친화적 지표의 개념을 무엇이라고 정의할지, 어떠한 연구에 근거할 수 있으며, 그 구성 요소를 무엇이라고 규정할지에 대한 연구가 선행될 필요가 있겠다. 이를 토대로 육아친화적 지표 중심의 통계자료가 축적될 수 있어야 하겠다.

참고문헌

강민정·신우리·권소영(2022). 모성보호제도 활용 관련 실태조사. 한국여성정책연구원.

고용노동부(2016). 유연근무제 우리기업은 어떻게 운영할까요.

고용노동부(2018). 궁금함이 쏙쏙 풀리는 유연근무제 Q&A.

고용노동부(2019). 유연근로시간제 가이드.

고용노동부(2020). 재택근무 종합 매뉴얼.

고용노동부(2021). 근로시간 단축제도 가이드북.

고용노동부(2023). 모성보호와 일·가정양립 지원 업무 편람.

고용노동부(2024). 2024년 일하는 엄마, 아빠를 위한 육아휴직제도 사용안내서.

고용노동부 보도자료(2020. 4. 2.). 「가족돌봄휴가」 도입 3개월 만에 빠르게 확산.

고용노동부 보도자료(2021. 6. 30.). 7월 1일부터 특수형태근로종사자 고용보험 시행.

고용노동부 보도자료(2023. 11. 12.). 일하는 부모의 육아휴직 등 모성보호제도 사용 활성화를 위한 제도 개편 추진.

고용노동부 보도자료(2024. 2. 26.). 최근 5년간 출생아 수 감소에도 일·육아지원제도 사용자는 증가 추세.

고용노동부 보도자료(2024. 6. 18.). 육아기 근로시간 단축제도 더 이상 고민하지 말고 사용하세요!

권미경·김나영·김아름·최인화·김영민·신하은·강민정·이승현·권소영(2020). 육아존중문화로의 패러다임 전환과 긍정적 육아문화 조성방안 연구(Ⅱ): 직장에서의 육아존중문화 조성. 육아정책연구소.

김나영·조숙인·김자연·박은영(2022). 직장어린이집 이용 취약계층의 개선요구 및 지원방안. 근로복지공단.

대한민국정부(2020). 제4차 저출산고령사회 기본계획.

박윤수·강지원·손연정·한성민(2023). 아동 돌봄 친화적 근로여건 조성을 위한 정책 연구. 교육부·한국재정학회.

박은정·조미라·윤지연·류연규·윤자영(2022). 평등한 돌봄권 보장을 위한 자녀돌봄 시간정책 개선방안 연구(Ⅰ): 고용형태별 돌봄 격차 해소를 중심으로. 육아정책연구소.

배윤진·박은정·김자연·조경진·이혜민·강민권(2023). 한국 영유아 교육·보육 패널 연구 2023. 육아정책연구소.

이정림·배윤진·김자연·송신영·조경진·장현진·이기재(2022). 한국 영유아 교육·보육 패널 연구 2022. 육아정책연구소.

인사혁신처(2024. 7.). 국가공무원 복무·징계 관련 예규.

인사혁신처 보도자료(2023. 12. 29.). 현장 공무원, 심리안정휴가로 회복·휴식 가능. 올해 휴가제도 개선으로 공직사회 근무 여건 개선, "실질적 도움"

저출생고령사회위원회·관계부처 합동 보도자료(2024. 6. 19.). 저출생 추세를 반전을 위한 대책.

조미라·박은정(2023). 육아기 근로시간 단축제도 활용실태 및 개선방안 연구. 육아정책연구소.

조아라·김명희·권현정(2020). 특수형태근로종사자의 시간빈곤과 일과 삶의 균형. 보건사회연구, 40(3), 48-84.

통계청 보도자료(2023. 12. 20.). 2022년 육아휴직통계 결과(잠정).

〈인터넷 자료〉

고용24 홈페이지a, https://www.ei.go.kr/ei/eih/eg/pb/pbPersonBnef/retrievePb0307Info.do(인출일: 2024. 8. 22.)

고용24 홈페이지b, https://www.ei.go.kr/ei/eih/eg/pb/pbPersonBnef/retrievePb0309Info.do(인출일: 2024. 8. 22.)

국가법령정보센터-국가공무원 복무규정, https://www.law.go.kr/법령/국가공무원 복무규정(인출일: 2024. 8. 22.)

국가법령정보센터. 근로기준법, https://www.law.go.kr/%EB%B2%95%EB%A0%B9/%EA%B7%BC%EB%A1%9C%EA%B8%B0%EC%A4%80%EB%B2%95(인출일: 2024. 5. 24.)

참고문헌

김민섭(2023. 12. 21.). OECD 연간 근로시간의 국가 간 비교분석과 시사점, https://www.ifs.or.kr/bbs/board.php?bo_table=News&wr_id=53823(인출일: 2024. 5. 28.)

김성원(2024. 2. 27.). 쓸 땐 눈치, 복귀 땐 걱정. 아빠 육아휴직 현실은 '산 넘어 산' 혜택 아무리 늘려도 사용 못하는 현실…"기업·근로자 부담 덜려면 노동규제 풀어야", http://new.ledesk.co.kr/view.php?uid=8379(인출일: 2024. 4. 29.)

김소연(2024. 10. 20.). "'워라밸' 좋아야 출산율 높다"… 한국은 OECD 밑바닥, https://www.hani.co.kr/arti/society/rights/1163348.html(인출일: 2024. 10. 21.)

대한민국 정책브리핑-'6+6 부모육아휴직제'란?, https://www.korea.kr/multi/visualNewsView.do?newsId=148926593(인출일: 2024. 5. 21.)

이데일리(2024. 3. 24). 사각지대 놓인 600만 자영업자…출산·육아 대책은 '그림의 떡', https://www.edaily.co.kr/news/read?newsId=01682646638826600&mediaCodeNo=257&OutLnkChk=Y(인출일: 2024. 4. 29.)

정부24 홈페이지a, https://www.gov.kr/portal/service/serviceInfo/149200000153(인출일: 2024. 8. 22.)

정부24 홈페이지b, https://www.gov.kr/portal/service/serviceInfo/149200005017(인출일: 2024. 8. 22.)

찾기 쉬운 생활법령정보, 유연근무제의 의의 및 유형, https://easylaw.go.kr/CSP/CnpClsMain.laf?popMenu=ov&csmSeq=1326&ccfNo=1&cciNo=1&cnpClsNo=1&search_put=%26amp%3Bamp%3Bamp%3Bamp%3Bamp%3Bamp%3Bamp%3Bamp%3Blt%3Bbr%26amp%3Bamp%3Bamp%3Bamp%3Bamp%3Bamp%3Bamp%3Bgt%3B%EC%A7%9C%EC%9E%A5%EC%9D%80(인출일: 2024. 5. 22.)

찾기 쉬운 생활법령정보. 육아휴직 급여. https://easylaw.go.kr/CSP/CnpClsMain.laf?csmSeq=1380&ccfNo=2&cciNo=1&cnpClsNo=2(인출일: 2024. 5. 24.)

찾기 쉬운 생활법령정보, 재량근로시간제의 운영 방법, https://easylaw.go.kr/CSP/CnpClsMain.laf?popMenu=ov&csmSeq=1326&ccfNo=3&cciNo=2&cnpClsNo=4&search_put=%26amp%3Bamp%3Bamp%3Bamp%3Bamp%3Bamp%3Bamp%3Bamp%3Bamp%3Bamp%3Ba

mp%3Blt%3Bbr%26amp%3Bamp%3Bamp%3Bamp%3Bamp%3Bamp%3Bamp%3Bamp%3Bamp%3Bamp%3Bamp%3Bgt%3B%EC%A7%9C%EC%9E%A5%EC%9D%80(인출일: 2024. 5. 22.)

통계청「경제활동인구조사」, 성별 유연근무제 활용여부, https://kosis.kr/statHtml/statHtml.do?orgId=101&tblId=DT_1DE7103S&conn_path=I3(인출일: 2024. 5. 24.)

통계청「경제활동인구조사」, 연령별 유연근무제 활용여부, https://kosis.kr/statHtml/statHtml.do?orgId=101&tblId=DT_1DE7105S&conn_path=I3(인출일: 2024. 5. 24.)

통계청「경제활동인구조사」, 유연근무제 활용여부, https://kosis.kr/statHtml/statHtml.do?orgId=101&tblId=DT_1DE7099S&conn_path=I3(인출일: 2024. 5. 24.)

통계청,「육아휴직통계」, 기업체 규모별 출산휴가자. https://kosis.kr/statHtml/statHtml.do?orgId=101&tblId=DT_CC2020G003&conn_path=I3(인출일: 2024. 5. 18.)

통계청,「육아휴직통계」, 기업체 규모별 출생아 부모 중 육아휴직자, https://kosis.kr/statHtml/statHtml.do?orgId=101&tblId=DT_CC2020B004&conn_path=I3(인출일: 2024. 5. 10.)

통계청,「육아휴직통계」, 산업대분류별 출산휴가자. https://kosis.kr/statHtml/statHtml.do?orgId=101&tblId=DT_CC2020G004&conn_path=I3(인출일: 2024. 5. 18.)

통계청,「육아휴직통계」, 산업대분류별 출생아 부모 중 육아휴직자, https://kosis.kr/statHtml/statHtml.do?orgId=101&tblId=DT_CC2020B005&conn_path=I3(인출일: 2024. 5. 10.)

통계청,「육아휴직통계」, 연령별 전체 육아휴직자, https://kosis.kr/statHtml/statHtml.do?orgId=101&tblId=DT_CC2020A002&conn_path=I3(인출일: 2024. 5. 10.)

통계청,「육아휴직통계」, 연령별 출산휴가자. https://kosis.kr/statHtml/statHtml.do?orgId=101&tblId=DT_CC2020G002&conn_path=I3(인출일: 2024. 5. 18.)

통계청, 「육아휴직통계」, 연령별 출생아 부모 중 육아휴직자, https://kosis.kr/statHtml/statHtml.do?orgId=101&tblId=DT_CC2020B003&conn_path=I3(인출일: 2024. 5. 10.)

통계청, 「육아휴직통계」, 자녀 연령별 육아휴직 사용 비중, https://kosis.kr/statHtml/statHtml.do?orgId=101&tblId=DT_CC2020E001&conn_path=I3(인출일: 2024. 7. 26,)

통계청, 「육아휴직통계」, 전체 육아휴직자 수(시작일 기준), https://kosis.kr/statHtml/statHtml.do?orgId=101&tblId=DT_CC2020A001&conn_path=I3(인출일: 2024. 5. 10.)

통계청, 「육아휴직통계」, 출생아 부모 중 육아휴직자, https://kosis.kr/statHtml/statHtml.do?orgId=101&tblId=DT_CC2020B002&conn_path=I3(인출일: 2024. 5. 10.)

통계청, 「인구동향조사」, 시군구/성/출산순위별 출생, https://kosis.kr/statHtml/statHtml.do?orgId=101&tblId=DT_1B81A03&conn_path=I2(인출일: 2024. 10. 21.)

통계청 통계용어사전-비전형 근로자. https://kostat.go.kr/statisticalTermView.es?act=view&mid=a10506000000(인출일: 2024. 8. 21.)

통계청 통계용어사전-비정규직 근로자. https://kostat.go.kr/statisticalTermView.es?act=view&mid=a10506000000(인출일: 2024. 8. 21.)

통계청 통계용어사전-시간제 근로자. https://kostat.go.kr/statisticalTermView.es?act=view&mid=a10506000000(인출일: 2024. 8. 21.)

통계청 통계용어사전-한시적 근로자. https://kostat.go.kr/statisticalTermView.es?act=view&mid=a10506000000(인출일: 2024. 8. 21.)

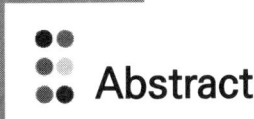
Abstract

A survey on the working conditions of parents with infants: A Study Based on households in the Korean ECEC Panel

Yun-jin Bae · Jayeun Kim · Hyemin Lee

Infancy is a period during which parental care is critically important, and parents also have a high demand for direct caregiving. Therefore, the working environment of parents raising infants can have a significant impact on their work-life balance. The working environment, especially the childcare support environment for parents with infants is expected to have long-term effects on their work-life balance, family dynamics, and the child's developmental characteristics. This study aims to investigate the working conditions (institutional and cultural environments) for parents with infants using data from the "Korean Early Childhood Education and Care Panel Study."

The objectives of the study are as follows:

1) To identify working conditions related to the use of childcare support programs for parents with infants. This provide a basis for analyzing the relationship between the working conditions, the use of childcare support programs, child development, and family characteristics. 2) To identify the needs of parents with infants to improve working conditions to ensure childcare time and work-life balance and to derive improvement measures.

For this study, a variety of research methods were employed including literature review, survey research, interview and expert advisory meetings. The research used an online survey with 678 working fathers or mothers from the ECEC Panel, as well as a Focus Group Interview (FGI) with 14 working parents raising infants.

1) Experience and Environment of Using Childcare Support Programs: Parental leave is the most widely adopted of childcare support programs in the workplaces, and has the highest utilization rate. The rate of having reduced working hours during childcare period is relatively low. There were differences in experiences between men and women, with men had greater difficulties in using such programs due to a lack of role models or workplace culture that discouraged use them. Non-wage workers were less aware of available support programs and struggled with balancing work and childcare.

(Flexible Work Arrangements) Flexible work arrangements in the workplace were more likely to be part-time (flexible hours) for working hours and telecommuniting (remote work) for working location. In terms of actual utilization, staggered commuting and remote work were more common. The adoption and utilization of flexible work arrangements varied by workplace size. However, in terms of their actual utilization, staggered commuting and remote work were more common. The adoption and utilization of flexible work arrangements varied by workplace size. Parents with more flexible work arrangements were less likely to have childcare burden. Parents working in workplaces with various flexible work arrangements had less burden of child-rearing.

2) Workplace Culture: The workplace culture was rated as moderate in terms of what could be improved, such as overtime, frequent formal meetings, instructions outside of work hours, and poor communication. Some reported that supervisors or colleagues lacked understanding of the challenges of balancing work and childcare. To create a more childcare-friendly workplace, the most urgent efforts were identified as expanding the introduction and use of childcare support systems and flexible work arrangements, as well as strengthening government incentives for childcare-friendly workplaces. The majority of parents

suggested that working hours should be reduced to create a childcare-friendly culture at work. Programs such as reduced working hours or parental leave during the parenting period are not readily available because they lead to change in salary, which worsens household economic conditions. Instead, they feel it important that parenting hours or childcare leave is secured and freely available.

3) Childcare and Work-Life Balance: Despite both parents being employed, mothers actually spent more time with the child than fathers. Additionally, mothers expressed a greater desire to spend more time to childcare. Women, especially those in dual-income households, were more likely to consider changing jobs, leaving work, or taking a career break before or after childbirth than men. Some parents expressed concerns that a lack of childcare-friendly workplace practices might negatively influence other employees' decisions to balance work and childcare.

Based on the above findings, the study proposes several policy improvement measures: Increasing awareness of and access to programs, improving understanding of support for workers in the parenting years, expanding flexible work arrangements, increasing childcare hours, strengthening government incentives for childcare-friendly workplaces, and fostering a cultural shift towards greater understanding and support for work-life balance.

The study hopes that the data collected will contribute to further research, exploring the relationship between working conditions and various other factors.

> Keyword: work-life balance, working conditions of parents, childcare, panel study

부록 1. 조사 설문지

육아정책연구소   **영아 부모의 근무환경 조사**   ID ☐☐☐☐

안녕하십니까?

　육아정책연구소는 육아지원 정책에 관한 연구를 보다 체계적이며 종합적으로 수행하기 위해 설립된 국무총리 산하 국책연구기관입니다.

　연구소에서는 '한국 영유아 교육·보육 패널 가구'의 부모님을 대상으로 근무환경 조사를 실시하고 있습니다. 응답해 주시는 내용은 향후 관련 정책에 중요한 기초자료로 활용되오니 바쁘시더라도 잠시 틈을 내시어 질문에 답변해 주시면 감사하겠습니다.

　응답하신 내용은 연구 윤리 및 통계법 제33조의 규정에 따라 비밀이 보장되며, 연구목적 이외는 절대로 사용되지 않습니다.

※ 통계법 제33조(비밀의 보호 등)
① 통계의 작성과정에서 알려진 사항으로서 개인이나 법인 또는 단체 등의 비밀에 속하는 사항은 보호되어야 한다.
② 통계의 작성을 위하여 수집된 개인이나 법인 또는 단체 등의 비밀에 속하는 자료는 통계작성 외의 목적으로 사용되어서는 아니 된다.

2024년 9월
육아정책연구소장

선정 질문

선문. 귀하의 현재 학업 또는 취업 상황은 어떠합니까?
　① 취업중(육아휴직 포함)　② 학업중
　③ 구직중　④ 미취업

A. 근로 특성

※ 귀하가 현재 일하고 있는 일자리에 대해 응답해주십시오.
- 두 가지 이상의 일을 하는 경우 주된 일자리 하나만을 기준으로 응답
- 최근 한 달간을 기준으로 응답

영아 부모의 육아기 근무환경 조사: 한국 영유아 교육·보육 패널 가구를 대상으로

1. [패널 데이터 연동] 귀하의 직장에서의 종사상 지위는 무엇입니까?
    ① 상용근로자
    ② 임시근로자
    ③ 일용근로자
    ④ 고용원이 있는 자영업자(사업주)
    ⑤ 고용원이 없는 자영업자
    ⑥ 무급가족종사자

2-1. (1번에서 ①②③에 응답한 경우) 귀하의 근로형태는 어떠합니까?
    ① 전일제
    ② 시간제

> * **전일제 근로(full time)**: 고용 계약 시 정규 직원으로 채용되거나 정규 직원과 동일한 시간 동안 근로하는 형태(격일제, 교대제 포함)
> * **시간제 근로(part time)**: 고용 계약 시 전일제 근로자에 비해 짧게 근로하는 형태(단, 파트타이머, 아르바이트라 할지라도 전일제 근로자와 근로시간이 동등하다면'전일제'로 분류)

2-2. 귀하는 교대제로 일하고 있습니까?
    ① 예
    ② 아니오

3. [패널 데이터 연동] 귀하의 현재 일자리의 직종은 무엇입니까?
    ① 관리자   ② 전문가 및 관련 종사자
    ③ 사무종사자   ④ 서비스종사자
    ⑤ 판매종사자   ⑥ 농림어업숙련자
    ⑦ 기능원 및 관련 기능 종사자   ⑧ 장치·기계 조작 및 조립종사자
    ⑨ 단순노무종사자   ⑩ 군인

4. 귀하의 고용보험 상태는 어떠합니까?
    ① 가입되어 있음   ② 가입되어 있지 않음
    ③ 가입 대상자가 아님   ④ 모름

5. 귀하가 현재 일하는 직장이나 조직(사업 또는 농어업 활동 포함)은 다음 중 어디에 해당합니까?
   ① 민간회사   ② 정부기관 및 공공기관
   ③ 민간-공공 협력 조직   ④ 비영리단체, 비정부기관(NGO)
   ⑤ 기타(   )

   * **민간회사**: 민간(개인) 소유의 회사/조직/사업체
   * **정부기관 및 공공기관**: 중앙정부/지자체/국가 소유의 학교·병원·대학(공무원 및 군인, 국공립 교사 등)/공공기관(정부투자, 출자기관, 정부출연기관, 정부보조위탁기관, 자회사, 재출연기관 등)
   * **민간-공공 협력 조직**: 정부/지자체가 지분을 갖고 있으나 민간 자본도 투자되어 있는 공기업
   * **비영리단체, 비정부기관(NGO)**: 국가 소유가 아니면서 설립 목적이 비영리인 경우/대한적십자사, 기독교 청년회(YMCA), 경제정의실천시민연합(경실련), 환경운동 연합 등의 시민 사회단체

6. 귀하가 현재 일하는 직장(사업체)에는 일하는 사람이 어느 정도 있습니까?
   ① 1명(나 혼자 일함)   ② 2~4명   ③ 5~9명
   ④ 10~29명   ⑤ 30~49명   ⑥ 50~99명
   ⑦ 100~249명   ⑧ 250~299명   ⑨ 300~499명
   ⑩ 500~999명   ⑪ 1,000~1,999명   ⑫ 2,000명 이상

7. 귀하의 출근시각 및 퇴근시각을 각각 입력해주십시오
   ※ 직장에 도착하고, 직장에서 나가는 시각입니다.
   ※ 교대제이거나 근무시간이 일정하지 않은 경우, 최근 한 달을 기준으로 가장 많이 근무한 시간대를 응답해주십시오.

평일	출근시각	___시 ___분	퇴근시각	___시 ___분
주말 (해당하는 경우)	출근시각	___시 ___분	퇴근시각	___시 ___분

8. [패널 데이터 연동] 지난 한 달을 기준으로 귀하의 1일 평균 근로시간은 어떠하였으며, 출퇴근시간(편도)은 얼마나 걸렸습니까?

1일 평균 근로시간	_____시간
출퇴근 시간(편도)	_____시간

B. 지원제도 및 근로환경

1. 다음은 돌봄지원제도에 관한 질문입니다. 아래 제도별로 귀하의 직장에서의 활용 가능 여부와 활용이 어려운 이유에 대해 응답해 주세요.

항목	1-1. 직장 도입여부			1-2. 본인 이용 경험		1-3. 제도 활용 가능 여부		
	있음 (→1-2)	없음 (→2)	모름 (→2)	이용 경험 있음	이용 경험 없음	활용하기 어려움	가능하나 자유로운 활용 어려움	자유로운 활용 가능
	①	②	③	①	②	①	②	③
육아휴직								
육아기 근로시간 단축제도								
육아시간								
가족(자녀) 돌봄 휴가								

제도	설명
육아휴직 제도	만 8세 이하의 자녀양육을 위해 부모 각각 최대 1년간 휴직 가능
육아기 근로시간 단축제도	육아휴직처럼 완전히 쉬는 것이 아니고 주당 15시간 이상 30시간 이내로 근로시간을 단축하는 제도
육아시간	5세 이하의 자녀가 있는 경우 자녀를 돌보기 위하여 24개월의 범위에서 1일 최대 2시간의 육아시간 사용 가능
가족(자녀) 돌봄 휴가	미성년 자녀가 있는 경우 자녀 학교(어린이집, 유치원 포함) 행사 및 상담, 병원 진료 등의 사유로 인해 사용 가능한 휴가(자녀 수에 1을 더한 일수까지를 연간 유급휴가 부여)

1-1. 귀하께서 직장에서 각종 돌봄지원 제도를 사용하고자 할 때 어떠한지 다음에 응답해주십시오.

항목	전혀 그렇지 않다	그렇지 않다	그렇다	매우 그렇다
- 1번에서 제도가 한 개 이상 도입된 경우 응답				
1) 제도 신청·사용 시 동료의 눈치가 보인다.	①	②	④	⑤
2) 제도 신청·사용 시 직장상사의 눈치가 보인다.	①	②	④	⑤
3) 제도 신청·사용 시 퇴사의 압박이 있다.	①	②	④	⑤
4) 제도를 사용하면 좋은 평가나 승진을 기대하기 어렵다.	①	②	④	⑤

항목	전혀 그렇지 않다	그렇지 않다	그렇다	매우 그렇다
- 1번에서 육아휴직이 도입된 경우 응답				
5) 퇴사를 염두에 두고 육아휴직을 신청한다.	①	②	④	⑤
6) 출산휴가나 육아휴직 후 복귀는 가능하나 복귀 후 그만두는 게 관행화 되어있다.	①	②	④	⑤

2. 다음은 유연근무제에 관한 질문입니다. 아래 제도별로 귀하의 직장에 도입되어 있는지와 이용 경험에 대해 응답해 주세요.

※ 이용 경험이 여러 번 있다면 가장 최근에 이용하신 경험을 기준으로 제도 활용의 용이성에 대해 응답해주세요.

항목		2-1. 직장 도입여부			2-2. 본인 이용 경험		2-3. 제도 활용 가능 여부		
		있음 (→2-2)	없음 (→C)	모름 (→C)	이용 경험 있음	이용 경험 없음	활용하기 어려움	가능하나 자유로운 활용 어려움	자유로운 활용 가능
		①	②	③	①	②	①	②	③
근로 시간	시간(선택)제								
	시차출퇴근제								
	선택근무제								
	재량근무제								
근로 장소	재택근무제								
	원격근무제								

제도	설명
시간(선택)제	-임신, 육아, 자기계발, 가족 돌봄, 건강 등의 사유로 전일제 근로자보다 짧은 시간 근무하는 제도 -육아, 학업, 가족돌봄, 퇴직 준비 등의 사유로 근로자의 필요에 따라 전일제근로자가 일정기간 동안 짧은 시간 근무하면서 전일제와 차별 없는 근무(고용)형태
시차출퇴근제	-하루 8시간 근무를 준수하면서 출퇴근 시간을 조정하는 제도 -예) 8시 출근 17시 퇴근, 10시 출근 19시 퇴근 -근로자의 필요에 따라 출퇴근시간을 조절하여 러시아워를 피하고 유연한 시간 활용을 가능하게 하는 제도
선택근무제 (탄력근무제)	-일이 많은 주(일)의 근로시간을 늘리는 대신, 다른 주(일)의 근로시간을 줄여 평균 근로시간을 주40시간으로 맞추는 제도

제도	설명
	-일정기간의 단위로 정해진 총 근로시간 범위 내에서 업무의 시작 및 종료시각, 1일 근로시간을 근로자가 자율적으로 결정할 수 있는 제도로, '자율출퇴근제'를 의미
재량근무제	-실제 근무시간을 고려하지 않고 담당 업무 완료시 일정 근무시간을 인정하는 제도 -예) 담당 프로젝트 완료 시 월 160시간 근무로 인정 -근로시간의 배분과 업무수행방법을 근로자의 재량에 맡기고 사용자와 근로자간 합의한 시간을 근무한 것으로 인정하는 제도
재택근무제	-근무편의를 위하여 주거지(자택)에서 업무를 수행하는 형태
원격근무제	-원격근무용 사무실에서 근무하거나 사무실이 아닌 장소에서 모바일 기기를 이용하여 근무하는 제도

C. 육아에 대한 직장 문화

1. 귀하의 현재 직장의 전반적인 문화는 어떠합니까?

항목	전혀 그렇지 않다	그렇지 않다	그렇다	매우 그렇다
1) 초과근로를 하는 것이 좋은 평가에 도움이 된다.	①	②	④	⑤
2) 형식적이고 불필요한 보고나 회의가 많다.	①	②	④	⑤
3) 업무시간 외 메일이나 SNS를 통한 업무지시가 많다.	①	②	④	⑤
4) 상하간 자유로운 의사소통이 가능하다.	①	②	④	⑤
5) 다양한 특성(성별, 학력, 세대, 가족형태 등)의 사람들이 함께 일하기 좋은 분위기이다.	①	②	④	⑤

2. 귀하의 직장 내 육아지원 정도 및 분위기에 대한 문항입니다.

우리 직장의 육아지원 분위기는...	전혀 그렇지 않다	그렇지 않다	그렇다	매우 그렇다
1) 근로자에 대한 육아지원이 잘 이루어지고 있는 편이다.	①	②	④	⑤
2) 자녀를 키우기에 좋은 직장이라고 생각한다.	①	②	④	⑤
3) 육아지원제도를 이용하는 직원들은 조직에 대한 몰입도가 낮다고 평가한다.	①	②	④	⑤
4) 주로 여성들만 육아지원제도를 사용한다.	①	②	④	⑤

우리 직장의 육아지원 분위기는...	전혀 그렇지 않다	그렇지 않다	그렇다	매우 그렇다
5) 육아지원제도를 사용하는 사람 때문에 피해를 본다고 생각하는 사람이 많다.	①	②	④	⑤

나의 상사나 동료들은...	전혀 그렇지 않다	그렇지 않다	그렇다	매우 그렇다
1) 자녀를 돌봐야 하는 상황이 생겼을 때, 일정 조정에 협조적이다.				
2) 육아가 필요한 자녀를 둔 팀원과 함께 일하는 것을 부담스러워 한다.				

3. 귀하는 직장 내 육아친화적 문화 조성을 위해 가장 필요한 <u>직장에서의 노력</u>은 무엇이라고 생각하십니까? 다음 중 필요한 순서대로 2가지만 선택해 주십시오.

　① 육아지원제도/유연근무제 도입 및 확대
　② 경영진의 가족(육아)친화적 경영에 대한 인식 개선
　③ 상사와 동료의 이해와 협조(지지)
　④ 평등하고 유연한 조직 문화
　⑤ 육아지원제도 이용 시 불이익 해소
　⑥ 관련 정보제공, 상담 등 육아지원제도 활용도를 높이기 위한 지원
　⑦ 육아지원제도 활용을 위한 조직 관리 및 지원(대체인력관리 등)
　⑧ 기타(　　　　　　)

4. 귀하는 직장 내 육아친화적 문화 조성을 위해 가장 필요한 <u>정부의 정책적 노력</u>이 무엇이라고 생각하십니까? 다음 중에서 필요한 순서대로 2가지만 선택해 주십시오.

　① 사회 전반적인 가족(육아)친화적 인식 함양을 위한 언론 홍보
　② 육아친화적인 직장에 대한 인센티브 강화
　③ 육아지원제도 이용이 용이하도록 법적 절차 간소화 또는 의무 이용 추진
　④ 육아지원제도 미이용 사업장에 대한 제재 강화
　⑤ 성별임금격차, 유리천장 등 노동시장의 성차별 해소
　⑥ 일·생활 균형을 위한 노동문화 개선(유연근무제 확대, 장시간노동 근절 등)
　⑦ 기타(　　　　　　)

5-1. 귀하는 현재 직장의 육아 관련 제도 및 문화에 대해 종합적으로 평가한다면 몇 점을 주시겠습니까? 10점 만점을 기준으로 응답해주십시오.

_____점/10점

5-2. 귀하는 우리 사회의 육아 관련 제도 및 문화에 대해 종합적으로 평가한다면 몇 점을 주시겠습니까? 10점 만점을 기준으로 응답해주십시오.

_____점/10점

D. 자녀양육

1. [패널 데이터 연동] 평일 오전 7시에서 밤 11시까지 아이를 주로 돌보는 사람이나 이용하는 기관을 응답해 주십시오. (1시간 간격으로 기입합니다.)

※ 기준일은 방문 전날이며, 방문날이 일요일이나 월요일인 경우 전 주 금요일 기준으로 작성합니다. 기준일에 특별한 일이 있었던 경우에는 주중 평일을 기준으로 작성합니다. (아이가 잠자는 경우 해당시간에 돌봐주는 양육자 기입)
기준일: 2024년 월 일 (요일)

〈보기〉
01) 아이의 어머니
02) 아이의 아버지
03) 조부모
04) 기타 친인척
05) 어린이집
06) 시간제 보육(육아종합지원센터 또는 어린이집)
07) 비혈연 육아 인력(공공 육아 도우미-아이돌보미 등)
08) 비혈연 육아 인력(사설 육아 도우미-베이비시터 등)
09) 사설 기관(문화센터, 놀이학교, 영어학원 등)
10) 기타_____

시각	번호	시각	번호
07:00~08:00		15:00~16:00	
08:00~09:00		16:00~17:00	
09:00~10:00		17:00~18:00	
10:00~11:00		18:00~19:00	
11:00~12:00		19:00~20:00	
12:00~13:00		20:00~21:00	
13:00~14:00		21:00~22:00	
14:00~15:00		22:00~23:00	

2. 하루 중 자녀양육에 할애하기 원하는 시간은 얼마나 되나요? (취침시간 제외)

평일	_____시간	주말	_____시간

3. 실제 자녀와 함께 보내는 시간은 얼마나 되나요? (취침시간 제외)

평일	_____시간	주말	_____시간

E. 일·생활 균형

1. 귀하는 <u>자녀양육을 위하여</u> 현재 직장을 그만 두는 것이나 이직을 고려하고 있습니까?
   ① 그만 두는 것을 고려하고 있음
   ② 이직을 고려하고 있음
   ③ 출산 전이나 후에 이미 이직을 하였음
   ④ 없음

2. [패널 데이터 연동] 귀하가 하고 있는 일과 가정생활에 관하여 다음 문장과 가깝다고 느끼는 쪽에 응답해 주세요.

문 항 내 용	전혀 동의하지 않음	대체로 동의하지 않음	보통	대체로 동의함	매우 동의함
1) 나는 직장 일을 마치고 집에 돌아올 때면, 너무 지쳐서 집안일을 하기 어렵다.	①	②	③	④	⑤
2) 나는 직장일 하는 데 보내야 할 시간을 개인적인 일을 하는 데에 사용한다.	①	②	③	④	⑤
3) 나는 직장 일하는데 너무 바빠서 집안일을 할 시간이 없다.	①	②	③	④	⑤
4) 나의 가족과 개인적인 일은 직장 일을 방해한다.	①	②	③	④	⑤
5) 나는 심지어 집에 있을 때도 직장 일에 대해서 걱정한다.	①	②	③	④	⑤
6) 집에서 해야 할 일들 때문에 나는 보통 지쳐서 직장에 도착한다.	①	②	③	④	⑤
7) 가족과 시간을 보내고 싶지만, 직장 일하는데 시간을 보낸다.	①	②	③	④	⑤
8) 나는 직장 일을 때도 가족과 집안일에 대해서 걱정한다.	①	②	③	④	⑤

문 항 내 용	전혀 동의하지 않음	대체로 동의하지 않음	보통	대체로 동의함	매우 동의함
9) 직장 일에 투자하는 시간으로 인해 나는 가족에 대한 책임을 다하기가 어렵다.	①	②	③	④	⑤
10) 가족에 투자하는 시간으로 인해 직장에서의 책임을 다하기가 어렵다.	①	②	③	④	⑤
11) 직장 일은 가족생활을 방해한다.	①	②	③	④	⑤
12) 가족에 대한 책임을 다하려고 할 때, 나는 직장 일을 완수하기가 어렵다.	①	②	③	④	⑤
13) 직장 일을 완수하려고 할 때, 나는 가족에 대한 책임을 다하기가 어렵다.	①	②	③	④	⑤
14) 나의 가족생활은 직장 일을 방해한다.	①	②	③	④	⑤

3. 전반적으로 귀하는 현재 자신의 일·생활 균형 정도에 만족하십니까?
   ① 매우 불만족
   ② 불만족
   ③ 보통
   ④ 만족
   ⑤ 매우 만족

F. 응답자의 일반적 특성

1. [패널 데이터 연동] 귀하의 연령은 어떻게 되십니까?
   출생년도 _____

2. [패널 데이터 연동] 귀하의 성별은 무엇입니까?
   ① 남성   ② 여성

3. [패널 데이터 연동] 귀하의 거주 지역은 어디입니까?
   ① 서울   ② 부산   ③ 대구   ④ 인천   ⑤ 광주
   ⑥ 대전   ⑦ 울산   ⑧ 세종   ⑨ 경기   ⑩ 강원
   ⑪ 충북   ⑫ 충남   ⑬ 전북   ⑭ 전남   ⑮ 경북
   ⑯ 경남   ⑰ 제주

4. **[패널 데이터 연동]** 귀하의 현재 혼인상태는 어떻게 되십니까?
   ① 미혼   ② 기혼(사실혼 포함)   ③ 이혼/사별

5. **[패널 데이터 연동]** 배우자의 현재 학업 또는 취업 상황은 어떠합니까?
   ① 취업중(육아휴직 포함)   ② 학업중
   ③ 구직중   ④ 미취업

6. **[패널 데이터 연동]** 귀하는 자녀는 모두 몇 명입니까?
   _____명

7. **[패널 데이터 연동]** 패널 아동의 출생순위
   _____째

8. **[패널 데이터 연동]** 귀하의 최종학력*은 어디에 해당하십니까?
   * 졸업기준. 대학원의 경우 학위 수여를 기준으로 작성
   ① 무학   ② 초등학교   ③ 중학교   ④ 고등학교
   ⑤ 전문대(기능대학)   ⑥ 대학교   ⑦ 대학원 석사   ⑧ 대학원 박사

9. **[패널 데이터 연동]** 귀하의 지난 1년 동안의 월평균 근로(사업)소득은 얼마입니까?
   월평균 실수령 _____ 만원
   * 현재 휴직 중이신 경우, 재직 당시의 상황을 기준으로 응답해주십시오.

◆ **설문에 응답해주셔서 감사드립니다** ◆

부록 2. 면담 질문지

영아 부모의 근무환경 면담

ID

안녕하십니까?

육아정책연구소는 육아지원 정책에 관한 연구를 보다 체계적이며 종합적으로 수행하기 위해 설립된 국무총리 산하 국책연구기관입니다.

연구소에서는 만2세 이하 영아를 양육하면서 일하고 있는 부모님을 대상으로 근무환경 관련 면담을 실시하고자 합니다. 응답해 주시는 내용은 향후 관련 정책에 중요한 기초 자료로 활용되오니 바쁘시더라도 잠시 틈을 내시어 면담에 참여해 주시면 감사하겠습니다.

응답하신 내용은 연구 윤리 및 통계법 제33조의 규정에 따라 비밀이 보장되며, 연구목적 이외는 절대로 사용되지 않습니다.

※ 통계법 제33조(비밀의 보호 등)
① 통계의 작성과정에서 알려진 사항으로서 개인이나 법인 또는 단체 등의 비밀에 속하는 사항은 보호되어야 한다.
② 통계의 작성을 위하여 수집된 개인이나 법인 또는 단체 등의 비밀에 속하는 자료는 통계작성 외의 목적으로 사용되어서는 아니 된다.

2024년 7월
육아정책연구소장

※ 귀하가 현재 일하고 있는 일자리에 대해 응답해주십시오.
-두 가지 이상의 일을 하는 경우 주된 일자리 하나만을 기준으로 응답
-최근 한 달간을 기준으로 응답

※ 자녀 양육에 관한 질문은 36개월 미만인 자녀를 생각하며 응답해주십시오.

A. 근로 특성

1. 귀하의 직장에서의 종사상 지위, 근로형태, 일자리의 직종이나 유형, 직장 규모에 대해 소개해주십시오.

2. 귀하의 근로시간은 어떠합니까? (출·퇴근시각, 일하는 시간대, 초과근로시간, 출퇴근 소요시간 등)

B. 자녀양육 및 지원제도 사용

1. 지금까지 자녀를 어떻게 양육하고 계십니까? 주양육자는 누구이며, 육아휴직 등 육아지원제도를 사용하셨다면 언제 얼마나 사용하셨습니까?

2. 귀하의 직장에서 다음의 육아지원제도 이용이 가능합니까? 만약 자유롭게 이용하기 어렵다면 그 이유는 무엇입니까?
  (예: 육아휴직, 육아기 근로시간 단축제도, 육아시간, 가족(자녀)돌봄 휴가)

3. 귀하의 직장에서 다음의 유연근무제도 이용이 가능합니까? 만약 자유롭게 이용하기 어렵다면 그 이유는 무엇입니까?
  (예: 시간선택제, 시차출퇴근제, 선택근무제, 재량근무제, 재택/원격근무제)

4. 긴급하게 자녀 돌봄이 필요한 경우, 귀하의 가정에서는 어떻게 대처하고 있습니까? (직장에서의 휴가나 외출 사용 가능 여부, 동료의 배려 등)

5. 귀하가 일과 육아를 병행하기 위해, 귀하의 직장에서 새롭게 시행되거나 좀 더 확대되기를 원하는 제도가 있다면 무엇입니까?

6. 자녀 출산 이후 지금까지 그리고 앞으로(초등학령기까지) 귀하가 이상적으로 생각하는 양육 형태는 어떠하며 사용하기 원하는 육아지원제도가 있다면 무엇입니까?

C. 일·생활 균형

1. 귀하가 생각하는 현재 귀하의 일·생활 균형 정도는 어떠합니까? 귀하의 배우자가 취업 중이라면, 배우자의 일·생활 균형 정도는 어떠합니까?

2. 귀하 또는 귀하의 배우자는 자녀출산과 양육을 위해 직장을 그만 두거나 이직에 대해 고려한 적이 있습니까?(혹은 현재 고려하고 있습니까?) 고려한 적이 있다면, 그 시기는 언제이며 가장 큰 이유는 무엇입니까?

D. 육아에 대한 직장 문화

1. 귀하의 직장 내 육아지원 분위기는 어떠합니까? 귀하의 상사나 동료들은 육아에 대해 어떠한 태도를 보입니까?

2. 다음은 일하는 부모의 육아를 힘들게 하는 직장 내 요소들입니다. 이에 대해 어떻게 생각하십니까? 또한 경험한 적이 있다면 무엇이었습니까?
   (육아에 대한 가치 저평가, 직장동료나 상사(경영진)의 육아에 대한 배려 부족, 육아지원제도 등 일·생활 균형 제도 미비, 일·생활 균형을 이루기 어려운 직장 분위기)

3-1. 직장 내 육아문화를 보다 긍정적으로 변화시키기 위해 가장 필요한 <u>직장에서의 노력</u>은 무엇이라고 생각하십니까?

3-2. 직장 내 육아문화를 보다 긍정적으로 변화시키기 위해 가장 필요한 <u>정책적 노력</u>은 무엇이라고 생각하십니까?

◆ 면담에 참여해주셔서 감사드립니다 ◆